**Mecklenburg-Vorpommern:
Binnenland**

Reisetipps

Land u. Leute

Schweriner Land

Mecklenburg. Seenplatte

Mecklenburg. Schweiz

Vorpommern

Anhang

Urlaubshandbuch

Reise Know-How im Internet

Aktuelle Reisetipps und Neuigkeiten
Ergänzungen nach Redaktionsschluss
Büchershop und Sonderangebote
Weiterführende Links zu über 100 Ländern

www.reise-know-how.de
info@reise-know-how.de

Wir freuen uns über Anregung und Kritik.

Peter und Rainer Höh
Mecklenburg-Vorpommern: Binnenland

Mecklenborgsche Verfassung:

§ 1
Allens bliewt bi'n Ollen.
§ 2
Ännert wart nicks.
§ 3
Ännert sick wat, tritt § 1 in Kraft.

Fritz Reuter

Peter und Rainer Höh
Mecklenburg-Vorpommern: Binnenland

erschienen im:
Reise Know-How Verlag
Osnabrücker Str. 79, 33649 Bielefeld

© *Peter Rump* 1996, 1999, 2001
4., komplett aktualisierte Auflage 2002

ALLE RECHTE VORBEHALTEN

Umschlag: M. Schömann, P. Rump (Layout)
G. Pawlak (Realisierung)
Inhalt: G. Pawlak (Layout und Realisierung)
Karten, Pläne: der Verlag
Fotos: die Autoren
Lektorat (Aktualisierung): Sandra Wanning
Druck, Bindung: Fuldaer Verlagsagentur

Dieses Buch ist erhältlich in jeder Buchhandlung der BRD, der Schweiz, Österreichs, Belgiens und der Niederlande. Bitte informieren Sie Ihren Buchhändler über folgende Bezugsadressen:
BRD: Prolit GmbH, Postfach 9, 35461 Fernwald (Annerod)
sowie alle Barsortimente
Schweiz: AVA-buch 2000, Postfach 27, CH-8910 Affoltern
Österreich: Mohr-Morawa Buchvertrieb GmbH, Sulzengasse 2, A-1230 Wien
Niederlande, Belgien: Willems Adventure, Postbus 403, NL- 3140 AK Maassluis

Wer im Buchhandel trotzdem kein Glück hat, bekommt unsere Bücher direkt bei: ***Rump-Direktversand***
Heidekampstr. 18, 49809 Lingen (Ems)
oder über den ***Büchershop auf der Internet-Homepage***
von REISE KNOW-HOW
Wir freuen uns über Kritik, Kommentare und Verbesserungsvorschläge.

Alle Informationen in diesem Buch sind von den Autoren mit größter Sorgfalt gesammelt und vom Lektorat des Verlages gewissenhaft bearbeitet und überprüft worden. Da inhaltliche und sachliche Fehler nicht ausgeschlossen werden können, erklärt der Verlag, dass alle Angaben im Sinne der Produkthaftung ohne Garantie erfolgen und dass Verlag wie Autoren keinerlei Verantwortung und Haftung für inhaltliche und sachliche Fehler übernehmen. Die Nennung von Firmen und ihren Produkten und ihre Reihenfolge sind als Beispiel ohne Wertung gegenüber anderen anzusehen. Qualitäts- und Quantitätsangaben sind rein subjektive Einschätzungen der Autoren und dienen keinesfalls der Bewerbung von Firmen oder Produkten.

PRINTED IN GERMANY
ISBN 3-8317-1105-4

Inhalt

Vorwort	7
Zu diesem Buch	10

Allgemeine Reisetipps — *11*

Informationsstellen	12
Anreise	13
Mit dem Auto unterwegs	15
Mit dem Fahrrad unterwegs	17
Unterkunft	20
Baden	25
Wassersport	25
Die schönsten Wasserwanderrouten	28
Fahrgastschiff-Fahrt/Weiße Flotte	33

Land und Leute — *35*

Die Deutsche Alleenstraße in Mecklenburg-Vorpommern	38
Schlösser und Herrenhäuser	42
Naturschutz – Naturschonung	44
Menschen und Bräuche	53
Geschichte	59

Schweriner Land, Westmecklenburg — *67*

Ludwigslust	70
Schwerin	90
Sternberg	121

Mecklenburgische Seenplatte — *133*

Müritz-Nationalpark	136
Waren (Müritz)	146
Neustrelitz	171
Naturparks Feldberger und Uckermärkische Seenlandschaft	189
Neubrandenburg	193

Mecklenburgische Schweiz — *211*

Güstrow	213
Teterow	231

Inhalt

Vorpommern — 253

Greifswald — 255
Anklam — 272
Ueckermünde — 278
Demmin — 286

Anhang — 291

Weiterreise nach Polen — 292
Reiseliteratur und Karten — 294
Burgen, Schlösser, Herrenhäuser — 300
Register — 309
Kartenverzeichnis — 312

Exkurse

- Eiszeit und eiszeitliche Landschaftsformen in Mecklenburg-Vorpommern 54
- Deftiges und Süßes aus Mecklenburg 60
- Mecklenburg-Vorpommern in Zahlen 65
- Müritz-Elde-Wasserstraße 78
- Lehm- und Backsteinstraße 83
- Naturpark Elbetal 86
- Georg Adolph Demmler – Hofbaurat und Demokrat 102
- Die Slawen in Mecklenburg-Vorpommern 112
- Biosphären-Reservat Schaalsee 122
- Der Wisent – das europäische Urrind 156
- Künstler-Domäne Neu Gaarz 169
- Naturpark Nossentiner/Schwinzer Heide 170
- Königin Luise von Preußen 178
- Rethra – das slawische Delphi 202
- Alt-Rehse – ein deutsches Musterdorf 206
- Ernst Barlach 222
- Kunstgut Schorrentin 239
- Burg und Park Schlitz 240
- Fritz Reuter – der Nationaldichter Mecklenburgs 246
- Paddeln auf der Peene 276

Vorwort

„Wenn heute die Welt untergeht, so werde ich nach Mecklenburg gehen, denn dort geschieht alles erst 100 Jahre später", soll *Bismarck* einmal bemerkt haben. Der Spott des eisernen Kanzlers, als verblümter Hinweis auf die chronische **Rückständigkeit Mecklenburgs und Vorpommmerns** gemeint, gereicht heute dem nordöstlichsten Bundesland zur Ehre. Stellen Sie sich vor, die Verheerungen, die der Natur und den Städten in den vergangenen 100 Jahren vielen deutschen Regionen durch Menschenhand zugefügt worden sind, wären nie geschehen. Keine planierte Landschaft, keine begradigten Flüsse und Bäche, keine Dörfer, die durch Modernisierung zur Gänze ihren ländlichen Charakter einbüßten. Keine achtspurigen Betonpisten, die die Landschaft brutal zerschneiden, keine Industrie, die mit ihren stinkenden Fabrikschloten die Luft und mit ihren Abwässern Flüsse und Seen vergiften.

Zwar ist Mecklenburg-Vorpommern nicht das unberührte Paradies, aber wir empfanden auf jeder unserer inzwischen vielfältigen Erkundungsreisen durch die Regionen von Mecklenburg und Vorpommern sehr oft, dass dieses nicht sehr weit sein könne. Eine Reise durch das Land ist häufig wie eine Reise rückwärts durch die Zeit. Was – und das soll nicht unterschlagen werden – den Bewohnern des mit knapp 2 Millionen bevölkerungsärmsten Bundeslandes in ihrer Geschichte oft Not und Entbehrung brachte, ist ein für Deutschland, ja Mitteleuropa einzigartiges Juwel für **naturverbundene und natürliche Erholung.**

Denn das alte Junkerland ist nach wie vor ein **bäuerliches Land.** Uralte knorrige Alleebäume säumen viele der Straßen, die sich durch das sanft hügelige Moränenland im Landesinneren schlängeln. Zwischen den buchenbestandenen Hügeln funkeln unzählige blaue Seen, deren Ufer flachsfarbene Binsengürtel säumen. Satt-

Vorwort

gelbe Rapsfelder kontrastieren mit dem Blau der Seen und Bäche und dem tiefen Grün der Wälder. Verschlafene Dörfchen leuchten mit ihren Backsteinkaten und mittelalterlichen Dorfkirchen als rote Punkte aus dieser Naturidylle.

Obwohl Mecklenburg-Vorpommern kein altes Kulturland wie beispielsweise Sachsen ist, stößt man doch überall auf **Spuren der Geschichte.** Älteste Zeugnisse der Besiedlung sind die vielzähligen prähistorischen Grabstätten, die wie Inseln aus den Feldern ragen. Von der slawischen Epoche der Region zeugen mächtige Wallburgen. Auch unterschiedlichste Bauwerke aus den vergangenen Jahrhunderten wie die unzähligen herrschaftlichen Junkersitze, Festungen und Schlösser bieten vielfältige Gelegenheit zu Exkursionen in die Geschichte des Landes.

Politisches und kulturelles Zentrum ist die Landeshauptstadt Schwerin mit ihrem märchenhaften Wasserschloss. Bis ins Zentrum hinein reichen die Ausläufer der die Stadt umgebenden Seen in Form von Stadtteichen und verleihen der Kapitale ein besonders luftiges Flair. Güstrow glänzt mit dem Werk des begnadeten Bildhauers *Barlach*. An den weltberühmten Troja-Entdecker erinnert das Schliemann-Museum im elterlichen Pfarrhaus in Ankershagen. Anklam an der Peene hat seinem bekanntesten Sohn, *Otto Lilienthal,* ein Museum eingerichtet. In Feldberg stößt man auf *Fallada*, in Stavenhagen auf den Mundartdichter *Fritz Reuter*.

So vielfältig und anziehend diese kulturellen Genüsse auch sind, die überragende Attraktion Mecklenburg-Vorpommerns ist seine unberührte Natur. Mit der **Mecklenburgischen Seenplatte,** die sich mit ihren zahllosen Seen quer durch das Land zieht, verfügt das Land über eine Wasserlandschaft, wie sie einzigartig in Mitteleuropa ist. Zahlreiche Flüsse, Bäche und Kanäle verbinden viele der Seen miteinander und bilden mit ihnen zusammen ein Wasserstraßennetz von mehr als 2.500 Kilometern. Das damit größte zusammenhängende Wasser-

Vorwort

sportrevier Mitteleuropas ist ein Paradies für Segler, Bootswanderer, Angler, Surfer, Taucher und andere aktive Wasserratten. Mannigfaltig und artenreich ist die Flora und Fauna dieser bezaubernden Landschaft. See- und Fischadler ziehen über klaren Seen ihre Kreise, Fischotter und Biber fühlen sich hier noch zu Hause.

Geradezu alpin für einheimische Verhältnisse zeigt sich die **Mecklenburgische Schweiz.** Bis zu 128 m hoch schoben die eiszeitlichen Gletscher hier Hügel auf. Dazwischen liegen Trockentäler, Kesselmoore und farbenprächtige Blumenwiesen.

Als den „Fernen Osten" bezeichnen die Mecklenburger spöttisch das abgeschiedene Grenzgebiet in **Vorpommern.** Jenseits der Peene mit ihren moorigen Flussauen, Torfkanälen, Weihern und Tümpeln – ein Paradies für Biber und Störche – erstrecken sich die weiten Kiefernwälder der Ueckermünder Heide. Mit Sicherheit Deutschlands abgeschiedenste, von den „Segnungen" der Moderne verschonteste Ecke.

Mecklenburg-Vorpommern ist in seiner Gesamtheit ein **ideales Urlaubsland.** Nicht nur zur Sommerzeit, wenn die vielen Gewässer zum Baden locken, lohnt eine Reise. In den Wintermonaten fasziniert die vereiste, erstarrte Natur. Auf den zugefrorenen Seen sitzen einsame Eisangler oder ziehen Schlittschuhläufer ihre Bahnen. Im Herbst locken bunte Wälder zu ausgedehnten Spaziergängen in würziger Luft. Und im Frühling, wenn die Natur wieder zum Leben erwacht, kolorieren gelbe Rapsfelder und bunte Blumenwiesen die Landschaft.

Wer nach Mecklenburg-Vorpommern kommt, der sollte Zeit im Reisegepäck haben. Hier gehen die Uhren anders als anderswo, haben die Menschen die unbestreitbaren **Vorzüge der Langsamkeit** kultiviert und zur vollen Reife gebracht. Wie *Bismarck* schon bemerkte: „In Mecklenburg geschieht alles 100 Jahre später." Oder wie es die Menschen vor Ort auf den Punkt bringen: „Allens bliewt b'in Ollen." Zum Glück.

Zu diesem Buch

Wie jedes traditionelle Reisegebiet befindet sich auch Mecklenburg-Vorpommerns Binnenland in einem **stetigen Wandel.** Zwar ist die immense Umwälzung, die die Wiedervereinigung Deutschlands mit sich brachte, zwischenzeitlich weitgehend bewältigt. Dennoch schließen Gaststätten, Hotels und Pensionen, renovieren, eröffnen neu, wechseln den Besitzer, ändern Preise, Telefonnummern und Öffnungszeiten. Neue Campingplätze, Feriendörfer oder Spaßbäder entstehen. Bestehende Einrichtungen bauen um und aus, andere schließen ihre Pforten. Wo vor kurzem noch Weizenfelder im Winde wogten, erblickt man nun ein aus dem Boden gestampftes Urlaubsressort. Eine empfohlene, da preiswerte Unterkunft hat sich mit neuen Sanitäranlagen ausgestattet und damit mit neuen Zimmerpreisen. Fremdenverkehrsämter ziehen oder benennen sich um, Tourismusprojekte erhalten keine Fördermittel mehr und müssen ihre Arbeit einstellen.

Wir haben uns nach besten Kräften bis zum Tage der Drucklegung dieses Buches bemüht, sämtliche Neuerungen und Änderungen zu berücksichtigen und Ihnen einen Ratgeber auf dem aktuellsten Stand in die Hand zu geben. Dennoch wird dies angesichts der **schnellen Veränderungen** nicht gänzlich gelungen sein. So kann es vorkommen, dass die eine oder andere Angabe bereits wieder von der Zeit überholt wurde. Sollten Sie auf Ihrer Reise auf eine solche stoßen, bitten wir Sie um Ihre Nachsicht und Ihr Verständnis.

Ein besonders heikler Punkt sind **Preisangaben.** Da auch dieser Sektor stets in Bewegung ist, haben wir darauf verzichtet. In etwa folgt die Aufzählung der Unterkünfte dem Preisniveau (teure Unterkünfte zuerst).

Falls Sie bei der Lektüre des Buches und auf Ihrer Reise vor Ort auf *falsche oder fehlende Angaben* stoßen, wären wir Ihnen sehr dankbar, wenn Sie uns dies in einem kurzen Schreiben an den Verlag (mit Angabe der Auflage!) mitteilen würden. Ihnen wird es zwar nichts mehr nützen, wenn Sie vor einem geschlossenen Museum stehen oder ein Restaurant suchen und einen Videoshop finden. Aber den Besuchern nach Ihnen wird dank Ihrer Mithilfe dasselbe Ärgernis erspart bleiben.

Wenn wir also irgendwo Ihren Unwillen erregen, so bitten wir Sie im Sinne des mecklenburgischen Heimatdichters R. *Tarnow:* „Möst di nich argern, hett keinen Wiert, möst di blost wunnern, watt all passiert. Möst immer denken, de Welt is nicht klauk, jeder hatt Grappen, du hest so ok".

Wir wünschen allen unseren Lesern eine entspannte und interessante Reise.

Rainer und Peter Höh

Allgemeine Reisetipps

Informationsstellen

Alle Städte, aber auch die meisten kleineren Orte, haben eigene **Informationsstellen,** die touristische Auskünfte erteilen. Sie nennen sich *Tourist-Information, Kurverwaltung, Fremdenverkehrsamt* oder ähnlich, erfüllen aber alle die gleiche Funktion. Zumeist sind sie gleichzeitig zentrale **Vermittlungsstellen für Privatzimmer,** über deren Angebot sie detaillierte Listen (Lage, Ausstattung, Preis etc.) bereithalten. Fast immer kann man dort auch Verzeichnisse von Hotels, Pensionen und Ferienwohnungen erhalten.

Neben Material wie Stadtplänen, Verzeichnissen der Sehenswürdigkeiten, Kulturkalendern, Wanderkarten und Souvenirs bieten die Büros der größeren Orte oft auch eigene Leistungen an, wie z. B. Hafen- oder Stadtrundfahrten oder die Organisation von Gruppenreisen.

Die Adressen und Telefonnummern der Informationsstellen finden Sie in der jeweiligen Ortsbeschreibung. Bei **kleineren Orten,** die keine eigene Tourist-Information besitzen, kann man sich an das dortige Rathaus oder die Gemeindeverwaltung wenden.

Mit Fragen, die Mecklenburg-Vorpommern im Ganzen oder einzelne Regionen betreffen, wenden Sie sich an folgende Adressen:

- *Tourismusverband Mecklenburg-Vorpommern e.V.*
Platz der Freundschaft 1, 18059 Rostock, Tel. (0381) 4030600, Fax 4030555, Internet: www.auf-nach-mv.de, E-mail: info@auf-nach-mv.de, Buchungsservice: Tel. (01800) 5000223 (12ct/min), Fax (0381) 4030755, E-mail: tourbu@auf-nach-mv.de

- *Tourismusverband Mecklenburg-Schwerin*
Alexandrinenplatz 5-7, 19288 Ludwigslust; Tel. (03847) 666922, Fax 666920, Info-Hotline Tel. (03874) 666922 (24 Std), Internet: www.mecklenburg-schwerin.de; E-mail: info@mecklenburg-schwerin.de

- *Tourismusverband „Mecklenburgische Seenplatte"*
Turnplatz 2, 17207 Röbel, Tel. (039931) 51381, Fax 51386, Internet: www.mecklenburgische-seenplatte.de, E-mail: info@mecklenburgische-seenplatte.de

- *Tourismusverband Mecklenburgische Schweiz e.V.*
Am Bahnhof, Postfach 1123, 17131 Malchin, Tel. (03994) 299781, Fax 299784, Internet: www.mecklenburgische-schweiz.com, E-mail: info@mecklenburgische-schweiz.de

- *Regionaler Fremdenverkehrsverband Vorpommern*
Fischstr. 11, 17489 Greifswald, Tel. (03834) 8910, Fax 891555, Internet: www.vorpommern.de, E-mail: info@vorpommern.de

Anreise

Elbfähre
Darchau –
Neu Darchau

Anreise

Auto

Aus Richtung Hamburg kommend, haben Sie die Auswahl zwischen der BAB Hamburg – Berlin (mit Abzweig nach Schwerin) und der B 5, die bei Lauenburg die Elbe quert und über Ludwigslust durch West-Mecklenburg führt. Diese drei Hauptverkehrsadern sind jedoch stark frequentiert. Besonders der massive LKW-Verkehr lässt hier oft keine Urlaubsgefühle aufkommen. Wer es nicht eilig hat, der sollte auf kleine Landstraßen ausweichen. Die Nebenstrecken schlängeln sich reizvoll durch das stille Bauernland und bieten dabei die Möglichkeit, beim langsamen Durchbummeln bereits bei der Anreise sanft in den Urlaub hinüberzugleiten. Die Elbe kann dabei ganz romantisch mit Fähren überquert werden.

Zurzeit bestehen folgende **Elbfähren:**
- *Darchau – Neu Darchau:* ganzjährig Mo.-Sa. 5.30-21 Uhr, So.u. Feiertag 9-21 Uhr
- *Hitzacker – Bitter:* Di., Mi., Fr., Sa., So. 9-10.30, 11.30-14, 16-18 Uhr, nur Personen- und Fahrradfähre!)
- *Lenzen – Pevestorf:* Sommer Mo.-Fr. 5.45-21.30 Uhr, Sa./So. 8-21.30 Uhr, Winter Mo.-Fr. 6-19.30, Sa./So. 8-19.30 Uhr
- *Bleckede – Neu Bleckede:* ganzjährig Mo.-Sa. 5.30-23 Uhr, So. 9-20 Uhr

Hinweis: alle Fähren verkehren ohne Fahrplan im Pendelverkehr. Änderungen und Einschränkungen der Fährzeiten sind je nach Wasserstand, bzw. Eisgang möglich.

Bahn

Für diejenigen, die umweltbewusst mit der Bahn nach und in Mecklenburg-Vorpommern reisen, steht ein **gut ausgebautes Schienennetz** zur Verfügung. Seit einigen Jahren gilt in M.-V. der Integrale Taktfahrplan, d. h. Fern-, Regional- und Nahverkehr sind umsteigefreundlich zeitlich auf-

Anreise

einander abgestimmt und verkehren im regelmäßigen 1 oder 2 Std. Takt. Auskunft zu den einzelnen Verbindungen und Fahrzeiten erteilen das **Service-Center** Ihres Heimatbahnhofs, die **Fahrplanauskunft** DB ReiseService, Tel. (01805) 996633 (0,12 €/min) oder das **Internet** unter www.bahn.de

- *DB-Kursbuch Mecklenburg - Vorpommern,* das handliche Kursbuch im TB-Format kostet ca. 3,58 € und bietet viele nützliche Infos und Adressen. Für jeden Nicht-PKW- Reisenden ein sehr reisepraktisches, hilfreiches Werk.
- **Bahn & Bike:** Die Fahrradkarte (3 € für Nahverkehrzüge, 8 € Fernverkehrszüge) gilt für 1 Fahrt ohne Kilometerbegrenzung. Die **Mehrtages-Fahrradkarte M-V.** für 13 € gilt in allen DB-Regionalzügen innerhalb des Landes und den Zügen der OME (Ostmecklenb. Eisenbahn). Sie gilt in Verbindung mit einem Fahrschein 24 Std. lang, an fünf frei wählbaren Tagen, innerhalb von 4 Monaten. Weitere Vergünstigungen bei der Radmitnahme gibt es in Verbindung mit dem *Schönes-Wochenende-Ticket* und *Mecklenburg-Vorpommern-Ticket.*

Detaillierte Auskunft zu Reisen mit Bahn und Rad erhält man tägl. von 7-23 Uhr bei der Radfahrer-Hotline unter (01805) 151415 (0,12 €/min).

- **Länder-Tickets:** Das *Mecklenburg-Vorpommern-Ticket* für 21 € gilt auf allen Nahverkehrsstrecken in Mecklenburg-Vorpommern, Hamburg und Schleswig-Holstein. Mit ihm können Einzelne, Gruppen bis 5 Pers. oder Familien mit beliebig vielen eigenen Kindern reisen. Es gilt von Mo.-Fr. von 9 bis 3 Uhr des Folgetages für beliebig viele Fahrten ohne Kilometerbegrenzung. Mit dem Ticket sind zahlreiche weitere Vegünstigungen verbunden wie z. B. verbilligter Eintritt, ermäßigte Hotelpreise und Schiffsfahrten.

Das *Ostsee-Ticket,* mit dem auch zahlreiche Bahnhöfe im Binnenland erreicht werden können, ist speziell für Berliner gedacht. Es gilt 7 Tage, kostet für Hin- und Rückfahrt zwischen 36 € für 1 Erw. und max. 5 Kinder bis 108 € für 5 Erw. und 1 Kind). Mit dem Ticket sind zahlreiche weitere Vergünstigungen verbunden.

Das *Müritz-Nationalpark-Ticket,* mit dem auf 4 speziellen Buslinien (teils kombiniert mit Schiff) der gesamte Müritz-NP und der Naturpark Feldberger Seenlandschaft bereist werden kann, beinhaltet freie Fahradmitnahme sowie freie Führungen (Kanumitnahme 5 €). Es kann unterwegs beliebig ein- und ausgestiegen werden. Das Ticket ist direkt im Bus, bei den Tourist-Infos der Region und in manchen Hotels und auf Campingplätzen in verschiedenen Varianten erhältlich (Tages-, 3-Tages-, 7-Tagesticket, Familienticket, Gruppenticket).

- **Information:** Nationalpark-Service, Am Seeufer 73, 17192 Waren (Müritz), Tel. (03991) 668849, Fax 666894, Internet: www.nationalpark-service.de, E-mail: info@nationalpark-service.de

Mit dem Auto unterwegs

●*Urlaubsexpress Mecklenburg-Vorpommern:* vom 1.6. bis 28.9. verkehrt jeweils Sa. von Köln (ab 8.33 Uhr) der Urlaubsexpress M-V. nach Heringsdorf auf Usedom (an 19.03 Uhr), u. a. mit Halt in Schwerin, Rostock, Stralsund, Greifswald und Zinnowitz. Rechtzeitige Reservierung wird empfohlen!

Fahrradverleih am Bahnhof

●Altentreptow, Fa. L. Stegmann, Unterbaustr. 17 Tel. (03961) 214376, Mo.-Fr. 8.30-13 und 14-17.30 Uhr, Sa. 8.30-11 Uhr
●Angermünde, Pension Eschert, Bahnhofsplatz 3, Tel. (03331) 262610, tgl. 6-22 Uhr
●Bad Kleinen, DB Station, am Bahnhof, Tel. (03842) 361378
●Demmin, Fa. Müller, Wollweberstr. 3, Tel. (03998) 223443, Mo.-Fr. 9-18 Uhr, Sa. 9-12 Uhr, So. n. Vb.
●Güstrow, Wanderer, Kanu&Outdoor, Bahnhofsvorplatz 3, Tel. (03843) 684111, Mo.-Fr. 9-18 Uhr, Sa./ So. 9-16 Uhr
●Güstrow, AKT Autoteile&Fahrräder, Speichstr. 1, Tel. (03843) 681193, Mo.-Fr. 9-18 Uhr
●Neubrandenburg, Fa. Leffin, Friedrich-Engels-Ring 22, Tel. (0395) 581660, Mo.-Fr. 9.30-18 Uhr, Sa. 9-12 Uhr
●Mirow, Fa. K.-H. Liebling, Rudolf-Breitscheid-Str.12, Tel. (039833) 320519, Mo.-Fr. 9-18 Uhr, Sa. 9-13 Uhr, So. n. Vb.
●Neustrelitz, Fa. M. Leddig, Strelitzer Chaussee 276, Tel. (03981) 22222, tgl. 8-20 Uhr und n. Vb.
●Parchim, Schwaan Zweiradhandel, Lindenstraße 4, Tel. (03871) 468752, nach Voranm. Mo. 5-21, Sa. 5-21, So. 5-21 Uhr
●Schwerin, DB Station, am Bahnhof, Tel. (0385) 50107555
●Ueckermünde, Zweirad-Center Weber, Ueckerstr. 88/92, Tel. (039771) 22215, Mo.-Sa. 9-11 Uhr und 18-20 Uhr
●Waren (Müritz), Fa. Burau-Mobil, Lloydstr. 2b, Tel. (03991) 732550, Mo.-Fr. 8-18 Uhr, Sa. 8-12 Uhr
●Wesenberg, Fa. K. Rehfeldt, Hohe Str. 9, Tel. (039832) 20430, Mo.-Fr. 9-18, Sa. 9-12, So. n.Vb.

Mit dem Auto unterwegs

Tanken Das Tanken ist gewöhnlich kein Problem. Sie sollten jedoch beachten, dass Mecklenburg-Vorpommern ein dünn besiedeltes Land mit wenigen großen Orten ist und deshalb die Zapfsäulen abseits der Hauptrouten nicht allzu dicht gesät sind. Ein gefüllter Ersatzkanister kann also nie ein Fehler sein.

Pannen Im Falle einer Panne wenden Sie sich am besten an die nächstliegende Touristen-Informationsstelle. Dort erfahren Sie Adressen und Telefonnummern von Pannen- und Ab-

Mit dem Auto unterwegs

schleppdiensten oder Werkstätten. Der **ADAC „Hansa"** unterhält u. a. in folgenden Städten Büros:

- **Schwerin,** Lübecker Str. 18, Tel. (0385) 5905211
- **Rostock,** Trelleborger Str. 1, Tel. (0381) 7783311
- **Stralsund,** Frankenstr. 1, Tel. (03831) 612311
- **Neubrandenburg,** Demminer Str. 10, Tel. (0395) 4306911
- **Zentr. ADAC-Notrufnummer,** 0180 2222222
- **Zentr. ADAC-Infoservice,** Tel. 0180 5101112

Unfall

Im Falle eines Unfalles mit Verletzten gelten folgende Notrufnummern:

- *Polizei,* Tel. 110
- *Feuerwehr,* Tel. 112
- *Rotes Kreuz* (Unfallrettung), Tel. 115

Straßen

Die Straßen in Mecklenburg-Vorpommern sind unterschiedlich gut ausgebaut. An den **Autobahnen** und **Bundesstraßen** wird mit Hochdruck gearbeitet. Große Abschnitte sind bereits fertiggestellt und von tadelloser Qualität. Andererseits behindert eine Vielzahl von Baustellen wohl noch für einige Zeit den Verkehrsfluss. Darüber hinaus sind diese Hauptverkehrsadern stark überlastet. Das gilt insbesondere für die B 105 von Schlutup über Rostock bis Stralsund. Zu deren Entlastung wird die neue Ostseeautobahn A1 gebaut, die in Abschnitten bereits eröffnet ist.

Landstraßen sind oft schmal und haben keine befestigten Seitenstreifen. Dafür sind sie häufig mit wunderschönen alten Bäumen gesäumt. Im Sommer bilden diese Bäume regelrecht grüne Tunnel, was zwar das Auge erfreut, aber auch tagsüber Dämmerlicht entstehen lässt. Auf diesen Strecken auch am Tag das Licht einschalten!

Noch nicht erneuerte Landstraßen sind häufig sehr holperig und schief, und an den Rändern lauern **heimtückische Löcher.** Der Belag kann unterschiedlichster Natur sein und unvermittelt wechseln. Kommt hier ein großes Fahrzeug entgegen: Besser rechts ran und anhalten als den Rückspiegel oder gar einen Achsbruch riskieren. Um Rückgrat, Stoßdämpfer und Umwelt zu schonen – aber auch, um die herrlichen Alleen zu genießen, – sollte man hier grundsätzlich langsam und umsichtig fahren.

Ortsdurchfahrten sind manchmal noch Pflasterstraßen, die ja bekanntlich bei Nässe sehr rutschig werden. Da es des öfteren keine oder nur sehr schmale Fußgängerwege gibt, muss mit Fußgängern auf der Fahrbahn gerechnet werden. Auch hier gilt: langsam und vorsichtig fahren!

Das, was die kleinen Dörfchen, Weiler und Gehöfte mit der Außenwelt verbindet, sind zuweilen keine Straßen im gewohnten Sinne. Im besten Falle erwischen Sie hier eine asphaltierte einspurige Straße. Oft sind es aber noch **Pflasterwege,** an denen offensichtlich niemand mehr etwas gebaut oder repariert hat, seit *Napoleons* Heerwürmer in Richtung Osten darüberzogen. Nerven- und knochenzerrüttend sind die **Betonschwellenwege,** schmale, quergelegte Betonplatten. Sie lassen sich ungefähr so komfortabel wie Eisenbahnschwellen befahren. Oft geht es nur im Schritt-Tempo voran. In so manchem Falle sind die Schwellen auch längs verlegt, und links und rechts dieser Spuren geht es steil hinab. Hier muss genau „gezielt" werden, wenn Sie nicht Gefahr laufen wollen, aufzusitzen.

Geradezu erholsam dagegen sind die reinen **Sandpisten.** Forstfahrzeuge und Regen haben diese Feldwege, die eigentlich keine sind, mancherorts derartig ruiniert, dass wir nicht mehr glauben mochten, uns auf einer regulären Verbindungsstraße zu befinden. An unpassierbaren Stellen suchen sich die Einheimischen einfach neue Wege, so dass mit interessanten Straßenverläufen zu rechnen ist. Meistens kommt man aber durch. Manchmal – besonders nach Regenfällen – hilft jedoch nur noch, umzukehren und Umwege über größere Straßen in Kauf zu nehmen.

Mit dem Fahrrad unterwegs

Aus gutem Grund erfreut sich Urlaub auf dem Fahrrad *zunehmender Beliebtheit.* Nicht nur die akuten Umweltprobleme, die der rasant gewachsene Autoverkehr für Natur, Mensch und Tier mit sich bringt, bewegen immer mehr Mitmenschen aller Altersschichten, die Benzinkutsche gegen den Drahtesel auszutauschen. Wer regelmäßig in die Pedale tritt, spart auch viel Geld für Diäten, Fitnessclub oder sonstiges modisches Kommerz-"Bodystyling".

Mit dem Fahrrad unterwegs

Doch es spricht noch mehr dafür, sich im Urlaub auf den Sattel zu schwingen. Anstatt isoliert im Blechkasten zu sitzen und die Aufmerksamkeit auf den Straßenverkehr richten zu müssen, erlebt man mit dem Fahrrad die Schönheit und Vielfalt der Landschaft unmittelbar. Gerüche, Geräusche, Temperaturunterschiede, Höhendifferenzen, Luftbewegungen, ein Schwätzchen am Wegesrand – der Radfahrer entdeckt Land und Leute unendlich intensiver und differenzierter als der Autopilot. Von Vorteil ist das Fahrrad auch dort, wo Autos nicht hindürfen; und das sind stets die schönsten Picknickplätzchen, die bunteste Blumenwiese, der romantischste Badesee und viele der besonderen Attraktionen der National- und Naturparks. Dass in besonders ausgewiesenen Schutzgebieten die Einschränkungen und Verbote auch für Radfahrer gelten, sollte eigentlich keiner besonderen Erwähnung bedürfen.

Wer nicht gänzlich auf das Auto verzichten kann oder will, der ist in jedem Fall gut beraten, ein Fahrrad mitzuführen. Wem dies nicht möglich ist, der braucht auf die Zweiradwonnen dennoch nicht zu verzichten. In fast allen Ferienorten halten **Verleihstationen** die Fortbewegungsmittel für radlose Zeitgenossen bereit.

Mecklenburg-Vorpommern ist das **ideale Fahrradland,** für den Ungeübten ebenso wie für die ganze Familie. Das nur dünn besiedelte Bauernland mit seiner schönen Natur bietet überall eine Fülle von herrlichen Strecken und Zielen. Lange Steigungen und steile Berge braucht man nicht zu fürchten. Ein dichtes Netz von verkehrsarmen Nebenstrecken, Feld- und Wanderwegen bietet die Gewähr, nicht auf den großen, gefährlichen Straßen radeln zu müssen.

Dort, wo schmale Nebenstraßen neu asphaltiert wurden, lauert auf den Radfahrer eine heimtückische **Gefahr.** Abgesehen davon, dass dank der glatten Rollbahn hier auch die Autos schneller fahren, sind die neuen Beläge häufig derart hoch aufgetragen, dass – zum oft unbefestigten – Seitenstreifen hin ein gefährlich hoher Absatz entstanden ist. Mancherorts ist aber auch mit **beschwerlichen Streckenabschnitten** wie Kopfsteinpflaster, Sandpfaden oder Betonschwellen zu rechnen. Ein stabiles, für leichte Geländefahrten geeignetes Fahrrad ist deshalb empfehlenswert. Bei Stellen mit lockerem Sand hilft nur absteigen und schieben. Was durchaus kein Beinbruch, sondern der Lockerung der Schenkelmuskulatur dienlich ist.

Radwege Viele Gemeinden haben befestigte **Radwanderwege** angelegt, die oft idyllisch abseits der Autostraßen quer durch Wald und Feld führen. An vielen Orten sind Rundtouren von unterschiedlicher Länge und Schwierigkeit ausgeschildert. Häufig halten die örtlichen Info-Stellen Kartenmaterial und Faltblätter der Strecken bereit. Kurzbeschreibungen von Wissens- und Sehenswertem entlang der Route ermöglichen die Entdeckung von versteckten Kleinodi-

Mit dem Fahrrad unterwegs

en, die der Autofahrer nie zu Gesicht bekommt. Hinweise auf Rastplätze, Gaststätten und Übernachtungsmöglichkeiten ergänzen diese praktischen Wegweiser.

Fernwege Das Bundesland ist von einem Netz von 13 zusammenhängenden Radfernwegen mit einer Gesamtlänge von rund 1.800 km erschlossen. Der längste und schönste ist der Seen-Radweg, der in Lüneburg beginnt und über Dömitz, Ludwigslust, Lübz, Plau, Waren, Neustrelitz, Neubrandenburg, Ueckermünde und Anklam über die Insel Usedom führt und nach 614 km in Wolgast endet. Zu dem in 14 Tagestouren eingeteilten Seenweg gibt es Infomaterial, das neben genauen Tagestour-Karten mit Streckenbeschreibung, Sehenswürdigkeiten, Info- und Service-Adressen auch einen separaten Unterkunftskatalog zur Strecke enthält.

Weitere Radfernwege in MV:
Ostsee-Radfernweg (384 km), Haff-Radfernweg (108 km), Haff-Tollensesee-Radfernweg (78 km), Neubrandenburg-Tollensetal-Radfernweg (69 km), Mecklenburgische Seenplatte (182 km), Mecklenburgische Seenplatte-Rügen (233 km), Mecklenburgische Seenplatte-Rostock (156 km), Elbe-Ostsee-Radfernweg (134 km), Ehem. deutschdeutsche Grenze (136 km), Mecklenburgische Seenplatte-Lewitz (128 km), Schweriner See-Warnowtal (74 km), Stettiner Grenzweg (64 km), Oder-Neiße-Radweg (78 km).

Bei mehrtägigen Radwanderungen stellt sich die Frage nach der **Übernachtungsmöglichkeit.** Eine Vielzahl von Hotels, Pensionen, Privatzimmern und Campingplätzen aller Kategorien stellen die Unterkunft auch ad hoc sicher. Am einfachsten ist es, die örtlichen Informationsämter aufzusuchen, da diese über Gesamtverzeichnisse aller Unterkünfte samt Preisangaben verfügen und meist auch die Zimmervermittlung übernehmen. In der Hochsaison ist es ratsam, sich rechtzeitig um das Nachtlager zu kümmern.

Info
- *ADFC LV Mecklenburg-Vorpommern,* Lange Str. 14, 17489 Greifswald, Tel. (03834) 897412, Fax 894523, Internet: www.adfc.de/mv, E-Mail: ADFC-mc@gryps.comlink.apc.org
- *Touristik Marketing Service,* Koppelweg 2, 18107 Rostock, Tel. (0381) 7689880, Fax 7689881 (detailliertes Infomaterial zu allen 13 Radfernwegen in MV).

Organisierte Radtouren
- *Mecklenburger Radtour,* Zunftstr. 4, 18437 Stralsund, Tel. (03831) 28 02 20, Fax 280219, Internet: www.mecklenburgerradtour.de, E-mail: mecklenburger-radtour@t-online.de
- *Strandläufer,* Hinter der Mauer 1, 18055 Rostock, Tel. (0381) 4979821, Fax 4979829, E-mail: gl.rostock@t-online.de
- *Mecklenburger Fahrradtouristik,* Schweriner Str. 47, 19412 Brüel, Tel. (038483) 20386, Fax 20385

Unterkunft

Literatur, Radkarten
- *ADFC-Gastgeberverzeichnis „Bett & Bike in MV"* (geprüfte besonders radfreundliche Unterkünfte, in denen u. a. einmaliges Übernachten kein Problem ist)
- *ADFC-Radtourenkarte,* 1:150.000, BVA, Ostseeküste/ Mecklenburg und Rügen/Vorpommern. Speziell für mehrtägige Radreisen mit bedeutenden Radfernwegen, Höhen-Steigungsinformationen, Wegbeschaffenheit u. a.
- *ADFC-Regionalkarte Mecklenburger Seenplatte,* Usedom/Haffküste und Schwerin/Ostseeküste, 1:75.000, BVA.
- *Radfernwege in Mecklenburg-Vorpommern,* Band 1 und 2, 1:100.000, BVA. Spiralo-Karte mit zusätzlichen Informationen über Orte, Regionen und Bahnanbindung.
- *Wanderkarten mit Radrouten,* Waren-Müritz und Neustrelitz-Feldberg, 1:50.000, Kompass-Verlag.

Unterkunft

Im Binnenland Mecklenburg-Vorpommerns gibt es eine Vielzahl von Hotels, Pensionen, Feriendörfern und so genannten Bungalow-Siedlungen. Dennoch muss man während der Hochsaison mit **Engpässen** rechnen. In Waren an der Müritz im August spontan ein Hotelzimmer finden zu wollen kann ins Auge gehen. Zahlreiche **Privatzimmer** gleichen diesen Mangel jedoch zumeist aus. Die regionalen und lokalen Fremdenverkehrsämter halten detaillierte **Gastgeberverzeichnisse** zu Hotels, Pensionen, Ferienwohnungen, Privatzimmer mit Angaben zu Preis, Ausstattung u. a. bereit, die auf Anfrage zugeschickt werden.

Standard
Praktisch alle der älteren Hotels und Pensionen sind zwischenzeitlich grundlegend modernisiert und bieten, je nach Kategorie, den Standard **angemessene Ausstattung.** Neuerrichtete Hotels und Appartementhäuser sowieso. So sind einfache, preiswerte Hotelunterkünfte leider selten geworden. Bei den wenigen, die noch schlichten DDR-Standard haben, darf man viel mehr als ein Waschbecken auf dem Zimmer nicht erwarten. Dusche und WC befinden sich hier auf der Etage. Dafür sind die Preise dementsprechend niedriger.

Preise und Saisonzeiten
Traditionsreiche, vielbesuchte Ferienregionen sind nicht gerade die preisgünstigsten Urlaubsorte. Und da Mecklenburg-Vorpommern sich zu einer der begehrtesten Urlaubsadressen in Deutschland entwickelt hat, sind die Preise hier im Schnitt noch etwas höher. Man kann **durchschnittlich** mit Preisen von etwa 30-40 € pro Person/ Nacht im DZ mit Frühstück rechnen. Preisangaben dieser Art sind jedoch relativ und problematisch, weil sich je nach

Unterkunft

Ort, Lage und Ausstattung ebenso günstigere wie wesentlich teurere Zimmer finden lassen. So sind die Preise in der vielbesuchten Seenplatte höher als im weniger frequentierten Westmecklenburg oder in Vorpommern. Hinzu kommt, dass die meisten Hotels und Vermieter das System von Hochpreisen in der Saison bzw. deutlich günstigeren Angeboten außerhalb der Hauptpreisezeiten eingeführt haben.

Einen guten Überblick über das jeweilige Hotelangebot verschaffen die detaillierten **Unterkunftsverzeichnisse** der regionalen und lokalen Fremdenverkehrsämter, die auf Anfrage zugesandt werden.

Von Mitte Okt. bis 20. Dez. und 3. Jan. bis Ende März wird die **Herbst-Winter-Aktion** (55 €, für das Doppelzimmer inkl. Frühstück) durchgeführt, an der sich zahlreiche Hotels im ganzen Land beteiligen. Über die jeweiligen Teilnehmer informiert die beim *Tourismusverband M.-V.* erhältliche Broschüre.

Buchung

Zahlreiche Hotels haben sich einer zentralen, landesweiten Buchungsstelle angeschlossen, die nicht nur die Vorbestellung problemlos gestaltet, sondern mit ihrem Datenpool auch einen Überblick über Belegung bzw. Freikapazität und einen Preisvergleich ermöglicht.

● *Zentraler Buchungsservice: Touristischer Buchungsservice M-V*, Platz der Freundschaft 1, 18059 Rostock, 24-Std. Hotline Tel. (0180) 5000223 (0,12 €/min), Fax (0381) 4030755, E-mail: tourbu@auf-nach-mv.de (Mo.-Fr. 9-18, Sa. 9-12 Uhr).

Kurtaxe

Kurtaxe wird von den Urlaubsorten in Mecklenburg-Vorpommerns Binnenland im Gegensatz zu den Badeorten in der Küstenregion nirgends erhoben.

Privatzimmer und Ferienwohnungen

Auch eine große Anzahl von **Privatzimmern** steht zur Verfügung. Gewöhnlich sind diese Zimmer einfach, aber ordentlich und ausreichend ausgestattet. Es werden jedoch auch Zimmer und Appartements mit eigener Dusche und WC, manchmal auch mit separaten Eingängen, angeboten. Die **Preise** schwanken, je nach Lage, Ausstattung und Jahreszeit. Überwiegend bewegen sie sich jedoch zwischen 15 und 25 € pro Person. Frühstück ist entweder eingeschlossen oder für ca. 3 € zusätzlich zu erhalten.

Privatzimmer haben den großen Vorteil, dass man durch den **Kontakt zu den Gastgeberfamilien** nicht nur die Menschen vor Ort kennen- und verstehen lernt, sondern auch wertvolle Tipps und Hinweise erhält, die dem Fremden gewöhnlich verborgen bleiben. Dort, wo Vollpension geboten wird, kann man die einheimische Küche im Original kennenlernen. Und schließlich entwickelt sich manchmal gar eine Freundschaft, die die Urlaubstage überdauert. Privatzimmer sind also durchaus eine zu empfehlende Alternative, zumal sie unseren Erfahrungen nach im Preis-/

Unterkunft

Leistungsverhältnis öfters besser abschneiden als manches Hotel. Bei der Auswahl einer Privatunterkunft sind die Gastgeberverzeichnisse ebenfalls sehr hilfreich.

Neu im Übernachtungsangebot der Neuen Bundesländer sind **Appartementhäuser und Urlaubsdörfer,** die voll ausgestattete Ferienwohnungen und kleine Ferienhäuschen anbieten. Besonders in den Urlaubshochburgen nimmt deren Zahl stetig zu. Für kleinere Reisegruppen und Familien stellen sie eine interessante Möglichkeit dar, als Selbstversorger preisgünstig zu logieren. Je nach Lage und Größe bewegt sich die **Wochenmiete** der Wohnungen und Häuschen etwa zwischen 200 und 400 €.

Für „Urlaub auf dem Land/Bauernhof" gibt es einen illustrierten **Katalog** mit zahlreichen, meist sehr schön gelegenen Unterkünften und vielen Informationen zu Land und Leuten bei:

●*AG Urlaub und Freizeit M-V e.V,* Griebnitzer Weg 2, 18196 Dummersdorf, Tel. (038208) 60672, Fax 60673; Internet: www.landurlaub.m-vp.de, E-mail: agufl.mv@t-online.de

Hüttendörfer

Die **billigste Version der festen Unterkunft,** die allerdings eher Camping- denn Wohnungscharakter hat, sind so genannte Bungalows. Die Hüttensiedlungen, ein Relikt aus DDR-Zeiten, bestehen aus einer Art Bauwagen, die mit Wohn- und Schlafbereich und kleiner Kochecke ausgestattet sind. Sie verfügen maximal über fließend Wasser. Sanitäreinrichtungen sind wie auf Campingplätzen, denen diese Hüttendörfer meist angeschlossen sind, separat. Mangels Heizmöglichkeit sind sie überwiegend auch nur in der warmen Jahreszeit nutzbar. Da die Anlagen jedoch oft nicht den gültigen Vorschriften entsprechen, sind ihre Tage wohl gezählt. Ob und wo es solche Hütten gibt, ist entweder bei der örtlichen Informationsstelle oder den Campingplätzen zu erfragen.

Jugendherbergen

Mecklenburg-Vorpommern verfügt über insgesamt 30 Jugendherbergen. Sie konzentrieren sich vor allem auf die Küste und die Seenplatte. Sieben Häusern ist ein Zeltplatz angeschlossen, bei dessen Nutzung ein reduzierter Preis berechnet wird. Die Nutzung einer JH setzt grundsätzlich die Mitgliedschaft im Jugenherbergsverband voraus. Mitgliedsausweise sind in allen Häusern erhältlich.

Für Familien und Gruppen ist eine schriftliche **Anmeldung** unbedingt erforderlich. Einzelreisende sollten sich nach Möglichkeit einen Tag vor Ankunft telefonisch ankündigen. Die Adressen und Rufnummern der einzelnen Häuser finden sich in der Rubrik „Unterkunft" im Infoteil des jeweiligen Ortes.

Am 24.- 26. Dez. sind die Jugendherbergen in Mecklenburg-Vorpommern **geschlossen.** In den Monaten November bis März ist die Aufnahme in den JH Dassow-Holm, Demmin, Beckerwitz, Feldberg, Plau, Graal-Müritz, Küh-

Unterkunft

lungsborn, Flessenow, Teterow und Waren nur nach Voranmeldung möglich.

Die Übernachtung inkl. Frühstück kostet für Junioren (bis 26) zwischen 13,29 € und 22,50 €, für Senioren zwischen 10,74 € und 18,41 €.

Genaue Informationen zu Jugendherbergen im Allgemeinen und den einzelnen Herbergen entnehmen Sie dem Info-Anhang Punkt „Unterkunft" der jeweiligen Ortskapitel oder dem **Deutschen Jugendherbergsverzeichnis,** das entweder über den Buchhandel erhältlich ist oder direkt bei:
- *Deutsches Jugendherbergswerk/LV Mecklenburg-Vorpommern e.V.,* Erich-Schlesinger-Str. 41, 18059 Rostock, Tel. (0381) 77667-0, Fax 7698682, Internet: www.djh-mv.de, E-mail: djh-mv@t-online.de

Camping

In Mecklenburg-Vorpommern steht dem Besucher eine große Zahl Campingplätze zur Verfügung. Die regionale Verteilung ist dabei aber sehr unterschiedlich. Besonders viele und sehr schön gelegene Campingplätze findet man im Bereich der Seenplatte, während im Binnenland der Region Vorpommern nur sehr wenige existieren. West-Mecklenburg und die Mecklenburgische Schweiz besitzen genügend Campingmöglichkeiten. Praktisch alle Plätze wurden in den letzten Jahren umfassend **modernisiert** und mit Stromanschluss, neuen Sanitärtrakten, Entsorgungseinrichtungen u.ä. ausgestattet.

Manche **Naturcampingplätze** sind noch sehr schlicht ausgestattet. Neben einfachsten Trockentoiletten darf man dort höchstens noch mit fließend kaltem Wasser rechnen. Dafür bestechen sie meist durch atemberaubend schöne Lagen weitab von aufdringlichem Rummel und durch naturverbundene Mitcamper.

Die meisten Plätze sind nur in der **Saison,** also von April bis Oktober, geöffnet, einige aber auch ganzjährig. Adressen, Rufnummern, Lage, Ausstattung und genaue Öffnungszeiten der einzelnen Campingplätze finden Sie im Infoteil der einzelnen Orte.

Camping am See

Unterkunft

Ein vollständiges **Gesamtverzeichnis** aller Campingplätze in M.-V. **existiert nicht.** Die beste Übersicht gewährt die vom Tourismusverband MV und dem Verband der Campingplatzbetreiber MV herausgegebene Karte „Camping & Caravan". Sie zeigt auf einer Seite die Lage der Plätze (90), auf der Rückseite genaue Angaben zu Größe, Ausstattung u. a. der vermerkten Plätze. Regionale Campingplatzverzeichnisse, wenn auch leider lückenhafte, gibt es von den Regionen „Schweriner Land/Westmecklenburg", „Mecklenburger Seenplatte" und „Mecklenburger Schweiz".

● *Verband der Camping- und Freizeitbetriebe M-V,* Platz der Freundschaft 1, 18059 Rostock, Tel./Fax (0381) 44 84 02, Internet: www.camping-caravan-mv.de, E-mail: vcfmv@t-online.de

● *Haveltourist,* Campingpark Havelberge, 17237 Groß Quassow, Tel. (03981) 24790, Fax 247999, E-mail: haveltourist@t-online.de, Internet: www.haveltourist.de (9 außergewöhnlich schön gelegene Plätze im Bereich der Kleinseenplatte)

Wohnmobile und Caravans

Heute dominieren immer mehr Wohnmobile das Bild auf den Campingplätzen. Die Campingplatzbetreiber haben sich in ihrer Mehrzahl schnell auf diese neue Klientel eingestellt und die nötigen Voraussetzungen geschaffen. Auf Plätzen in hügeligem Gelände steht nur eine begrenzte Anzahl von geeigneten Stellplätzen zur Verfügung, häufiger nicht gerade in der idyllischsten Ecke. Andererseits sind die Plätze dafür noch weitgehend naturbelassen und ähneln nicht den andernorts verbreiteten planierten und terrassierten Großparkplätzen. Einrichtungen zur Ver- und Entsorgung stehen auf allen Plätzen, die sich auf Wohnmobilisten eingerichtet haben, zur Verfügung.

● Literaturtipp: Rainer Höh, Wohnmobil Reisen Kompakt, „Mecklenburger Seengebiet", Motorbuch Verlag

Spezialreiseführer für Wohnmobilreisende, der in 6 Tourenkapiteln von Dömitz im Westen bis Angermünde im Osten quer durch die schönsten Gegenden des Seenlan-

Strandkörbe an der Müritz

des führt. Neben der reportageartigen Beschreibung der Touren in Text und Bild verfügt jedes Kapitel über einen detaillierten Anhang mit genauer Tourenkarte und Infos zu Strecke, Infostellen, Campingplätze und vieles mehr. Für Wohnmobil-Reisende einfach optimal!

Baden

Mecklenburg-Vorpommern ist mit seinen ungezählten Seen und Gewässern ein absolutes Badeparadies und Eldorado für Wassersportler. In unseren umweltverschmutzten Zeiten stellt sich natürlich die Frage nach der **Wasserqualität** der Badegewässer. Da das Land praktisch ohne Großindustrie ist und der Wasserverschmutzer Landwirtschaft seit der Wiedervereinigung drastisch reduziert wurde, ist die Wasserqualität allgemein noch besser geworden und entspricht den EU-Richtlinien. 427 Badestellen werden in der Badesaison von Mai bis September vom Landeshygieneinstitut alle 2 Wochen überprüft und jährlich in der beim „Tourismusverband M.-V." erhältlichen **Übersichtskarte** „Badewasserqualität in M.-V." veröffentlicht. Die Gewässer weisen zu über 80 % gute bis sehr gute Wasserqualität auf. An einigen wenigen Seen werden zeitweise die Grenzwerte überschritten. An einigen sehr wenigen Stellen werden zeitweise mikrobiologische Belastungen festgestellt und als „Noch zum Baden geeignet" vermerkt. Seen der Kategorie „Zum Baden ungeeignet" gibt es in Mecklenburg-vorpommern überhaupt nicht! Sollten Sie Fragen zur Qualität Ihres Badesees haben, erteilen Ihnen die lokalen Informationsstellen Auskunft. Auch das Landeshygieneinstitut hat Telefonnummern eingerichtet, die über die Qualität der Landesgewässer Auskunft geben.

● **Gewässerinfo:**
Seenplatte westl. Bereich: Tel. (0385) 500115
Seenplatte östl. Bereich: Tel. (03981) 272141
Vorpommern: Tel. (03834) 890144
Küste: Tel. (0381) 4955343

Wassersport

Überblick

Mit mehr als 2.000 Seen, die durch Flussläufe und Kanäle zu einem für Mitteleuropa einzigartigen Wasserstraßennetz von rund 2.500 km Länge vernetzt sind, bietet Mecklenburg-Vorpommern Wasserwanderern und -sportlern eine phantastische Fülle von Möglichkeiten, ihrem Hobby zu frönen. Wochenlang kann man im größten Wassersportrevier Mitteleuropas unterwegs sein, das Land kreuz und quer

Wassersport

Badenixen

durchreisen und es von seiner Schokoladenseite kennenlernen.

Besonders die großen Seen bieten **Seglern** und **Surfern** die besten Bedingungen. Boots- und Brettverleihe, Surf- und Segelschulen gibt es zwischenzeitlich an vielen Ferienorten und Campingplätzen, so dass auch Anfänger und Nichtbootseigner ohne Probleme den Reiz, per Windkraft durch die Wellen zu pflügen, erleben können. Und wer gerne die wundersame stille Welt unter der Wasseroberfläche kennenlernen will, dem bieten **Tauchschulen** dazu Gelegenheit.

Wasserwanderern, die mit eigener Muskelkraft für den Vorschub ihres Faltbootes, Kanus oder Kajaks sorgen, steht bis auf wenige Ausnahmen das gesamte Wassernetz zur Verfügung. Selbst durch Schutzgebiete wie den Müritz-Nationalpark führen Paddelstrecken, wenn auch mit Einschränkungen, die man unbedingt beachten sollte. Eine Vielzahl von Bootsverleihen stellt hier sicher, dass man auf diese ganz besonders eindrucksvolle Art des Reisens auch ohne eigenen schwimmfähigen Untersatz nicht verzichten muss. Entlang der Routen gibt es eine Fülle von direkt am Ufer gelegenen Campingplätzen und speziellen Wasserwanderrastplätzen, die eine individuelle Etappeneinteilung ermöglichen. Die Wasserwanderrastplätze sind meist einfach ausgestattet, dafür aber oft wunderschön gelegen.

Und wer nicht auf eigene Faust durch die märchenhafte Wasserwelt paddeln will, der kann an geführten Touren teilnehmen, die spezialisierte Unternehmungen anbieten.

Motorbootfreunden steht neben den großen Seen auch das weitverzweigte Kanalnetz zur Verfügung. Kleinere Seen und die Gewässer in den Schutzgebieten sind jedoch häufig für Motorboote gesperrt. Diese Verbote sind unbedingt einzuhalten. Schließlich wurden sie nicht erlassen, um die Motorbootfahrer zu schikanieren, sondern um die sensiblen Naturräume und die darin lebenden, vom Aussterben bedrohten Tiere und Pflanzen der Nachwelt zu

Wassersport

erhalten. Welcher See gesperrt bzw. erlaubt und auf welchen Routen zu befahren ist, entnimmt man den detaillierten Wasserkarten, die es im Buchhandel gibt.

Eine besondere Art, seinen Urlaub zu verbringen, ist das Wasserreisen per *Hausboot.* Für diese Schiffsart gelten die gleichen Einschränkungen wie für Sportmotorboote. Das Hausboot bietet den Vorteil, dass es der ganzen Familie oder Gruppen Platz bietet und die leibliche Versorgung in der Bordküche bereitet werden kann. Dazu ist man nicht auf Übernachtungen an Land angewiesen, sondern kann einfach in einer idyllischen Bucht oder in einem Hafen vor Anker gehen. Den allerdings nicht ganz billigen Hausbooturlaub organisiert z. B. das Charterzentrum in Waren an der Müritz. Dort kann man auch den dafür erforderlichen Führerschein machen oder das schwimmende Haus mit erfahrenem Skipper mieten.

Auch für *Angler* sind die Gewässer des Landes ein wahres Schlaraffenland. Die fischreichen Seen, Flüsse und Kanäle lassen jedem Petrijünger das Herz höher schlagen. Ob Hecht, Zander, Schlei, Plötz, Döbel oder Karpfen, Forelle, Aal, Wels oder Gründling, die Gewässer bieten alles. Bis zu 36 verschiedene Fischarten sind in manchen Wassern nachgewiesen. Wo Sie die dafür erforderlichen Angelkarten erhalten, erfahren Sie bei der lokalen touristischen Informationsstelle. Anglerfachgeschäfte, die die erforderlichen Gerätschaften bereithalten, gibt es in großer Zahl.

- *Information:* Internet: www.mv-maritim.de

Revierberatung:

- *Müritz-Elde-Wasserstraße,* Hartmut Christian Lochow, 19303 Dömitz, An der Bleiche 6, Tel. (038758) 24255, Fax 24266, E-mail: revierberatung-mew@mv-maritim.de
- *Müritz,* Gerd Barczynski, Sail Point Wassersportservice, 17192 Waren, Gerhart-Hauptmann-Str. 27, Tel. (03991) 165706, Fax 666691, E-mail: info@sailpoint.de
- *Schweriner Seen,* Herbert Arndt, Petermännchen Segelschule, 19065 Pinnow b. Schwerin, Seestr. 18, Tel. (0385) 734383, Fax 80955, E-mail: revierberatung-sn@mv-maritim.de
- *Peene/Peenestrom,* Michael Seegebrecht, Hafenhaus, 17154 Neukalen, Tel. (039956) 21174, E-mail: revierberatung-peene@mv-maritim.de
- *Trebel/Tollense,* Marko Müller, Neubrandenburger Yachtklub, 17033 Neubrandenburg, Am Oberbach 12, Tel. (0395) 5841403, Fax 3685033, E-mail: revierberatung-nb@mv-maritim.de
- *Südmecklenburgisches Kleinseengebiet,* Klaus-Dieter Stegemann, 17252 Mirow, Strandstr. 20, Tel. (039833) 22019, Fax 20806, E-mail: info@strandrestaurant.de
- *Feldberger Seengebiet,* Margrit Schippner, Wasserskiverein, 17258 Feldberg, Fürstenbergerstr. 17, Tel. (039831) 20592, E-mail: revierberatung-kleinseen@mv-maritim.de

- *Pommersche Bucht/Stettiner Haff,* Götz Junker, Yachtausrüstungs GmbH, 17373 Ueckermünde, Grabenstr. 26, Tel. (039771) 2830, Fax 28329, E-mail: revierberatung-pomm@mv-maritim.de

Die schönsten Wasserwanderrouten

Obere Havel von Kratzeburg bis Wesenberg

Strecke

- *Streckenlänge:* 2 Tage; 34 km
- *Streckenverlauf:* Käbelicksee – Granziner See – Schulzensee – Pagelsee – Zotzensee – Jäthensee – Görtowsee – Zierzsee – Useriner See – Großer Labussee – Woblitzsee

Einfache Route fast ohne Strömung. Kann zu jeder eisfreien Zeit befahren werden. Abgesehen von dem längeren Landtransport zwischen Schulzen- und Pagelsee völlig problemlos und auch für Anfänger und Familien mit Kindern geeignet. Auf den größeren Seen ist allerdings bei Wind Vorsicht geboten.

Ab dem Käbelicksee ist die Havel als kleiner Wiesenfluss mit Einern und Zweiern befahrbar. Das einzige Hindernis befindet sich zwischen dem Schulzensee (hinter Granzin) und dem Pagelsee. Dort ist die Havel nicht befahrbar. Eine Schienenlore, auf der mehrere Boote zugleich transportiert werden können, steht für den ca. 700 m langen Landtransport zum Pagelsee zur Verfügung. Ab dem Pagelsee ist die Obere Havel dann ganzjährig und ohne weitere

Landtransporte zu befahren. Da die Havel fast keine Strömung hat, kann man die Tour auch in Gegenrichtung paddeln und am Nordende des Pagelsees wenden, um sich den Landtransport zu ersparen.

Wasserwanderrouten

Mit ihren zahlreichen einsamen Seen, Seerosenteichen, Schilfufern und romantischen Fließstrecken und Kanälen gehört die Obere Havel zu den reizvollsten, abwechslungsreichsten und beliebtesten Bootsrevieren Mecklenburgs. Man durchpaddelt eine von den Gletschern der Eiszeit geprägte Landschaft mit ausgedehnten Kiefernwäldern, Erlenbrüchen und urwaldhaften Buchen- und Eichenbeständen. Die abwechslungsreiche Natur mit reicher Tier- und Pflanzenwelt, urwüchsige Sumpf- und Schilfufer sowie die Fahrt durch ursprüngliche Gebiete des Müritz-Nationalparks (Zelten verboten!) verleihen der Tour einen besonders romantischen und naturnahen Charakter.

Beschränkungen
Auf dieser Route paddeln Sie durch Kernzonen des Müritz-Nationalparks und müssen folgende Beschränkungen beachten:
- *Käbelicksee:* Bucht nördlich des Österberges gesperrt (gelbe Tonnen)
- *Havel:* zwischen Granziner Mühle und Pagelsee Landtransport (Bootswagen, s.o.)
- *Zotzensee, Jäthensee, Zierzsee:* Befahren nur entlang der markierten Durchfahrt (grüne Tonnen)
- *Useriner See:* nördliche Bucht und Kramsee gesperrt (gelbe Tonnen)

Die gesamte Route bis zum Großen Labussee (Schleuse Zwenzow) ist für Motorboote gesperrt!

Info
- *Gastgeberverein „Im Müritz Nationalpark",* Granzin 4, 17237 Kratzeburg, Tel./Fax (039822) 20242.
- *Töpferhof,* 17237 Granzin, Tel. (039822) 20242, Internet: www.toepferhof-steuer.de, E-mail: toepferhof-steuer@addcom.de (NP-Info, Wasser-, Rad- und Wanderkarten, Zimmer, Kanuverleih; geöffnet Mai-Okt. tägl. 10-18 Uhr).
- *Kanuverleih: Kormoran Kanutouring,* Andreas Laubau, Am Havelkrug, 17237 Granzin, Tel. (039822) 29888, Fax 29895, Internet: www.kormoran-kanutouring.de (Canadier, Kanutransporte).

Feldberg – Fürstenberg

Strecke
- ***Streckenlänge:*** ca. 41 km; 2-3 Tage
- ***Streckenverlauf:*** Feldberg – Lychen ca. 26 km, Lychen – Fürstenberg ca. 15 km; mit möglichen Zusatztouren um Fürstenberg

Einige Rundstrecken auf den Seen von Feldberg aus sowie in der Umgebung von Lychen und weiter bis Fürstenberg sind problemlos mit allen Bootsarten und in beiden Richtungen fahrbar (wobei zu beachten ist, dass die meisten Seen zwischen Feldberg und Lychen für Motorboote gesperrt sind).

Wasserwanderrouten

Die Route Feldberg – Lychen – Fürstenberg hingegen ist vom Dreetzsee bis zum Oberpfuhlsee bei Lychen nur mit Paddelbooten befahrbar und birgt einige Hindernisse und Schwierigkeiten. Für diesen Abschnitt sind Kunststoffkajaks oder robuste Schlauchkanadier am besten geeignet. An mehreren Stellen sind Landtransporte erforderlich, wobei für den längsten (ca. 300 m) Bootswagen gemietet werden können. Der Küstrinchener Bach erfordert etwas Bootsbeherrschung. Er hat eine gute Strömung (8,6 m Gefälle auf 6 km) mit einer Schwallstrecke, die bei hohem Wasserstand für spritzige Abwechslung sorgt, und flachen, steinigen Abschnitten, auf denen man gut manövrieren muss. Ein ehemaliges Wehr ist nur noch an einer steinigen Stufe erkennbar, die nur bei gutem Wasserstand befahrbar ist und sonst umtragen werden muss (gut angelegte Umtragestellen). Bei Niedrigwasser sind viele Abschnitte nicht fahrbar; und da bei Grundberührung nicht nur das Boot, sondern auch die Unterwasservegetation beschädigt werden kann, sollte man diese Tour **nur bei gutem Wasserstand fahren** – mindestens 0,3 m am Pegel unterhalb der Brücke Küstrinchen; Info-Tel. (03987) 2477.

Info

- *Tourismusverein im Naturpark Feldberger Seenlandschaft*, Strelitzer Str. 42, 17258 Feldberg, Tel. (039831) 2700, Fax 27027, Internet: www. feldberg.de
- *FVV Lychen,* 17279 Lychen, Fürstenberger Str. 11, Tel. (039888) 2255
- *Naturpark Uckermärkische Seen,* Zehdenicker Str. 1, 17279 Lychen, Tel. (039888) 64530, Fax 64555
- *Info-Büro Fürstenberg-Havel,* Tel. (033093) 32254
- *Kanuvermietung Treibholz: Marcus Thum,* 17279 Lychen, Stargarder Str. 15a, Tel. (039888) 4377, Fax 43378, Internet: www.treibholz.com (Kanus, Ausrüstung, Wasserfahrräder, Transfers, geführte Touren)

Fürstenberg – Rheinsberg

Strecke

- ***Streckenlänge:*** ca. 31 km; 1-2 Tage
- ***Streckenverlauf:*** Campingplatz Röblinsee – Schleuse Steinhavel (2 km); Schleuse Steinhavel – Campingplatz Großer Menowsee (7 km); Campingplatz – Schleuse Strasen (5 km); Schleuse Strasen – Schleuse Wolfsbruch (7 km); Schleuse Wolfsbruch – Zechlinerhütte (4 km); Zechlinerhütte – Schloss Rheinsberg, Grienericksee (7 km)

Einfache Route fast ohne Strömung. Kann zu jeder eisfreien Zeit und in beiden Richtungen problemlos und mit allen Bootsarten befahren werden. Auch für Anfänger und Familien mit Kindern geeignet. Auf den größeren Seen ist allerdings bei Wind Vorsicht geboten.

Die Route folgt einer Kette untereinander verbundener Seen des Rheinsberg/Fürstenberger Seengebietes, die

Wasserwanderrouten

Bootshäuser am Mirower See

sich wie Perlen aneinanderreihen. Die hügelige Landschaft ist geprägt von den Gletschern der Eiszeit. Ausgedehnte Mischwälder laden zu Wanderungen ein. Besonders abwechslungsreich und in eine vielgestaltige Landschaft eingebettet sind die bei Kleinzerlang beginnenden Rheinsberger Gewässer, auf denen man von Mecklenburg in die Mark Brandenburg gelangt.

Die gesamte Route kann mit allen Bootstypen befahren werden und ist auch bei Seglern und Motorboot-Kapitänen beliebt. Da sie zudem im Kreuzungsbereich verschiedener Hauptwasserstraßen liegt, ist sie in der Ferienzeit recht stark befahren. Meist ist man jedoch auf Seen unterwegs, auf denen sich die Boote verteilen. In der Gegend von Zechlinerhütte sind zahlreiche Abstecher in ruhige und abgelegene Gewässer möglich, die für Motorboote gesperrt sind und teilweise Landtransporte und Treideln erfordern.

Info
- *Haveltouristik,* 17255 Wesenberg, Lindenstr. 1, Tel. (039832) 20252
- *Tourist-Informationsbüro Fürstenberg,* Am Bahnhof, Tel. (033093) 32254 (auch Landkarten)
- *Tourist-Information Rheinsberg,* Kavalierhaus/Markt, 16831 Rheinsberg, Tel. (033932) 2059, Fax 34704

Rheinsberg – Mirow

Strecke
- *Streckenlänge:* 33 km; 1-2 Tage
- *Streckenverlauf:* Rheinsberg (Schloss) – Zechliner Hütte (7 km); Zechliner Hütte JH Prebelow (3 km); JH Prebelow – Kleinzerlang (3 km); Kleinzerlang – Fleeth (9 km); Fleeth – JH Mirow (11 km)

Einfache Route über Seen und Kanäle; auch für Anfänger und Familien gut geeignet, sofern man bei auffrischendem Wind offene Seeflächen meidet (vor allem Vilzsee bei Westwind!). Mit allen Bootsarten zu jeder eisfreien Zeit und in beiden Richtungen fahrbar. Es sind mehrere Schleusen zu

Wasserwanderrouten

Bootsschleppe

überwinden, die nicht mit Bootsschleppe ausgestattet sind. Geschleust wird in der Regel werktags zwischen 6 und 19 Uhr (sonntags zwischen 7 und 18 Uhr) zu jeder vollen Stunde sowie nach Bedarf.

Die gesamte Route Rheinsberg – Mirow kann mit allen Bootstypen befahren werden und ist als Hauptverbindung zwischen der Müritz und den Rheinsberger Gewässern nicht nur bei Paddlern sehr beliebt. In der Ferienzeit trifft man hier recht viele Boote. Man hat jedoch unterwegs eine ganze Reihe von Möglichkeiten für Abstecher auf wenig befahrene Gewässer, die überwiegend den Paddlern vorbehalten sind. Teilweise sind sie für Motorboote gesperrt, teilweise für jedes Boot unzugänglich, das größer als ein Kanu ist. Und selbst auf den stärker befahrenen Seen kann man Stille und ursprüngliche Natur erleben: hügelige Moränenlandschaften mit Buchen- und Kiefernwäldern, die viele der Seen bis zum Ufer einsäumen, Schilfufer, Seerosen-Felder und buchtenreiche Uferstrecken, an denen Land, Wald und Wasser aufs engste ineinander verwoben sind.

Info

- *Fremdenverkehrsbüro Mirow*, R.-Breitscheidt-Str. 24, 17252 Mirow, Tel./Fax (039833) 28022
- *Kanubasis Mirow, Jugendherberge*, 17252 Mirow, Tel. (039833) 20131, Fax 20192, Internet: www.kanubasis.de, E-mail: paddeln@kanubasis.de (4 km vom Bahnhof, Abholung möglich; Kajak, Canadier- und Fahrradverleih)
- *Kanustation Granzow*, Am Badestrand, 17252 Granzow, Tel. (039833) 21800, Fax 21844, E-mail: kanustation@t-online.de (Angebot wie Kanubasis Mirow)

Rundfahrt: Mirow – Müritz – Mirow

Strecke

- *Streckenlänge:* ca. 36 km; 1-2 Tage
- *Streckenverlauf:* Mirow – Granzow (3 km); Granzow – Campingplatz (6 km); Campingplatz – Müritz (6 km); Müritz und Kleine Müritz bis Seeausgang (ca. 10 km); Seeausgang – Mirow (ca. 11 km)

Die Strecke von Mirow bis zur Müritz (Alte Fahrt) führt über schmale, windgeschützte Seen durch eine großartige Landschaft und ist problemlos zu paddeln. Am Bolter Kanal ist ein 200 m langer Landtransport erforderlich (großer Bootswagen vorhanden, der Wagen ist jedoch sehr schwer und die Rampe steil!). Die gut 10 km lange Strecke auf der Müritz ist bei ruhigem Wetter ebenfalls problemlos; bei Wind kann die Müritz jedoch sehr gefährlich werden! Die letzten 10 km führen durch den landschaftlich weniger reizvollen Mirower Kanal (Neue Fahrt), auf dem auch größere Boote verkehren. Die Route kann zu jeder eisfreien Zeit und unabhängig vom Wasserstand in beiden Richtungen befahren werden. Die Etappe von Mirow bis zur Müritz ist den Paddlern vorbehalten.

Diese Tour setzt sich aus drei sehr unterschiedlichen Etappen zusammen. Die „Alte Fahrt" zwischen Mirow und der Müritz (ca. 15 km) folgt einer Kette schmaler, windgeschützter Seen, die durch alte Kanäle verbunden sind. Man paddelt durch herrlich ursprüngliche Natur mit ungewöhnlich reicher Pflanzen- und Tierwelt (insbesondere Wasservögel sind hier sehr artenreich) und gelangt auf dem Woterfitz- und dem Caarpsee (sehr klares Wasser) bis in Kernzonen des Müritz-Nationalparks. Hier bitte die nötigen Einschränkungen unbedingt beachten.

Ein ganz anderes Bild zeigt sich auf der ca. 10 km langen Strecke über die Müritz. Wegen seiner riesigen Wasserfläche wird dieser größte ganz in Deutschland liegende See auch als das „kleine Meer" bezeichnet. Da er relativ flach ist, kommen bereits bei mäßigem Wind sehr schnell steile Wellen auf, denen schon manches Boot zum Opfer gefallen ist. Vorsicht insbesondere bei N- oder NW-Wind. Ab Stärke 3 ist der See für kleinere Boote nicht mehr befahrbar! Im Zweifelsfalle lieber umdrehen und die „Alte Fahrt" zurückpaddeln. Dies ist ohnehin die viel schönere Strecke, denn die Etappe nach der Müritz führt durch den vergleichsweise eintönigen Müritz-Havel-Kanal.

Beschränkungen

Vom Leppinsee bis nahe der Bolter Mühle paddeln Sie durch den Müritz-Nationalpark und müssen folgende Einschränkungen beachten:
- ***Caarpsee:*** Befahren nur entlang der gekennzeichneten Durchfahrt (grüne Tonnen)
- ***Woterfitzsee:*** südwestlicher Uferbereich gesperrt (gelbe Tonnen)
- Im gesamten Nationalpark generelles ***Anlandeverbot!!***

Info

siehe Strecke Rheinsberg – Mirow

Buchtipp!

Nähere Informationen zu allen oben genannten Routen und zahlreichen weiteren Paddelstrecken in Mecklenburg und Nordbrandenburg finden Sie in dem Buch *„Wasserwandern Mecklenburg/Brandenburg"* von H. H. Herm und R. Höh, erschienen ebenfalls in der Reihe REISE KNOW-HOW. Dieses Buch liefert nicht nur alle wichtigen Fakten und Informationen für eine erfolgreiche Tour, sondern ausführliche und anschauliche Beschreibungen der einzelnen Touren.

Fahrgastschiff-Fahrt/ Weiße Flotte

Auf den Mecklenburgischen Großseen und Wasserstraßen verkehren während der Saison Ausflugsschiffe der Weißen Flotte, die jedermann das Kennen lernen des Landes von der

Fahrgastschiff-Fahrt/Weiße Flotte

Wasserseite und bei Kaffee und Kuchen oder Bier und Wurst ermöglichen. Die Angebote der Gesellschaften reichen von kurzen, einstündigen Rundfahrten bis zur Tagesreise mit Rast und Landgang. Neben den regelmäßig nach Fahrplan stattfindenden **Linien- und Ausflugsfahrten** bieten die Betreiber eine Reihe von Spezial- und Sonderveranstaltungen wie beispielsweise **Mondschein-, Tanz- oder Lampionfahrten** an. Gruppen können für private Anlässe wie Hochzeit oder Geburtstag eigene Schiffe chartern. Die Schiffsbetreiber unterhalten an den Anlegestellen in den Orten an den großen Seen wie Schwerin, Waren, Plau, Malchow, Röbel oder Neustrelitz Informationsbüros, in denen das jeweilige Angebot und die geltenden Preise zu erfahren sind.

Info Fahrgastschiff-Fahrt:

- *Boizenburg,* Boizenburger Fahrgastschifffahrt, Hafenplatz 5, Tel./Fax (038847) 59368
- *Demmin,* Fahrgastschiff-Fahrt, Am Hafen, Tel. (038326) 83049, Fax 84722
- *Dobbertin,* MS Condor, Am Dobbertiner See, Tel./Fax (038736) 60714, Internet: www.ms-condor.de, E-mail: mscondor@aol.com
- *Eldena,* Gaedt & Sohn, Dömitzer Str. 26, Tel. (038755) 20222
- *Feldberg,* Fahrgastschiff-Fahrt Eberhardt, Strelitzer Str. 40, Tel./Fax (039831) 20275
- *Malchow,* Fahrgastschiff-Fahrt Pickran, Kirchenstr. 3, Tel. (039932) 81735, Fax 14534, Internet: www.pickran.de, E-mail: mpickran@aol.com
- *Mirow,* Mirower Schiff-Fahrtsgesellschaft, Stadthafen, Tel. (039833) 22270, Fax 22208, Internet: www.mirowerschiffahrt.de, E-mail: mirowerschiffahrt@gmx.de
- *Neubrandenburg,* Fahrgastschiff Mudder Schulten, Kirschenallee 1, Tel. (0395) 3682195, Fax 3682154
- *Neustrelitz,* Santana Yachting, Zierker Nebenstr. 19, Tel. (03981) 205896, Fax 205818
- *Parchim,* ABS Parchim, Ludwigsluster Chaussee 5, Tel. (03871) 62170, Fax 621718
- *Plau,* Plauer Fahrgastschiff-Fahrt, Ziegeleiweg 4, Tel. (038735) 42872, Fax 45057, Internet: www.plauer-schiffahrt.de, E-mail: plauer-schiffahrt@gmx.de
- *Röbel,* Weisse Flotte-Müritz, Am Hafen, Tel. (039931) 51234, Fax 51239, Internet: www.mueritzschiffahrt.de, E-mail: mueritz-tours-reederei@t-online.de
- *Schwerin,* Weiße Flotte, Werderstr. 140, Tel. (0385) 557770, Fax 5577711, Internet: www.weisse-flotte-schwerin.de, E-mail: weisse.flotte@t-online.de
- *Waren,* Strandstr. 3, Warener Schiff-Fahrtsgesellschaft, Tel. (03991) 663034, Fax 125693, Internet: www.warener-schiffahrt.de, E-mail: warener.schiffahrt@t-online.de
- *Zarrentin,* Personenschiff-Fahrt Kuntoff, Heegenring 14, Tel./Fax (038851) 25311

Land und Leute

Überblick

„Als unser Herrgott die Welt erschuf, fing er bei Mecklenburg an, und zwar von der Ostseeseite her, er machte es eigenhändig fertig. (...) Und wenn ein fremder Mensch hierherkommt, und er hat Augen zu sehen, dann kann er sehen, daß unser Herrgotts Hand über Wiese und Wald, Berg und See geruht hat, daß er Mecklenburg im Auge hatte, als er sagte, daß alles gut gemacht war." So beschreibt ein großer Sohn des Landes, der Mundartdichter *Fritz Reuter*, „De Urgeschicht von Meckelnborg". Natürlich auf Plattdeutsch.

Von dem nordöstlichsten und bevölkerungsärmsten aller Bundesländer liest und hört man wenig. Schlagzeilen werden woanders gemacht, Spektakuläres geschieht hier nicht. Ein Umstand, der in unserer schnellebigen, sensationslüsternen Zeit gemeinhin als gravierender Nachteil gewertet wird. Viel mehr als Rügen und seine Kreidefelsen fällt den meisten nicht zu dem Land ein. Vielleicht noch die traditionsreichen Seebäder mit ihren endlosen Sandstränden entlang der Bernsteinküste, deren Charme und Schönheit sich inzwischen auch in den westlichen Bundesländern einigermaßen herumgesprochen hat. Doch Mecklenburg und Vorpommern haben viel mehr Gesichter als nur Kreidefelsen und Küste.

Blick über den Röddelinsee auf Röddelin

Überblick

Der hier beschriebene Teil Mecklenburg-Vorpommerns gliedert sich in Regionen, die sich landschaftlich, teilweise aber auch kulturell und geschichtlich deutlich voneinander unterscheiden. Diese regionalen Besonderheiten liegen dem Kapitel Ortsbeschreibungen zugrunde, das in seinem Aufbau der Gliederung der Regionen folgt. Ein ausführliches Register am Ende des Buches stellt sicher, dass auch Informationen zu einzelnen Gebieten und Orten schnell und gezielt aufgefunden werden können.

Wenig bekannt als Reiseziel ist bisher die große Region **Westmecklenburg/Schweriner Land,** die sich zwischen der Elbe und etwa der Linie Lübz – Sternberg – Bützow – Rostock erstreckt. Mittendrin liegt Schwerin, die Landeshauptstadt und der Regierungssitz Mecklenburg-Vorpommerns.

Im Osten des Doppellandes liegt die Region **Vorpommern,** die ungefähr den Bereich von der Linie Demmin – Altentreptow – Straßburg – Pasewalk bis zur Oder einnimmt.

Zwischen Vorpommern und Westmecklenburg zieht sich entlang der Landesgrenze zu Brandenburg die waldreiche **Mecklenburgische Seenplatte** hin, die mit ihren unzähligen, durch Kanäle und Flussläufe vernetzten Seen ein in Mitteleuropa einzigartiges Naturparadies ist.

Mitten aus Mecklenburg-Vorpommern ragt gleich einer Insel die **Mecklenburgische Schweiz** auf. Die zu Unrecht wenig bekannte Region, in der die beschaulichen Landstädtchen Güstrow, Teterow und Malchin liegen, ist, wie ihr Name unmissverständlich anzeigt, mit ihren eiszeitlichen Moränenhügeln das „Hochland" des abwechslungsreichen Urlaubslandes Mecklenburg-Vorpommern.

Jede einzelne der Regionen bietet soviel Sehens-, Erlebens- und Entdeckenswertes, dass eine einzige Reise keinesfalls ausreichen kann, Mecklenburgs und Vorpommerns Binnenland in seiner ganzen Schönheit und Vielfalt zu erfahren. Doch wer einmal durch das bezaubernde Bauernland gereist ist, wird *Fritz Reuter* recht geben müssen, dass die göttliche Schöpfung an diesem Fleckchen Erde außergewöhnlich fantasievoll waltete und gestaltete und seine von alters her materiell benachteiligten Bewohner mit einem Schmuckkästlein voller wertvoller Kleinodien an Naturräumen entschädigte. Und ganz bestimmt wird er dann besser verstehen, warum wir seit unserer ersten Erkundungsreise durch das nordöstliche Land so oft als möglich wiederkommen.

Die Deutsche Alleenstraße in Mecklenburg-Vorpommern

Sucht man nach Charakteristika für das Land Mecklenburg-Vorpommern, so stößt man unweigerlich auf die **prachtvollen alten Alleen,** die die großen und kleinen Straßen auf genau 2588,8 km beidseitig und auf 1021,6 km einseitig säumen und das Landschaftsbild prägen. Die grünen Tunnel sind so typisch für Deutschlands dünnbesiedeltstes Land wie seine Küste, seine Seen und seine Windmühlen. Auf Initiative der Schutzgemeinschaft Deutscher Wald wurde in Zusammenarbeit mit dem ADAC vor einigen Jahren die Deutsche Alleenstraße eröffnet, die quer durch Deutschland von Rügen bis zum Bodensee verläuft. Die Alleenstraße ist durch ein braunes Schild mit einer stilisierten Allee und dem offiziellen Namen ausgeschildert.

Dabei wurde ihr 250 km langer **Verlauf von Rügen bis Rheinsberg** so gewählt, dass er durch besonders schöne Alleestrecke verläuft. Die Route durch Mecklenburg-Vorpommern ist den Initiatoren sicherlich nicht leichtgefallen, wenn man die Vielzahl von zauberhaften Alleen betrachtet, die es hier gibt. Die vorwiegenden Baumarten sind Linden, Eichen, Kastanien und Birken. Wer sich einen Gesamtüberblick verschaffen möchte, der sollte sich die vom Wirtschaftsministerium herausgegebene Landkarte besorgen, auf der alle Alleen eingezeichnet sind. Dankenswerterweise hat das Land dieses wertvolle Erbe 1992 unter **Naturschutz** gestellt. Beim nun stattfindenden großen Straßenbauen werden die oft uralten Bäume deshalb nicht gefällt, sondern behutsam erhalten und gepflegt, und auf 772 km wurden sogar neue Alleen angelegt.

So wunderschön die Straßenalleen auch sind, so gefährlich können sie für **Autofahrer** bei Unachtsamkeit sein. Oft stehen die Bäume so dicht an der Straße, dass große Fahrzeuge gezwungen sind, mehr in die Mitte auszuweichen, um nicht an den Ästen hängenzubleiben. Deshalb sollte man auf Alleenstraßen aufmerksam und nicht schneller als 80 km/h fahren. Oft sind die Bäume so ineinander verwachsen, dass sie regelrechte grüne Tunnel bilden, in denen auch bei Sonnenschein Dämmerlicht herrscht. Deshalb immer mit Licht fahren! Versuche auf Rügen haben gezeigt, dass die Unfallzahlen dadurch drastisch gesunken sind. Die Seitenstreifen sind auf Alleenstraßen meist unbefestigt und weisen Löcher auf. Bei Nässe herrscht durch herabgefallenes Laub höchste Rutschgefahr. Und schließlich: Autofahrer, bitte Rücksicht auf Fußgänger und Fahrradfahrer nehmen! Nur wer umsichtig und gemächlich fährt, kann die Schönheit der Alleen erleben und genießen. Gute Fahrt!

●*Info:*
Schutzgemeinschaft Deutscher Wald, Meckenheimer Allee 79, 53115 Bonn, Tel. (0228) 658462
●*Literatur:*
ADAC-Reisehandbuch „Alleenführer – Reisen wie Gott in Deutschland" Sehr preiswertes Büchlein, das die Dt. Alleenstraße von Nord nach Süd in 8 Bundesland-Kapiteln mit tourist. Infos und Sehenswürdigkeiten vorstellt.
●*Karte:*
„Unterwegs entlang der Baumalleen in Mecklenburg-Vorpommern" (beim Landesfremdenverkehrsverband und den regionalen Fremdenverkehrsverbänden erhältlich).

Deutsche Alleenstraße

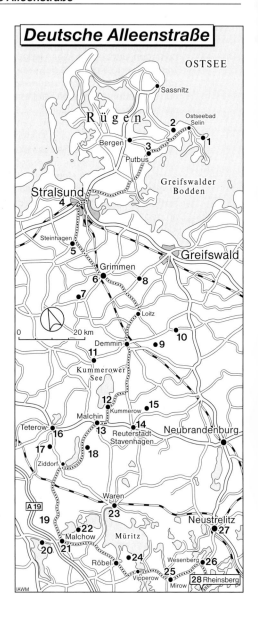

Deutsche Alleenstraße

**Deutsche Alleenstraße
in Mecklenburg-Vorpommern
Kultur und Natur links und rechts der
Alleenstraße von Rügen bis Rheinsberg**

1. Göhren: Mönchgutmuseum, Biosphährenreservat „Südost-Rügen" (s. Bd.1, Ostseeküste M-V)
2. Binz: hist. Seebad, Jagdschloss Granitz (s. Bd.1, Ostseeküste M-V)
3. Putbus: klassizistische Stadtanlage, Schlosspark, hist. Schmalspurbahn „Rasender Roland" (s. Bd. 1, Ostseeküste M-V)
4. Stralsund: mittelalterliche Altstadt, Meeresmuseum (s. Bd. 1, Ostseeküste M-V)
5. Steinhagen: Holländer-Windmühle
6. Grimmen: hist. Stadttore, Rathaus
7. Kirch-Baggendorf: älteste Dorfkirche Vorpommerns
8. Griebenow: 15-eckige Fachwerkkirche, Barockschloss
9. Vanselow: Schloss, jetzt Hotel, Schlosspark
10. Kartlow: Schloss, Schlosspark
11. Dargun: Kloster-/Schlossruine
12. Kummerow: Barockschloss, Landschaftspark
13. Remplin: Barockpark, älteste Sternwarte in M-V
14. Stavenhagen: Ernst-Reuter-Museum
15. Ivenack: Ivenacker Eichen, älteste Eichen in M-V
16. Teterow: Burgwallinsel mit Ausflugsgaststätte „Wendenkrug"
17. Karsdorf: Burg und Park Schlitz
18. Basedow: Schloss, Schlosspark, Schlosskirche
19. Naturpark Nossentiner-Schwinzer Heide
20. Alt-Schwerin: Museumsdorf /Agrarmuseum
21. Malchow: Kloster
22. Göhren-Lebbin: Schloss Blücher, jetzt Hotel
23. Waren: Müritzmuseum, Müritz-Nationalpark
24. Ludorf: schönste Dorfkirche in M-V
25. Mirow: Schloss, Schlossinsel
26. Wesenberg: Wasserparadies Kleinseenplatte
27. Neustrelitz: Schlosspark, Müritz-Nationalpark (Serrahner Teil)
28. Rheinsberg: Schloss, Schlosspark

Land u. Leute

Schlösser und Herrenhäuser

„Junkerland in Bauernhand" war lange Zeit die zentrale Losung zur Beseitigung der rückständigen Verhältnisse in Mecklenburg-Vorpommern und zur Verbesserung der Lebensverhältnisse der Masse seiner Bewohner. Die großen Landgüter des außergewöhnlich zahlreich vertretenen Landadels waren für die Region über Jahrhunderte politisch, ökonomisch und sozial entscheidend prägend. Besonders seit dem 30-jährigen Krieg, als durch Hunger und Verwüstung das Land auf großen Flächen verödete, wuchsen die **Gutsbesitzungen der Ritterschaft** immens an. Zu den einflussreichsten Geschlechtern, deren Güter die Größe von Ministaaten erreichten, gehörten Adelssippen wie die Familie *Oertzen, Bassewitz, Bülow, Hahn, Maltzan, Plessen, Bernstorff oder Flotow*. Da alles, was auf ihrem Grund lag, also auch die Dörfer samt Bewohner, Besitz der Junker war, den sie in feudaler Manier selbstherrlich regieren und ausbeuten konnten, stiegen die ritterschaftlichen Besitzungen zu dem Machtfaktor auf, an dessen Folgen Mecklenburg-Vorpommern, bis heute das rückständigste und sowohl an Bevölkerung wie Industrie ärmste Bundesland, zu tragen hat.

Der zähe Widerstand der Rittergutsbesitzer gegen jegliche Reformen vermochte es, dass die Leibeigenschaft länger als irgendwo sonst überleben und erst 1820 abgeschafft werden konnte. Das extreme soziale Gefälle zwischen der kleinen besitzenden und reichen Großgrundbesitzerschicht und der besitzlosen, verarmten Masse der Landbevölkerung blieb jedoch erhalten. Auch wenn die Junker und Großgrundbesitzer an politischem Einfluss verloren, blieb ihre ökonomische und damit gesellschaftliche Rolle erhalten. Ihre endgültige Entmachtung erfolgte erst mit der Enteignung und Bodenreform 1945.

Den jeweiligen Reichtum und den damit einhergehenden gesellschaftlichen Status, den die ein-

Schlösser und Herrenhäuser

Schloss Klink

zelnen Familien aus ihren Gütern zogen, demonstrierten sie sichtbar in ihren **Gutshäusern.** Vom eher schlichten Wohnhaus über repräsentative Herrenhäuser bis zu residenzartigen Landschlössern reichen die Sitze, die sie sich auf ihren Refugien errichten ließen. Neben der von der Industrie unzerstörten Natur sind es nun eben diese oft von weitläufigen Parkanlagen umgebenen Herrenhäuser und Schlösser, die die Junker dem heutigen Reisenden hinterließen. Immer wieder ist man verblüfft, wie vielen dieser Gutshäuser und in welchem architektonischen Variantenreichtum man bei der Fahrt über die Dörfer begegnet.

Da die Gebäude in der DDR überwiegend von Einrichtungen wie Alters- oder Pflegeheimen, Ausbildungsstätten oder Sanatorien genutzt wurden oder einfach dem Verfall überlassen wurden, ist ihr **baulicher Zustand** sehr unterschiedlich. Während manche sich ihren alten Glanz außen erhalten konnten, innen aber durch Umbauten zerstört wurden, sind andere durch Grauputz verschandelt oder nur noch traurige Ruinen. Einige der besonders schön gelegenen Schlösser wurden jedoch vom Staat und seinen Institutionen als Gäste- oder Jagdhaus, aber auch als Ferienobjekt für besonders Verdiente oder Ausbildungszentren der Staatssicherheit genutzt.

Eine ganze Reihe der Herrenhäuser und Landschlösser wurde in den letzten Jahren wieder umfassend restauriert und dienen nun als **Hotels.** Da diese nicht nur architektonisch besonders reizvolle Unterkunft in historischen Gemäuern bieten, sondern meist auch herrlich in große Landschaftsparks oder stille Natur eingebettet sind, gehört eine Unterkunft im alten Junkersitz sicherlich mit zu der schönsten Art Urlaub, die das Land seinen Gästen bietet. Wo immer wir einen als Hotel genutzten alten Adelssitz ausfindig machen konnten, haben wir ihn im Info-Anhang des betreffenden Ortes unter „Unterkunft" vermerkt (siehe auch im Anhang).

Info *Vereinigung der Schlösser, Herren-, und Gutshäuser in MV,* Schlossparkhotel Hohendorf, Am Park 7, 18445 Hohendorf, Tel. (038323) 2500, Fax 25061, Internet: www.schlosshotel-mv.de

Naturschutz – Naturschonung

Situation in den neuen Bundesländern

Zahlreiche Berichte in den Medien haben zuzeiten von kaltem Krieg und Mauer von den katastrophalen Folgen berichtet, die die ebenso maß- wie rücksichtslose Industrialisierung und Ausbeutung der Ressourcen auf dem Gebiet der verblichenen DDR angerichtet haben. Eine skrupellose Greisenriege habe aus rein ideologischen Machterhaltungsgründen nicht nur die **Natur** ihres Landes **großräumig zerstört,** sondern auch gleichzeitig ihre Bevölkerung vergiftet. Ein Bild, das bis heute in vielen westdeutschen Köpfen lebendig geblieben ist. Und betrachtet man sich die immensen Verheerungen, die beispielsweise der Uranbergbau in Sachsen, die Braunkohletagebaue in der Lausitz oder die chemische Industrie im berüchtigten Chemiedreieck um Bitterfeld in Sachsen-Anhalt hinterließen, so ist der Vorwurf völlig gerechtfertigt.

Doch das ist nur die halbe Wahrheit. Jeder, der schon einmal in den neuen Bundesländern unterwegs war, wird wie wir überrascht festgestellt haben, dass hier noch großflächige, **unberührte Naturparadiese** bestehen, wie man sie im „umweltbewussten" Westen nur selten oder gar nicht mehr antrifft. Schon ein Blick auf eine Karte der deutschen Nationalparks macht deutlich, dass

bei dem im Westen vermittelten Bild eine gehörige Portion Propaganda mit von der Partie war. Von insgesamt 13 ausgewiesenen Großschutzgebieten Deutschlands, die den strengen internationalen Kriterien eines **Nationalparks** entsprechen, liegen allein sieben auf dem relativ kleinen Gebiet der ehemaligen DDR. Und drei davon kann Mecklenburg-Vorpommern sein eigen nennen. Viele Tier- und Pflanzenarten, die im Westteil Deutschlands äußerst selten geworden oder gänzlich ausgestorben sind, haben in den unberührten, naturbelassenen Regionen der Beitrittsländer Zuflucht gefunden. Biber und Adler, Kranich, Fischotter, Weiß- und Schwarzstorch,

Naturschutz – Naturschonung

Kormoran und Kolkrabe sind nur einige der Tiere, die der Westmensch meist nur noch aus dem Fernsehen kennt. Und seit dem Zerfall des Ostblocks sind aus den Urwäldern Polens sogar wieder erste Wölfe und Elche in Waldgebiete wie die Schorfheide eingewandert.

Man fragt sich natürlich, wie es denn dazu kommen konnte, dass die arme DDR viel mehr intakte Naturräume besitzt als der reiche Westen, der doch seit vielen Jahren von Schlagworten wie „Ökologie" und „Umweltschutz" beherrscht wird und dafür auch eine erkleckliche Summe ausgibt. Die Antwort ist einigermaßen überraschend: Es war im wesentlichen jenes sozialistische System, das doch ohne Rücksicht und ohne Protest von Bürgerinitiativen fürchten zu müssen, die Landschaft grässlich ruinieren konnte und dies auch tat. Andererseits fehlte aber die kapitalistische Profitgier der Freizeitindustrie, die im Westen nicht minder skrupellos als die SED-Gerontokratie die schönsten Landschaften mit Hotelkomplexen, Freizeitparks, Golfplätzen und Jachthäfen zubetonierte.

Ein weiterer Grund resultiert direkt aus der größten Schwäche der **sozialistischen Planwirtschaft: Geldmangel.** Es fehlte schlicht an den notwendigen Finanzen, um Flüsse zu begradigen oder das Straßennetz auszubauen, das kleinste Fleckchen, den letzten Winkel dem Menschen ökonomisch untertan zu machen, kurz, die Natur so intensiv zu erschließen und auszubeuten, wie dies im Westen geschah. So säumen im Osten Deutschlands noch herrliche uralte Alleen die Straßen, haben die großen Flussläufe wie Elbe und Oder noch ihre natürlichen Auen.

Große **Staatsjagdgebiete** und Privatrefugien der Nomenklatura, einst von der Stasi streng bewacht und dem Volke versperrt, konnten sich so ihre Urwüchsigkeit bewahren.

Und schließlich, auch wenn es fast pervers klingen mag, verdanken manche Großschutzgebiete ihre Existenz dem menschenverachtenden **Grenzregime.** Innerhalb des gesperrten Streifens entlang der innerdeutschen Grenze war die Natur über Jahrzehnte vor menschlichen Eingriffen geschützt und sich selbst überlassen. Diesem Umstand verdanken beispielsweise der Nationalpark um den Brocken oder der Naturpark Schaalsee ihr Dasein.

Vor allen Dingen aber, und das kann gar nicht genug betont und gelobt werden, verdanken wir die herrlichen Großschutzgebiete auf dem Gebiet der ehemaligen DDR dem selbstlosen Engagement und Einsatz weitsichtiger Menschen vor Ort. Bis zur physischen Erschöpfung bemühten sich **Naturschützer und Bürgerkommitees,** die politischen Freiräume zwischen Honeckersturz und Wiedervereinigung zu nutzen, um, bevor sie von den allmächtigen Wirtschaftslobbys des Westens be- und gehindert werden, so viele Gebiete wie möglich vor den Übergriffen des großen Geldes in Sicherheit zu bringen. Nur wenige Wochen vor der Wiedervereinigung, genau am 12. 9. 1990, also in letzter Minute, gelang es, zumindest die wichtigsten und größten Refugien unter gesetzlichen Schutz zu nehmen. Fünf Nationalparks, sechs Biosphärenreservate und drei Naturparks konnten so gesichert werden. Eine grandiose Leistung, die unseren ganzen Respekt, unsere Anerkennung und Hochachtung verdient. Und unsere Unterstützung!

Konflikt zwischen Ökologie und Ökonomie

In die Gebiete, die früher nicht betreten werden durften, strömen jetzt Besucherscharen. Das **Straßennetz** wird im Hauruck-Verfahren ausgebaut. Neue Betonschneisen wie die Ostseeautobahn werden durch die Landschaft getrieben. Golfareale werden in derartig schwindelerregender Zahl beantragt, dass man meinen könnte, das elitäre Vergnügen sei der Volkssport Nummer Eins. Die **Freizeitindustrie** hat sich längst die schönsten Stellen ausgeguckt, um jeden von ihr selbst inszenierten Wunsch nach Luxus und Unterhaltung in Stahlbeton zu gießen.

Naturschutz – Naturschonung

Es ist nicht zu leugnen, dass es einen massiven Interessenkonflikt gibt zwischen Ökonomie und Ökologie. Es ist den Menschen vor Ort auch zu wünschen und zu gönnen, möglichst schnell Arbeit zu finden und ihren Lebensstandard zu erhöhen. Doch Bürger wie Planer sollten nicht kurzsichtig nach dem schnellen Geld schielen, sondern **aus den Fehlern, die im Westen gemacht wurden, lernen.** Wie eifrig hat man hier alles „Alte" abgerissen, aus den Dörfern seelenlose Siedlungen gemacht. Wie gründlich hat man alle Alleen dem Verkehr geopfert, für wieviel teures Geld Flüsse und Bäche in zementierte Kanäle gezwungen. Nun werden sie mancherorts wieder für noch mehr Geld „krumm" gebaggert, wird versucht, den Dörfern mit Umgestaltungsprogrammen wieder ein bisschen Leben einzuhauchen.

Die neuen Bundesländer haben – noch – die einmalige Chance, aus den kapitalen Fehlern zu lernen und die Entwicklung behutsam zu betreiben. In manchen Rathäusern hat sich diese Erkenntnis durchgesetzt, und es gibt erfreuliche Beispiele dafür. Hiddensee beispielsweise hat es geschafft, die kapitalkräftigen Konzerne fernzuhalten und so die Einnahmen den Inselbewohnern zugute kommen zu lassen. Andererseits zeigen viele Baumaßnahmen, dass man für die kurzfristig höhere Dividende sein wertvollstes Kapital, die traditionellen Ortsstrukturen und die natürliche Landschaft, opfert.

Wenn das Erhaltenswerte erhalten werden soll, wenn die Naturzerstörung nicht „Weststandard" erreichen soll, dann müssen wir jetzt dafür Sorge tragen. Dann müssen beide Seiten, Naturfreunde wie Planer und Politiker, die um dringend benötigter Arbeitsplätze willen jedes noch so zwielichte wie real ruinierende Projekt genehmigen, verantwortungsbewusst und vorausschauend handeln.

Auch die Besucher, auch Sie können helfen, dass nicht eben das unwiederbringlich zerstört wird, was wir vorgeben zu lieben. Denn ist es einmal verloren, ist es für immer verloren. **Ansprüche und Verhalten der Besucher** haben einen wesentlichen Einfluss auf die weitere Entwicklung. Werden die künstlichen Plastikwelten der industriellen Ferien- und Freizeitparks nicht gebucht, werden sie auch nicht gebaut. Und wer es als unzumutbare Einschränkung empfindet, nicht in jeden Winkel mit seinem lärmenden Motorboot fahren zu dürfen, trägt dazu bei, dass die

letzten ursprünglichen Naturräume zu Wassersportzentren mit Disco und Pommesbude umfunktioniert werden und Tiere wie Adler und Biber endgültig verschwinden. Tragen Sie deshalb aktiv dazu bei, dass die Naturlandschaften mit ihren gefährdeten Tier- und Pflanzenarten eine reelle Chance haben, auch noch von Ihren Enkeln besucht werden zu können.

Großschutzgebiete

Von den 12 Großschutzgebieten in Mecklenburg-Vorpommern findet man sechs im Binnenland.

● Der rund 800 km² große **Naturpark Mecklenburgisches Elbetal** erstreckt sich auf einer Länge von rund 50 km zwischen Boizenburg und Dömitz im stillromantischen Elbe-Urstromtal. Zu seinen Besonderheiten gehören wenig berührte, regelmäßig überflutete Auenlandschaften, die zahlreichen seltenen Vogel- und Amphibienarten Lebens-

Naturschutz – Naturschonung

raum bieten. Besonders bemerkenswert ist der weitgehend natürliche belassene Lauf der Schaale und die große Binnendüne bei Klein Schmölen.

● Neu festgelegt wurde der 67.000 ha große Naturpark **Mecklenburgische Schweiz/Kummerower See,** der sich an den Naturpark Nossentiner/Schwinzer Heide in nordöstlicher Richtung anschließt. Die reizvolle Hügellandschaft mit ihren zahlreichen Quellen, unberührten Flussläufen, Mooren und Bruchwäldern bietet u. a. drei Adlerarten, Biber, Fischotter und Sumpfschnepfen Lebensraum. Besonders bemerkenswert ist die Gülitzer Strauchmoräne zwischen Malchin und Neukalen mit ihren naturnahen Wäldern und das ausgedehnte Quelltal NSG Hellgrund, in dem u. a. mannshohe Riesenschachtelhalme wachsen.

● Der **Müritz-Nationalpark** erstreckt sich vom Ostufer des zweitgrößten Sees Deutschlands auf 318 qkm. In dem zu 65 % bewaldeten und zu 20 % mit Wasser bedeckten Gebiet dehnt sich der größte Buchenwald im mitteleuropäischen Tiefland aus. Hier leben noch Fisch- und Seeadler, aber auch mehr als 800 Schmetterlings- oder 1.500 Käferarten. Die Hälfte der Tier- und Pflanzenpopulation des Nationalparks ist vom Aussterben bedroht.

● Das **Biospähren-Reservat Schaalsee** verdankt seine Unberührtheit der deutsch-deutschen Grenze. Sein Territorium erstreckt sich auf 162 qkm zwischen Zarrentin und Utecht um den Schaalsee, der mit 71,5 m Tiefe der tiefste Klarwassersee in der Norddeutschen Tiefebene ist. Die waldreiche Wasserlandschaft ist eines der letzten Biotope Deutschlands, in dem noch der Fischotter eine geeignete Lebensgrundlage findet.

● Der **Naturpark Nossentiner/Schwinzer Heide** liegt zwischen Goldberg und Waren in einer fast gänzlich unbesiedelten Region der Seenplatte. Mehr als die Hälfte der Fläche von 365 qkm ist von Kiefernwald bestanden. Über 50 Seen und 8.000 ha Moor finden sich auf seinem Gebiet, durch das sich die mecklenburgische Hauptwasserscheide zieht. Zu seinen Attraktionen gehört der 300 ha große Damerower Werder am Kölpinsee, auf dem seit 1958 europäische Wisente leben.

● Ebenfalls im Gebiet der Seenplatte liegt der grenzüberschreitende, 1.000 qkm große **Naturpark Feldberger Seenlandschaft.** Zwei Drittel seiner Fläche gehören zum Land Brandenburg. In der grandiosen Wasser- und Waldlandschaft brüten noch Schrei-, See- und Fischadler. Auch den ältesten Buchenwald Deutschlands, die urwaldähnlichen „Heiligen Hallen" bei Feldberg mit ihren 300-jährigen

Naturschutz – Naturschonung

Methusalems, und den mit 129 m. ü.NN. höchstgelegenen See Mecklenburg-Vorpommerns, den Bucheisensee, findet man hier.

Alle genannten Großschutzgebiete unterhalten vor Ort Besucherzentren und Informationshütten, in denen man sich über das jeweilige Schutzgebiet informieren kann. Über alle Schutzgebiete existieren praktische Faltblätter, die neben einer genauen Karte des Territoriums auch wichtige Kurzinformationen über die Besonderheiten des Gebietes enthalten. Dass die darauf eingezeichneten Totalreservate und vermerkten Beschränkungen und Verhaltensweisen unbedingt respektiert werden sollten, sollte sich von selbst verstehen. Die einzelnen Verwaltungen bieten auch eigene Programme wie Führungen, Fahrradexkursionen, Tierbeobachtungen, Vorträge u. a. an. Unter Führung und Anleitung eines Fachmannes die Naturparadiese zu durchstreifen, ist mit Sicherheit ungleich lehr- und aufschlussreicher, als auf eigene Faust und ahnungslos durch die Natur zu wandern. Die der Jahreszeit entsprechenden Angebote erfahren Sie bei den lokalen Parkverwaltungen.

Info

● *Landesamt für Forsten und Großschutzgebiete*, Fritz-Reuter-Platz 9, 17139 Malchin, Tel. (03994) 2350, Fax 235199, Internet: www.lfg-malchin.de, E-Mail: info@lfg-malchin.de

Wisent

Naturschutz – Naturschonung

- *Nationalparkamt Müritz,* Schloßplatz 3, 17237 Hohenzieritz, Tel. (039824) 2520, Fax 25250, Internet: www.nationalpark-mueritz.de, E-mail: info@nationalpark-mueritz.de
- *Naturpark Mecklenburgisches Elbetal,* Am Elbberg 20, 19258 Boizenburg, Tel. (038847) 50335, Fax 50336, Internet: www.elbetal-mv.de, E-mail: naturpark-info@elbetal-mv.de
- *Biosphären-Reservat Schaalsee,* Wittenburger Chaussee 13, 19246 Zarrentin, Tel. (038851) 3020, Fax 30220, Internet: www.schaalsee.de, E-mail: info.br@schaalsee.de
- *Naturpark Mecklenburgische Schweiz/Kummerower See,* Schloßstr. 6, 17139 Remplin, Tel. (03994) 210603, Fax 210613, Internet: www.naturpark-mecklenburgische-schweiz.de, E-mail: foerdervereinmecklenburgische-schweiz@hotmail.com
- *Naturpark Feldberger Seenlandschaft,* Strelitzer Straße 42 / Haus des Gastes, 17258 Feldberg, Tel. (039831) 52780, Fax 52789, Internet: www.naturpark-feldberger-seenlandschaft.de, E-mail: naturpark@feldberg.de

Mötst di nich argern,
Hett keinen Wiert,
Mötst di blot wunnern,
Watt all passiert.
Mötst ümmer denken,
De Welt is nich klauk,
Jeder hett Grappen,
Du hest se ok!

Mötst di nit argern,
Hett keinen Sinn,
Wart di blot schaden,
Un bringt nix in,
Ward an die fräten
As Qualm und Rook.
Is't nahst vergäten,
Büst grad so klauk!

Mötst di nich argern,
Is Uhnrecht di dahn,
Haug mal up'n Disch
Un gliek is't vergahn.
Kort is din Läben
Un lang'n büst du dod,
Minsch, blot nich argern,
Ne, lachen deiht gaud!

(R. Tarnow, 1927)

Menschen und Bräuche

„Unrecht dahn" wurde den Menschen in Mecklenburg-Vorpommern oft in ihrer zumeist leidvollen Geschichte.

„Es sint die Einwohner sehr ein mordisch und zenkisch Folck, das eben schir wahr wird, wie das lateinische Sprichwort sagt: omnes insules mali." So schildert der Geschichtsschreiber *Helmhold* (1125-1177) die an der Küste und auf den Inseln lebenden Menschen. Damals waren dies aber noch slawische Stämme. Die heutigen Bewohner Mecklenburgs und Vorpommerns sind Nachkömmlinge jener deutschen und christlichen Zuwanderer, die die Slawen verdrängten.

Wesentlich freundlicher fallen aber **Charakteristika der Einheimischen** immer noch nicht aus. *Theodor Fontane,* der Wanderer durch die Mark Brandenburg, notierte über die Nachbarn wenig schmeichelhaft: „Sie haben unbestreitbar eine wundervolle Durchschnittsbegabung, werden aber ungenießbar dadurch, dass sie einem dies Durchschnittsmäßige, dies schließlich doch immer furchtbar Enge und Kleinstädtische als etwas Höheres, als das eigentlich Wahre aufdrängen möchten. Das nennen sie dann Humor, wenn sie plötzlich, mit einem ziemlich unverschämten Gesicht, aus ihrem Mustopf herauskucken." Das geflügelte Wort „einen Mecklenburger zu Hilfe rufen" bedeutet in mancher Stube noch immer den Griff zum Prügelstock.

Vom rauen Norden sind sie geprägt, von der gefahrvollen See und den kargen Böden, denen sie seit Jahrhunderten ihre Existenz abringen. Von den Stürmen, undurchdringlichen Wäldern und weiten Sümpfen, die große Flächen des heutigen Landes früher bedeckten. Abgeschiedenheit und Einsamkeit formten ihre Seelen, förderten Einsilbigkeit und kantige Köpfe. Die Arbeit prägte diesen Menschenschlag. Die tägliche schwere körperliche Arbeit in Fischerei und Landwirtschaft, die sie bis heute verrichten. Bis

Landschaftsformen

Eiszeit und eiszeitliche Landschaftsformen in Mecklenburg-Vorpommern

Eiszeiten mit weiträumigen Vergletscherungen hat es in früheren erdgeschichtlichen Epochen gegeben. Als „die" Eiszeit im engeren Sinne bezeichnet man jedoch nur das jüngste Eiszeitalter etwa von 800.000 bis 20.000 v. Chr. mit vier Kaltzeiten (Temperatur um 8-12 °C niedriger als heute) und drei dazwischenliegenden Warmzeiten (Temperatur wie heute oder höher). Wodurch es zu den Schwankungen kam, die den Wechsel von Kalt- und Warmzeiten beding(t)en, darüber spekulieren rund 50 verschiedene Eiszeit-Theorien.

Gletscher Während der letzten Kaltzeit, hier Weichsel-Eiszeit genannt, rückten die **Gletscher** von Skandinavien über die Ostsee vor und bedeckten mit einer bis zu 1 km starken Eisschicht das heutige Mecklenburg und den nördlichen Teil Brandenburgs bis zur Linie Schwerin – Bad Freienwalde. Die nordöstlich von Rügen liegende Granitinsel Bornholm teilte die Gletschermassen in zwei Hauptströme: den *Beltsee-* und den *Oder-Strom.*

Moränen Durch die Bewegung und durch ihre Ablagerungen prägten Gletscher die Landschaft dieser Region. Sie transportierten gewaltige vom Eis abgeschliffene Felsblöcke mit einem Gewicht von bis zu 1.600 Tonnen, die nach dem Schmelzen als **Findlinge** liegen blieben.

Die riesigen mitgeführten Geröllmassen wurden als **Moränen** verschiedener Form abgelagert. Am Rande der Eisflächen bildeten sich die **Endmoränen** durch Material, das der Gletscher vor sich her schob. Da der Eisrand nicht stillstand, sondern sich wechselweise vorschob und zurückzog, liegen die Endmoränen als girlandenförmige Staffeln hintereinander. Nach dem Schmelzen des Eises behinderten sie den Ablauf des Wassers, und es entstanden **Endmoränen-Stauseen,** wie beispielsweise die Müritz.

Die häufig zu beobachtenden **Endmoränenbögen** kamen dadurch zustande, dass das Eis meist nicht in breiter Front, sondern mit einzelnen *Zungen* vorrückte. Innerhalb jedes Endmoränenbogens liegt das ehemalige **Gletscherzungen-Becken.**

Moränenlandschaften Der Bereich der *Endmoränen-Landschaften* gliedert sich in zwei Zonen: eine innere mit den regellos kuppigen **Jungmoränen** der letzten Eiszeit, zwischen denen oft zahlreiche Seen liegen, und eine äußere mit teilweise wieder abgetragenen und eingeebneten **Altmoränen,** in denen man keine Seen findet.

Landschaftsformen

Das beim Rückgang der Eismassen auf den weiten, vorher vom Gletscher bedeckten Flächen abgelagerte Geröllmaterial bezeichnet man als **Grundmoränen.** Durch sie werden die unregelmäßig welligen, kuppigen und von kleinen Seen durchsetzten **Grundmoränen-Landschaften** geprägt, die weite Teile Mecklenburgs einnehmen. Die abfließenden Schmelzwasser bildeten die so genannten **Urstromtäler.** Da die Gletscherfront den Abfluss des Wassers nach Norden behinderte und vom Süden her die Mittelgebirge den Weg versperrten, verlaufen die Urstromtäler in Ost-West-Richtung.

Einzelformen

Wo die Moränenwälle später von Wasserläufen durchbrochen wurden, bildete sich eine Reihe von Einzelformen nacheiszeitlicher Abtragung *(Erosion)* und Aufschüttung *(Akkumulation).* Zu ihnen gehören die aus Moränenmaterial bestehenden Rundhöcker, die als **Drumlins** bezeichnet werden und durch Eisdruck aus bereits abgelagerten Moränen herausmodelliert wurden. Sie treten meist massenweise auf (das größte Drumlinfeld im Ostseebereich zählt über 3.000 Hügel) und können zwischen 5 und 50 m hoch sein.

Eine weitere Einzelform sind die **Oser,** langgestreckte schmale Kiesrücken, die an Bahndämme erinnern und über 20 km lang sein können. Vermutlich sind sie durch Ablagerung des in Spalten zwischen totem Eis angesammelten Materials entstanden.

Als **Sander** bezeichnet man die ausgedehnten flachen Sandablagerungen im Vorfeld des Gletschers.

Eine andere auffällige Einzelform, der man in Mecklenburg häufig begegnet, sind die **Sölle,** rundliche Vertiefungen von bis zu 25 m Durchmesser, die an die *Dolinen* in Karstgebieten erinnern. Entstanden sind sie dadurch, dass Toteisblöcke in die Geröllablagerungen eingeschlossen wurden, die bei ihrem Abschmelzen Löcher hinterließen.

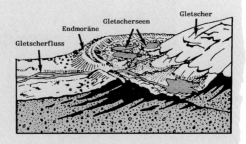

Menschen und Bräuche

1830, als auch in Mecklenburg schließlich die Leibeigenschaft abgeschafft wurde, mussten sie dies als Tagelöhner, Mägde und Knechte für die feudalen Landjunker tun, die ihre *„Bauern legen"* konnten, wie sie wollten. **„Bauernlegen"** bedeutete, dass der Rittergutsbesitzer die Höfe der Bauern einfach einziehen, beschlagnahmen konnte. Von diesem Recht machten sie derartig häufig Gebrauch, dass die Zahl der eigenständigen Höfe zwischen 1600 und 1800 von 12.000 um 90 % auf 1.200 sank. Der Landadel verschaffte sich auf diese krumme Tour riesigen Grundbesitz. Als **rechtlose Untertanen** mussten die Bauern nun für die Herren schuften. Geknechtet und ausgebeutet, der Tag ausgefüllt mit harter Fron, die die Kinder dennoch nicht satt machen konnte. Das formt. „Das Ringen in harter Arbeit mit dem Boden und Wasser hat sie ruhig und bedächtig gemacht, zu einem fleißigen und kraftvollen Geschlecht, das lieber im Wirken als in Worten sich äußert", konstatiert der Historiker *R. Pechel*. Still und zupackend, so scheinen sie zu sein.

Frisch gefangener Aal

Menschen und Bräuche

Der Ruf, **starke Esser und Trinker** zu sein, eilt den Mecklenburgern seit alters her bis heute voraus. Wohl nicht ganz zu Unrecht. „Das Charakteristische an seiner Küche", so der Kulturhistoriker *L. Fromm* 1860, „ist nicht das Leckere und Zarte, sondern das Schwere und Massenhafte."

Ein gewisser *Suckow* konstatierte 1801 erstaunt: „dass die Menschenclasse auf dem Lande in Mecklenburg weit stärker arbeitet, als sie vielleicht in jedem anderen Staat thut, ist unleugbar. Aber ebenso gewiss ist es auch, dass der geborne Mecklenburger dieser Gattung noch einmal so viele Speisen zum Unterhalt braucht als seine Mitbrüder in anderen Ländern." Kräftig und deftig und kalorienreich ist sie bis heute geblieben, die **Mecklenburgische Küche**, und süß. Ein Schreiber namens *Schütze* berichtet: „So fällt es auf, dass der Mecklenburger, und gerade der, ein passionierter Freund des Süßen, namentlich des Zuckers ist. Daran erkennt man einen Mecklenburger, dass er viel Zucker zu Wein und Speisen mischt."

„'N Makelbörger Magen kann alles verdragen", heißt es im Lande. Und damit sind nicht nur Speisen gemeint, sondern auch das zweite Hauptnahrungsmittel – **Alkohol.** Getrunken – und das insbesondere Schnaps – wird reichlich. Welchen Stellenwert das Trinken in der Volksseele einnimmt, wird an der Fülle von Begriffen deutlich, die diese Tätigkeit beschreiben. „Störken, kilken, pägeln, bäkern, kniepen, koemen, ströpen, bülgen, biknüllen, antuten, ünnerkröseln, inknöpen" – nur eine Auswahl der mundartlichen Bezeichnungen für die allseits beliebte Kehlenspülung.

So stellte schon 1856 der Ökonom *Vehse,* der die wirtschaftlichen Verhältnisse vor Ort untersuchte, resigniert fest: „… während man sich der Industrie noch nirgends genähert hat, es sei denn, unglücklicherweise in den zahlreichen Branntweinbrennereien." Sind die Deutschen sowieso Weltklasse im Trinken, so waren die Bürger der ehemaligen DDR in dieser Disziplin ihren Westbrüdern klar überlegen. Die Goldmedaille

Menschen und Bräuche

erstemmen sich aber die Menschen Mecklenburg-Vorpommerns. Bier- oder schnapsselige Runden kann man zu jeder Tageszeit in den Kneipen antreffen. „Weshalb man ihn denn häufig in größeren Gesellschaften antrifft, Bier und Korn vor sich, und schwimmenden Auges und schwerer Zunge Autobiographisches mitteilend, wobei er mit gewagten Details aus der Intimsphäre nicht spart", wie ein Kenner feststellt.

Ernst Moritz Arndt, selbst ein Vorpommer, beschrieb seine Landsleute milde folgendermaßen: „Etwas träge und bequem, aber durchaus gutmütig und gerade" und hebt „ihre Fröhlichkeit, Tapferkeit und Treue" hervor. „Ein aufgerichtet, trewe, verschwiegen Folk, das die Lügen und Schmeicheleien hasset", meint ein anderer Chronist. „Mehr gutherzig und mehr simpel, nicht sehr fröhlich, sondern schwermütig". Bodenständig, gerade und unerschütterlich in Zuneigung wie in Abneigung, heimatverbunden und sesshaft, sagt man, seien sie. Ihre Bedächtigkeit wird ihnen oft als Langsamkeit ausgelegt. Notorische Rückständigkeit unterstellt man ihnen, Denkfaulheit und engstirnigen Provinzialismus. Und so mancher „Gutsherr" moderner Prägung beißt sich an ihrer stillen, aber unerschütterlichen Querulanz die Zähne aus. Durchaus brauchbare Eigenschaften, die sie womöglich vor manchem krummen Geschäftemacher und Glücksritter verschonen. Arrogant und nörglerisch darf man ihnen nicht kommen. Wer es versucht, den lassen sie unerbittlich auflaufen und im Regen stehen. Wer gar unverschämt wird, der wird schon mal kräftig am Schlips gepackt.

Auch die Mecklenburger Tiere können ablehnend reagieren

Wir haben auf unseren ausgedehnten Exkursionen durch alle Winkel und Ecken des Landes nur freundliche und hilfsbereite Menschen kennengelernt. Manchmal mit Zeitverzögerung und sehr bedächtig, aber die gewünschte Auskunft oder den erfragten Rat erhielten wir immer. Sie sind nun mal keine levantinischen Heißsporne. Wer sie respektiert und achtet, der wird in ihnen Menschen kennenlernen, deren ernsthafter, gelassener und geradliniger Charakter nicht so schnell durch Glittertand zu blenden ist und von denen der Besucher manches lernen kann.

Wie das Sprichwort, das hier „Lüüd'snack" genannt wird, sagt: „De knarrenden Wagens gahn am allerlängsten."

Geschichte

Vorge- Die **ersten Spuren** menschlicher Besiedlung des Gebie-
schichte tes, das heute das Land Mecklenburg-Vorpommern bildet, reichen bis ins Jahre 6.500 v. Chr. zurück. Diese ältesten prähistorischen Funde waren zwei Siedlungen, die man im Gebiet Wismar entdeckte. Vor dieser Zeit bedeckten die gewaltigen Gletscher der letzten Eiszeit die Region und machten sie unbewohnbar.

Im Laufe der **Mittleren Steinzeit** (Mesolithikum, 8.000-3.000 v. Chr.) zogen verstärkt Jäger und Sammler in die vom Eis befreiten Gebiete. Diese Besiedlung konzentrierte sich hauptsächlich auf die Seenplatte und die Küstenbereiche.

Dichter besiedelt wurde die norddeutsch-polnische Tiefebene erst in der **Jüngeren Steinzeit** (Neolithikum, 3.000-1.800 v. Chr.). Eine Vielzahl von Hügel- und Großsteingräbern aus dieser Epoche haben sich bis heute erhalten und zeugen von der Übergangsphase der reinen Jäger- und Sammlerkultur zu Ackerbau und Tierhaltung (Trichterbecherkultur).

Die **Bronzezeit** (1.800-600 v. Chr.) konnte sich in Mecklenburg nur zögerlich etablieren. Die bis dahin verbreitete Form der Bestattung in Grabhügeln wurde aufgegeben; die Toten wurden nun verbrannt und in Urnenfeldern beigesetzt.

Steinzeitliches Hügelgrab

Deftiges und Süßes aus Mecklenburg

Bodder-melksupp

Man nehme 1 Liter Buttermilch und bringe sie mit einer Prise Salz zum Kochen. In ¼ Liter kalte Buttermilch 3 Esslöffel Mehl einrühren. Dazu 2 Eigelb, 5 Esslöffel Puderzucker, 2 Päckchen Vanillezucker und 4 Esslöffel Schwarze-Johannisbeer-Konfitüre. Das Ganze verrühren und in die heiße Buttermilch geben. Dazu serviere man Zwieback. Die Suppe kann heiß und kalt gereicht werden.

Mecklbörger Gnicksbraten

Ein traditioneller Festtagsbraten ist der Gnickbraten. Man nehme ein Stück Schweinkamm (Genick) und lege es 5 Tage in eine Pökellake ein. Mit regelmäßigem Begießen in einem Bräter mit Wasser garen und braun braten. Zur Eindickung der Bratensoße Kartoffelmehl benutzen. Das gibt der Soße einen besonderen Glanz. Als Beilage serviere man Salzkartoffeln und Sauerkraut.

Rote Grütt

Als Nachtisch gibt es Rote Grütt. Dazu nehme man 0,75 Liter Wasser und koche es mit einer Zimtstange. Dann mit 135 Gramm Grieß oder Sago garen. Die Zimtstange herausnehmen und eine halbe Flasche Beerensaft dazugießen. In einer angefeuchteten Form erkalten lassen und stürzen. Dazu natürlich heiße Vanillesoße.

Gebratener Aal

Einen Aal mit Salz bestreuen und 1 Stunde stehen lassen. Dann in Stücke zerlegen und panieren. In Butter hellbraun braten. Entweder heiß essen oder kalt. Die kalte Variante in eine erkaltete Lake aus Essig, Piment und Lorbeerblättern einlegen.

Deftiges und Süßes

Heringskuchen

Man nehme 1 Kilo frische Heringe. Diese reinigen und entgräten, dann einige Stunden in Milch einlegen. Dann die Heringe fein hacken und mit 2 Brötchen, 2 Eiern, 125 Gramm zerlassener Butter, einer geriebenen Zwiebel und einer Prise Pfeffer mischen. Das Ganze zu kleinen Kuchen formen und in Butter braten. Dazu grüne Bohnen und gekochte Kartoffeln servieren.

Gekochter Barsch

Den vorbereiteten Barsch in Salzwasser aufsetzen. Dazu eine geschnittene Zwiebel geben. Man achte darauf, dass der Barsch nicht zu lange koche. Sonst wird er zu weich. Dazu reiche man ein Schälchen zerlassene Butter, frisch geriebenen Meerrettich und/oder eine Kapern- oder Petersiliensoße.

Heringsdip

Man bereite ½ Liter helle Grundsoße vor. Die Soße mixe man aus feingehackten Zwiebeln, Knoblauch, Milch, Sahne, Brühe, Eigelb und Zitronensaft. Je nach Geschmack mit Apfelsinen- oder Apfelstücken und Rosinen verfeinern. Dann 200 Gramm feingehackten Hering in die Soße geben und 10 Minuten ziehen lassen. Mit etwas Essig abschmecken.

Beim genüsslichen Verspeisen beachte man streng die Grundregel: „Better de Buk platzt as dat wat öwrig blibt".
Und wenn's denn nicht ganz so geworden ist, wie man es sich vorgestellt hat, dann tröste man sich mit der Volksweisheit: „Fiensmecker bün'k nich, ick ät gern un wat man kriegt, is ümmer dat Best."

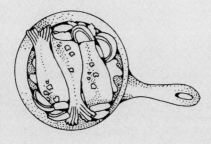

Geschichte

Einsetzende Klimaverschlechterung, die zu kühlerem und feuchterem Wetter führte und manche Gebiete versumpfen und somit unbewohnbar werden ließ, löste eine Abwanderungsbewegung aus. So war das Gebiet während der **Völkerwanderungszeit** (375 v. Chr.- 600 n. Chr.) nur noch dünn besiedelt.

Neuere Geschichte

Die neuere Geschichte begann um 600 n. Chr., als slawische Stämme in das Gebiet eindrangen. Obotriten, Wagrier, Wilzen, Lutizen, Redarier und andere Stämme okkupierten das Land und bildeten einzelne Stammesgebiete. Aus dieser **slawischen Epoche,** die man auch die wendische nennt, rühren die vielen mächtigen Wallburgen, deren ringförmige Wehranlagen man auch heute noch überall in Mecklenburg-Vorpommern finden kann. Der Name Mecklenburg leitet sich von einer solchen Wendenburg, der „mikeleborg", der „großen Burg" bei Wismar, ab. Pommern erhielt seinen Namen von dem Volk der Pomoranen („die am Meer Wohnenden").

Das Ende der slawischen Epoche begann, als das **Christentum** in Form der technisch überlegenen Dänen und Deutschen in das „Heidenland" einfiel und es trotz heftigster Gegenwehr der freiheitsliebenden Slawen Stück für Stück erobern konnte. Schließlich blieb nur noch die Insel Rügen als freies Wendenland übrig. Mit dem Fall ihres obersten Heiligtumes, der Jaromarsburg am Kap Arkona, im Jahre 1168 unterwarfen sie sich endgültig den Siegern und wurden christianisiert.

Kogge, Darstellung aus dem Siegel der Hansestadt Stralsund, 13. Jh.

Geschichte

Im Gefolge der christlichen Heere drangen immer mehr **deutsche Siedler** in die Gebiete ein und kolonisierten es Zug-um-Zug. Bald war das Land mit einem dichten Netz deutscher Dörfer und Städte überzogen, und die Türme der Christenkirchen ragten nun überall in den Himmel.

Zunehmender **Handel** entlang der „Via Regia", dem großen Handelsweg, der von Lübeck durch Mecklenburg nach Danzig und weiter über Kiew bis zum Schwarzen Meer führte, trug entscheidend zur Entwicklung des Gebietes bei. Die **Hanse** (zeitgenössischer Begriff für „Schar, Gruppe"), der Schutzbund der Kaufleute und freien Handelsstädte, entstand. Die ökonomische Potenz, die Städte wie Rostock, Wismar, Stralsund oder Greifswald durch den monopolistisch kontrollierten Handel erreichten, sicherte ihnen Macht, Einfluss und Unabhängigkeit. Gleichzeitig bescherte sie ihnen aber auch den Neid der verschiedenen Regionalfürsten und kriegerische Auseinandersetzungen mit der Konkurrenz, insbesondere mit den Dänen.

Zu Beginn des **16. Jahrhunderts** erschütterten starke politische, religiöse und soziale Spannungen die Region. In den Städten kam es zu Unruhen und Aufständen. Die mehr und mehr an Bedeutung gewinnenden Handwerkerzünfte forderten ein ihrer ökonomischen Bedeutung gemäßes Mitspracherecht. Die Ideen der Reformation erreichten auch Mecklenburg-Vorpommern und brachten schließlich die festgefügte Macht der Bischöfe und Klöster zu Fall.

Leid, Not und Verwüstung brachte der **Dreißigjährige Krieg** (1618-48) über das Land und seine Einwohner. Die kaiserlichen und schwedischen Heerhaufen zogen marodierend, plündernd und mordend durchs Land. Am Ende des Krieges hatten von Mecklenburgs einst 300.000 Bewohnern nur knappe 50.000 überlebt. Es war dabei eines der ärmsten Länder des Reiches geworden.

Die siegreichen Schweden besetzten Vorpommern und Teile Mecklenburgs. Den Brandenburgern, denen Hinterpommern zugefallen war, gelang es unter dem Großen Kurfürsten zwar 1675 Vorpommern zurückzuerobern; sie mussten es aber im **Frieden von St. Germain** wieder an Schweden zurückgeben. Im **Nordischen Krieg** (1700-21) versuchte Brandenburg erneut, sich die schwedischen Gebiete einzuverleiben, indem es an der Seite Russlands gegen Schweden kämpfte. Im **Frieden von Stockholm** von 1720 wurde Vorpommern bis zur Peene inklusive Usedom und Wollin *Friedrich dem Großen* zugesprochen.

Das durch ewige Erbstreitigkeiten, Teilungen und Kriege geschwächte und zerrissene Mecklenburg wurde durch den übermächtigen Nachbarn **Brandenburg-Preußen** 1757 besetzt. Nur durch Zahlung erheblicher Abfindungen und Kontributionen an Preußen und Schweden gelang es dem Schweriner Herzog *Friedrich-Franz I.,* besetzte Gebiete auszulösen und wieder selbstständig zu werden.

Geschichte

1806 marschierte **Napoleon** in Mecklenburg und Vorpommern ein und hielt es besetzt. Nach der endgültigen Niederlage *Napoleons* bei Waterloo und der folgenden Neuordnung Europas auf dem **Wiener Kongress 1815** fiel Vorpommern mitsamt Rügen an Preußen. Mecklenburg blieb im Schatten des mächtigen Nachbarn souverän. Während in Preußen die Reformideen des *Freiherrn von Stein, Scharnhorst und Gneisenau* umgesetzt wurden, blieb in Mecklenburg die Ständeherrschaft unangetastet. Die leibeigenen Bauern mussten weiterhin als Tagelöhner, Knechte und Mägde ihr karges Leben fristen. Zuzeiten der großen Auswanderungswellen nach Amerika, zu Beginn des 19. Jahrhunderts, suchten denn auch Zehntausende Mecklenburger ihr Heil in Übersee. Das Land blutete aus. Seine Entwicklung wurde zusätzlich durch die mittelalterliche Zoll- und Steuergesetzgebung behindert. Während ringsum die **Industrialisierung** längst begonnen hatte, verharrte Mecklenburg unter der Knute seiner Landjunker im politischen und sozialen Dornröschenschlaf.

Erst 1820 gelang gegen den zähen Widerstand der Rittergutsbesitzer die **Aufhebung der Leibeigenschaft.** Dies verbesserte die Situation der Bauern aber nur unwesentlich. Sie waren jetzt zwar frei, aber nach wie vor gehörte der Boden den Großgrundbesitzern, die weiterhin eine demokratische Entwicklung des Landes erfolgreich zu verhindern wussten.

So blieb Mecklenburg bis zum **Revolutionsjahr 1918** sozusagen ein museales Land, in dem längst überholte politische und ökonomische Strukturen konserviert wurden. Die Revolution zwang dann schließlich den Großherzog doch, endgültig abzudanken und die Macht an die aus den Wahlen vom 15.12.1918 hervorgegangene verfassungsgebende Versammlung abzugeben.

Die Länder Mecklenburg und Vorpommern wurden am **13.10.1933** von den Nationalsozialisten *zu einem Land vereint*, das die **SED** mit der **Verwaltungsreform von 1952** wieder auflöste *und in die Bezirke Rostock, Schwerin und Neubrandenburg zerteilte*. Nach dem **Sturz des SED-Regimes** leitete die demokratisch gewählte Volkskammer die **Neubildung des Landes** in den Grenzen von 1933 ein.

Mecklenburg-Vorpommern in Zahlen

Bevölkerung:	1,78 Millionen
Fläche:	23.800 qkm
Küstenlänge:	1.712 km (354 km Außenküste, 1.358 km Boddenküste)
Alleen:	3.360 km Straßenalleen
Einw./qkm:	79 (am dünnsten besiedeltes Bundesland)
Acker:	48 %
Wald:	22 %
Wasser:	5,8 % (wasserreichstes Bundesland)
Arbeitslosenquote:	18,3 % (2001)
Landesfarben Mecklenburg:	Blau-Gelb-Rot (quer)
Landesfarben Vorpommern:	Blau-Weiß (quer)
Verwaltungsgliederung:	12 Kreise, 6 kreisfreie Städte
Hauptstadt:	Schwerin (107.000 Einw.)
Größte Stadt:	Rostock (221.000 Einw.)
Seen:	2.123 (größer als 1 ha)
Wasserstraßennetz:	2.500 km
Größter See:	Müritz (110 qkm, 695 Mill. m³)
Höchstgelegener See:	Bucheisensee, bei Lichtenberg (129 m ü.NN.)
Tiefster See:	Schaalsee, bei Zarrentin (71,5 m)
Längster Fluss:	Elde (208 km)
Längste Wasserstraße:	Müritz-Elde-Wasserstraße (180 km)
Höchste Erhebung:	Helpter Berge, bei Woldegk (179 m)
Größter Findling:	Großer Stein, in Altentreptow (135 m³)
Älteste Dorfkirche Mecklenburgs:	in Vietlübbe, bei Gadebusch (um 1225)
Älteste Dorfkirche Vorpommerns:	in Kirch Baggendorf, bei Grimmen (um 1250)
Älteste Bäume:	Ivenacker Eichen (bis ca. 1.200 Jahre, bis 11 m Umfang)
Mittl.Temperaturen:	Jan. -1 °C, Aug. 17,7 °C
Sonnigste Monate:	Mai (268 Std.), Juni (270 Std.)
Niederschlagsreichster Monat:	Juli (69 mm)
Niederschlagsärmster Monat:	März (30 mm)
Schönste(r) See/ Kirche/Ort, ...:	Kommen, sehen und wählen Sie selbst!

Land und Leute

Schweriner Land, Westmecklenburg

Überblick

Leicht übertrieben ist die Darstellung schon, dass der Mittelpunkt der Erde bei dem kleinen, tief im Wald versteckten Dörfchen Ramm nahe Hagenow im westlichen Mecklenburg liege. Eine Volkssage berichtet, dass hier die Kurbel stand, mittels der die Rammer abwechselnd die Erdachse drehten. Aber auch *Fritz Reuters* Meinung, „dass dieses Land unserem Herrgott nur mäßig gelungen" sei, entspricht nicht ganz der Wahrheit. Zwar ist die Region Schweriner Land/Westmecklenburg als Urlaubsziel bisher nur wenig bekannt, was aber keinesfalls gleichbedeutend damit ist, dass sie wenig Attraktives und Sehenswertes vorzuweisen habe.

Auf jeden Fall ist sie die **Wiege des Landes Mecklenburg** und insoweit ein Mittelpunkt. Auf ihrem Gebiet liegt jene obotritische Wallburg, die dem Land seinen Namen gab. Auf der „Mikilinborg" beim heutigen Dorf Mecklenburg wenig südlich von Wismar unterzeichnete 995 der blutjunge Sachsenkönig *Otto III.* (980-1002) jene Urkunde, die den Namen erstmals erwähnte und die Grundlage für die große 1000-Jahr-Feier Mecklenburgs im Jahr 1995 lieferte. Und die Landeshauptstadt Schwerin stellt ziemlich genau den geographischen Mittelpunkt der neben Vorpommern flächenmäßig größten Region des Doppellandes dar.

Ihre Ausdehnung reicht im Westen von der Landesgrenze zu Niedersachsen und Schleswig-Holstein bis etwa zur Linie, die die Städte Lübz, Sternberg, Bützow und Rostock als Ostgrenze bilden. Der Küstenstreifen wird nicht zu der Region gerechnet. Er bildet einen eigenen Bezirk, die Region „Mecklenburgische Ostseebäder".

Zwei große, unterschiedliche Naturräume prägen das Gesicht Westmecklenburgs: Das ist einerseits das **Westmecklenburgische Seen- und Hügelland,** das sich in sanftem Bogen vom Schaalsee bis Parchim erstreckt. Sein Gegen-

Überblick

stück ist die **Südwestmecklenburgische Niederung,** die sich entlang der Elbe von Zarrentin bis Eldena hinzieht.

Mittelpunkt ist **Schwerin,** das dank seiner malerischen Lage mitten im **Schweriner Seengebiet** und seiner berühmten Bauwerke wie dem Schloss mit seinen verspielten Türmen und Türmchen viel besucht wird. Den Bereich zwischen der Elbniederung und der Autobahn Hamburg – Berlin und den Flüsschen Elde und Sude nennt man die **Griese Gegend.** Doch grau und langweilig ist die Gegend, wie es ihr Name suggeriert, keineswegs. Das von tiefsandigen Kiefernheiden geprägte, herbe „Land der tönenden Stille" ist ein ideales Wander- und Erholungsgebiet fernab vom Massentourismus. Fast das gesamte Elbtal nimmt der herrliche **Naturpark Elbetal** ein. Die unberührten Elbauen bilden zusammen mit zahlreichen Nebenflüssen eine intakte Flusslandschaft, wie man sie in Mitteleuropa sonst kaum noch findet. Auch der **Naturpark Schaalsee,** eines der letzten Rüchzugsgebiete des extrem scheuen wie seltenen Fischotters, ist ein Traum für jeden Naturliebhaber. Für Bootsfahrer ein echter Geheimtipp ist die 180 km lange **Müritz-Elde-Wasserstraße,** die sich als silbernes Band zwischen Dömitz und Plau verträumt durch die beschauliche Natur schlängelt. Die wild- und blaubeerenreiche **Lewitzer Heide** lockt die „Bickbeerensammler" an, wie man hier die Blaubeerenpflücker nennt. Auch die **Sternberger Seenplatte** mit ihren fast 90 Seen ist ein lockendes Ziel, nicht nur für Wasserratten. Der original wiederaufgebaute **altslawische Tempelort** auf einer Halbinsel bei **Groß Raden** fasziniert ebensoviele Besucher wie das wildromantische **Warnowdurchbruchstal** bei Görnow.

Neben den vielfältigen Naturplätzen gibt es im Westen Mecklenburgs auch sehenswertes Menschenwerk. An Regentagen bietet das „mecklenburgische Versailles", die in einen zauberhaften Park eingebettete barocke **Schlossanlage** *von Ludwigslust,* ebenso Abwechslung wie die **Festung** in **Dömitz,** das **Landesgestüt** in **Redefin,** das **Jagdschloss Friedrichsmoor,** das **Kloster Zarrentin** oder die liebevoll arrangierten, kleinen Heimatstuben, über die beinahe jeder größere Ort verfügt.

Es gibt also viele Gründe, Westmecklenburg zu besuchen. Auch wer eigentlich die Ostsee als Ziel hat, der tut gut daran, die Region nicht stracks zu durcheilen, sondern Zwischenstopps einzulegen und der einen oder anderen Sehenswürdigkeit seine Aufwartung zu machen.

Ludwigslust

Lulu, das mecklenburgische Versailles

Zwischen Dömitz und Neustadt, mitten in der flachen „Griesen Gegend", dem grausandig unfruchtbaren Land der Einöde und der Dämonen, liegt eine der bedeutendsten Sehenswürdigkeiten der Region Westmecklenburg. dass aus dem grauen Mauerblümchen, dem kleinen Dorf Klenow, einmal eine über die Landesgrenzen hinaus strahlende, zauberhafte Prinzessin werden sollte, verdankt das Land nicht wunderlichen Verwandlungsvorkommnissen, sondern einer Grille seines Herzogs *Friedrich II.*, auch der Fromme genannt. Von frommer Bescheidenheit zeugt sein Werk allerdings kaum. Der hochgeborene Herr, der mit der Begründung, dass „in einem so kleinen Staat wie Mecklenburg das Schauspiel nur eine Anreizung zum Luxus und zur Verschwendung" sei, das Schweriner Theater schließen lässt, baut sich gleichzeitig mit immensem Aufwand mitten in die Landschaft sein pompöses „Versailles".

Geschichte

Die Geschichte von „Ludwigs Lust" beginnt erst im Jahr 1756 mit dem Regierungsantritt von *Friedrich II.* (1717-1785) und seinem Entschluss, seinen Sitz von Schwerin nach Ludwigslust zu verlegen. In der wald- und wildreichen Gegend hatte schon sein Vater *Christian II. Ludwig* (1683-1756) ein kleines Jagdschloss errichtet, zu dessen Ehren der Sohn seine neue Residenz benannte. Vom ganz Europa überstrahlenden französischen Hof geblendet, will auch *Friedrich* wie mancher anderer deutscher Duodezfürst sein „Versailles" haben. Natürlich musste es wie das französische Vorbild außerhalb des administrativen Zentrums liegen. Seine Wahl fällt auf das Dorf Klenow mitten in der Griesen Gegend. Um Platz für die riesige Anlage zu schaffen, wird Klenow komplett abgerissen. Nach Plänen des Hofbaumeisters *Joachim Busch* entsteht in insgesamt 30-jähriger Bauzeit das „mecklenburgische Versailles" und eine kleine Barockstadt um das zentrale Schloss. Vom sächsischen Pirna werden die Sandsteine per Schiff bis nach Dömitz verfrachtet und dann mit Pferdegespannen mühselig weiterbefördert. Um die Wasserspiele im Park zu speisen, wird 14 Jahre lang ein 28 km langer Kanal zum Lewitzer Forst gegraben.

Auch unter seinem Nachfolger *Friedrich Franz I.* (1756-1837) gehen die Arbeiten weiter. Vom Schloss wird mit dem Bau einer schnurgeraden Allee nach Schwerin begonnen. Doch Mecklenburg ist nicht Frankreich, und die Prachtstraße wird angesichts leerer Kassen nie vollendet. Die ganze Anlage ist für den winzigen, nur an Sand reichen Staat mehr als eine Nummer zu groß und zu teuer. So sieht man sich gezwungen, die schmucküberladene Innengestaltung in Pappmaché auszuführen, die man dann golden anpinselt. Nach dem Tod von *Friedrich Franz I.* übernimmt 1837 Großherzog *Paul Friedrich* (1800-1842) die Regierungsgeschäfte. Vom griesen Landleben weit weniger angetan, verlegt er die Residenz zurück nach Schwerin. Ludwigslust wird bis 1945 als schlichter Wohnsitz der herzoglichen Familie genutzt. Das Städtchen dämmert als Pensionärs- und Garnisonsstadt vor sich hin.

Sehenswert

Etwas verworren führt der Weg zum **Schloss.** Folgt man unbeirrt der Ausschilderung, gelangt man zu einem riesigen gepflasterten Platz, der Schlossfreiheit, die sich vor dem Schloss ausdehnt. Vor seinem Hauptportal steht das Reiterstandbild von *Friedrich Franz I.* Die Attika der dreiflügligen, spätbarocken Schlossanlage zieren 40 überlebensgroße Skulpturen, die Künste und Wissenschaften wie die Wasserbaukunst oder die Geometrie personifizieren. Eine junge Frau mit Lunte ist beispielsweise die „Artillerie", ein Mann mit Hut und Bart die „Kräuterkunst".

Einen Teil der insgesamt 99 Zimmer belegt das **Schlossmuseum.** Weitere Räume sollen nach ihrer Rekonstruktion den Besuchern geöffnet werden. Der beeindruckendste Raum des Museumbereichs ist der Goldene Saal, dessen überbordende und gülden funkelnde Dekoration allerdings sehr geschickt gemachte Imitation ist. Das Pappmaché, aus dem sie besteht, wurde in der Ludwigsluster Manufaktur (heute das Rathaus) von Hand gefertigt. Von Mai bis September dient der prachtvolle Goldene Saal an Wochenenden klassischen Konzerten und Liederabenden als Aufführungsstätte. Eine Oper oder ein Streichquartett im fürstlichen Prunksaal mitzuerleben ist für Liebhaber sicherlich ein Leckerbissen (ein Veranstaltungsplan bei der Tourist-Information).

Die dem Schloss gegenüberliegende Seite des Platzes schließt eine **Kaskade** ab. Von kleinen Häuschen gesäumt, führt die als Park gestaltete Sichtachse zur **Schlosskirche** (1765-70). Das Gotteshaus mit seinem beeindruckenden, von sechs mächtigen dorischen Säulen getragenen Portikus ist ein Werk von *J. Joachim Busch* und erinnert eher an ein Theater als an eine christliche Kirche. Der Haupteingang ist wegen Baufälligkeit gesperrt. In das Innere gelangt man durch einen Seiteneingang. Hinter dem erhöhten Altar spannt sich Europas größtes Altargemälde. 357 qm bedeckt die „Anbetung der Hirten". 1772 von *D. Findorff* begonnen, wurde es 1803 von *A. Surland*

Schlosskirche

vollendet. Und wer ganz genau hinguckt, entdeckt unten in der Ecke ein kleines Nagetier, die sprichwörtliche arme Kirchenmaus. Unter dem Altarpodest befindet sich die herzogliche Gruft, in der der Bauherr von Ludwigslust seine letzte Ruhe gefunden hat.

Hinter dem Schloss beginnt der 120 ha große **Schlosspark,** über den der Engländer *Th. Nugent* 1766 tief beeindruckt notierte: „Niemand als Homer könnte es unternehmen, einen solchen Park zu schildern." Mit der Anlegung des größten und schönsten Mecklenburger Parks wurde 1725 begonnen, und 1860 wurde der Park mit der Umgestaltung durch den berühmten Gartenarchitekten *Lenné* vollendet.

Ein ausgedehnter Spaziergang durch den wahrlich herrlichen Park führt zu verschiedenen Bauwerken wie dem **Schweizerhaus,** einer künstlichen Ruine, oder den beiden **Mausoleen.** In den klassizistischen Grabmalen ruhen die Tochter von Zar *Paul I.*, Herzogin *Helene Paulowna,* und die Gemahlin von *Friedrich Franz I.*, Herzogin *Luise von Sachsen-Gotha*. Unweit der Grabstätten erhebt sich auf einer Insel zierlich die **St.-Helena-Kirche** (1803-09), das erste neugotische Gebäude, das in Mecklenburg errichtet wurde.

Nach dem Rundgang lockt auf der Rückseite des Schlosses das schöne **Schlosscafé** zur Einkehr. Gemütlichkeit bietet es allerdings nur Nichtrauchern.

Ludwigslust

Info
- *Ludwigslust-Information,* Schloßstraße 36, 19288 Ludwigslust, Tel. (03874) 526251, Fax 526109, Internet: www.stadtludwigslust.de, E-mail: info@stadtludwigslust.de (Jan.-April u. Okt.-Dez. Mo./Do. 9-12 u. 13-16 Uhr, Di. 9-12 u. 13-18 Uhr, Mi./Fr. 9-12 Uhr, Mai-Sept. Mo./Di./Do./Fr. 9-12 u. 13-18 Uhr, Mi. 9-12 Uhr, Sa./So. 10-15 Uhr)

Unterkunft
- *Landhotel de Weimar,* Schloßstr. 15, Tel. 4180, Fax 418190
- *Hotel Erbprinz,* Schweriner Str. 38, Tel. 47174, Fax 29160 (4-Sterne-Hotel mit Sauna und Fitnessraum)
- *Hotel Stadt Hamburg,* Letzte Str. 4, Tel. 4150, Fax 23057
- *JH Grabow,* 4 km südl. in Grabow, Tel./Fax (038756) 27954 (mit Zeltplatz)
- *Camping Eldekrug,* ca. 6 km südl. in Freesenbrügge, Tel. (038756) 22745 (kleiner, einfach ausgestatteter Wasserwanderrastplatz an der Müritz-Elde-Wasserstraße)
- *Camping Neu Göhren,* ca. 7 km südwestl. an der Müritz-Elde-Wasserstr., Tel./Fax (038755) 20309 (ganzjährig, kleiner, neu angelegter Platz mit Wasserwanderrastplatz)

Gastronomie
- *Schweizerhaus,* Am Schloßgarten, Tel. 49468 (reizvolles Ausflugslokal im Schlosspark)
- *Schlosscafé,* im Schloss, Tel. 21986 (Nichtrauchercafé!)

Museen
- *Schlossmuseum,* im Schloss, Tel. 57190 (April-Okt. Di.-So. 10-18 Uhr, Nov.-März Di.-So. 10-17 Uhr)
- *Schlosskirche,* gegenüber vom Schloss, Di.-So. 11-16 Uhr.
- *Schauwerkstatt „Alte Wache",* Schloßfreiheit 8, (Pflege mecklenburgischen Brauchtums wie Spinnen, Stricken, Sticken u. a.)

Umgebung

Neustadt-Glewe
10 km NO

Die kaum 8.000 Einwohner zählende Stadt ist eine Gründung der Schweriner Grafen. Aus der Gründungszeit Anfang des 13. Jh. stammt die **Alte Burg,** die auf einem künstlichen Hügel am Eldeufer errichtet wurde. Die malerische Feste mit Bergfried und Zinnenmauern ist eine der am besten erhaltenen Wehrbauten aus dem Mittelalter, die Mecklenburg besitzt. Um die von der Elde umflossene Burg zieht sich ein Wassergraben, zu dessen beiden Seiten Parkanlagen angelegt wurden. Auch das **Neue Schloss** haben die Schweriner Grafen erbaut. Der im holländischen Renaissancestil 1619 begonnene und 1717 im Barock vollendete (der 30-jährige Krieg unterbrach die Bauarbeiten) Bau steht allerdings nicht auf einem Hügel, sondern am sumpfigen Ufer der Elde. Was dazu führte, dass seine Mitte im weichen Grund versackte und das Gebäude sich in augenscheinlich unrettbarem Zustand befand. Doch dem Ingenieur ist nichts zu schwör. Der zu den Weltkulturdenkmälern der UNESCO gehörende Prachtbau mit seinen wertvollen italienischen Stuckdecken ist nun meisterhaft restauriert und erstrahlt als feines Grandhotel in altem aristokratischen Glanz.

Neben der **Stadtkirche,** einem einschiffigen, frühgotischen Backsteinbau, der in seiner heutigen Form nach einem Brand 1735 entstand, weist die Stadt noch eine Reihe schöner Fachwerk- und Traufsteinhäuser auf. Besonders am Markt hat sich ein hübsches Ensemble über die Zeit gerettet.

Bei der Stadt liegt der 146 ha große **Neustädter See** mit Strandbad.

●**Info:** *Rathaus,* Markt 1, 19306 Neustadt-Glewe, Tel. 5000, Fax 50012; Mo./Fr. 9-12 Uhr, Di. 14-16 Uhr, Do. 14-18 Uhr; *Tourist-Info,* Am Schloßgarten 3, Neustadt-Glewe, Tel. (038757) 22495, Fax 50012, Internet: www.neustadt-glewe.de, E-mail: info@neustadt-glewe.de
●**Unterkunft:** *Grandhotel Mercure,* Schloßfreiheit 1, Tel. 5320, Fax 53299 (5-Sternehotel im prachtvollen barocken Ambiente mit Feinschmecker-Restaurant Wallenstein-Keller)

Ludwigslust, Umgebung

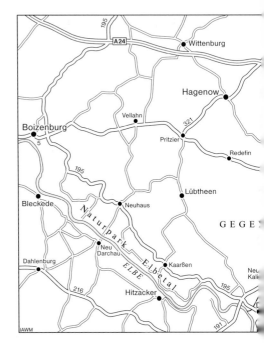

• **Gastronomie:** *Seerestaurant,* Am See 5, Tel. 22586 (Wildgerichte, mit Seepavillon und Biergarten)
• **Museum:** *Burgmuseum,* Alte Burg, Tel. 23784, Di./Mo. 10-16, Sa./So. 14-17 Uhr

NSG Lewitz/ Friedrichsmoor

In einer großen angeschwemmten Niederung an Stöhr und der alten Elde liegt nördlich von Neustadt-Glewe das von moorigen Wiesen, Sümpfen, Teichen und Wald geprägte **NSG Lewitz.** Die wild- und pilzreiche Landschaft war ein beliebtes Jagdgebiet der Schweriner Herzöge. Heute tummeln sich auf den weiten Lewitzwiesen die edlen Rösser des berühmten Pferdezüchters *Paul Schockemöhle.* Inmitten der Lewitz liegt das **Jagdschloss Friedrichsmoor.** Hierher zog sich Herzog *Friedrich Wilhelm* (1675-1713) am liebsten zurück, um zu jagen und mit seinen Junkern zu zechen. Das heutige, im schwedischen

Ludwigslust, Umgebung

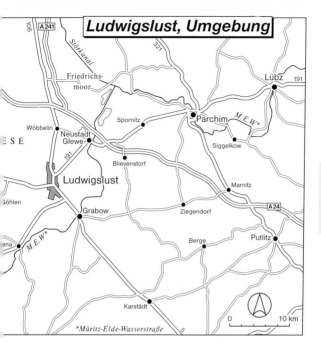

Landhausstil errichtete Fachwerkschlösschen wurde 1791 angelegt. Ornithologische Führungen und Bootsfahren durch die Lewitz veranstaltet die *Grüne Liga,* Fahrräder und Unterkunft im Heuhotel bietet die *Wiesenmeisterei* in Tuckude.

- *Grüne Liga Lewitz Projekt,* Lederstr. 6, Neustadt-Glewe, Tel./Fax (038757) 56108, Internet: http://go.to/lewitz.de, E-mail: gl.lewitz@t-online.de
- *Wiesenmeiserei,* Tuckude, Tel. (038757) 23800, Fax 5390, (Heuhotel, Fahrradverleih)

Parchim Die mit 27.000 Einwohnern für Mecklenburger
30 km NO Landverhältnisse schon recht große Kreisstadt Parchim liegt zu Füßen eines Moränenzuges im Tal der Elde. Der Höhenzug erreicht in den Ruhner Bergen mit 178 m seinen höchsten Punkt, was für Mecklenburger Verhältnisse wiederum

Müritz-Elde-Wasserstraße

Wie ein silbernes Band zieht sich die Müritz-Elde-Wasserstraße (MEW) zwischen Plau und Dömitz durch Westmecklenburg. 120 km durch die vielfältigsten Landschaftsbilder, durch bunte Blumenwiesen, dunkle Wälder, durch ein Labyrinth von Gräben, Teichen, Seen, Flüssen und Kanälen. Lautlos vorbeigleiten an Fischreihern, Graugänsen oder Kranichen, baden ohne alles in klarem Wasser, den bunten Eisvogel beim Jagen beobachten. Und abends den (natürlich mit Schein) geangelten Fisch vor dem Zelt am Lagerfeuerchen braten. Frösche quaken, Gänse schnattern, im Gebüsch raschelt es und die (der) Liebste im Zelt.

Die „MEW" ist noch recht unbekannt und deshalb *für Wasserwanderer ein echter Geheimtipp.* 17 Schleusen überwinden einen Höhenunterschied von 49 m. Ein Abzweig, der im 16. Jh. angelegte Störkanal, verbindet die Wasserstraße mit Schwerin und seinen Seen, und wer will, kann über den Wallensteingraben (NSG) gar bis Wismar paddeln.

28 Liegemöglichkeiten, davon 18 Wasserwanderrastplätze mit Zeltplatz, ermöglichen vielfältige Landgänge und Ausflugsmöglichkeiten in die *Umgebung.* Bei Garwitz lockt der historische Pingelhof, am Anleger Freesenbrügge der „Eldekrug" mit guter Küche, in der Lewitz das Jagdschloss Friedrichsmoor, in Dömitz die wuchtige Festung. Vor allem aber ist es der Naturgenuss, der eine Reise auf der MEW zum unvergesslichen Erlebnis macht. Dass die Beschränkungen der NSG, durch die die „Straße" führt, unbedingt beachtet werden sollten, sollte sich von selbst verstehen.

Wer die Reise zu Wasser erleben will, sollte sich das Faltblatt „Wasserwandern auf der Müritz-Elde-Wasserstraße" besorgen, das über den Regionalen Fremdenverkehrsverband und über die lokalen Info-Stellen entlang der MEW zu erhalten ist. Neben einem genauen Streckenplan und der Nennung aller Anlege- und Übernachtungsmöglichkeiten enthält es eine detaillierte Routenbeschreibung inkl. der jeweiligen Ausflugsmöglichkeiten.

- *Karte:* Müritz-Elde Wasserstraße, 1:75.000, Nordland Kartenverlag (Ausschnitt Parchim-Hagenow-Dömitz-Perleberg, rückseitig Infos)

geradezu alpin ist. Nur die höchste Erhebung des Landes, die Helpter Berge bei Woldegk, übertreffen sie mit 179 m.

Erstmals erwähnt wird der Ort 1170 als Burg mit Siedlung, der 1225 das Stadtrecht verliehen wurde. Um 1240 wurde eine separate Neustadt mit eigenem Markt errichtet, 1282 vereinigten sich die beiden Städte. Als Residenz der Fürsten von Parchim war die Stadt von Bedeutung. Noch bedeutender wurde sie durch das höchste Mecklenburger Gericht, das „Hof- und Landgericht", das zwischen 1667 und 1708 in Parchim seinen Sitz nahm. Mit der Regulierung und Schiffbarmachung der Elde entwickelte sich die Stadt zu einem industriellen Zentrum.

Bekannteste Söhne der Stadt sind der Philosoph und Literat *Johann Jakob Engel* (1741-1802) und der Generalfeldmarschall Graf *Helmuth von Moltke* (1800-1891). Während der Philosoph völlig in Vergessenheit geriet, ist der adelige Militär noch heute allseits wohlbekannt und wird in seinem Geburtshaus von der Stadt mit der Moltke-Gedächnisstätte in Ehren gehalten.

Auch ein anderer bekannter Name hat mit „Pütt", wie die Einwohner ihre Stadt nennen, zu tun. Der gute Doktor aus der Schwarzwaldklinik, *Klaus-Jürgen Wussow*, machte am Parchimer Landestheater seine ersten Schritte auf den Brettern, die die Welt bedeuten. Das Landestheater genießt auch heute noch einen guten Ruf.

Die **Altstadt** von Parchim ist durchaus einen Abstecher wert. Um den schönen **Marktplatz** gruppieren sich malerische **Fachwerkhäuser** mit aufwendig gestalteten Giebeln. Fachwerkhäuser, wenn auch weniger üppig ausgestattet als am Markt, sind noch vielerorts im historischen Zentrum anzutreffen. Besonders bemerkenswert ist das **Rathaus.** Der lange, zweigeschossige Bau ist eines der wenigen mittelalterlichen Rathäuser Mecklenburgs, das sich halbwegs original erhalten hat. Sein Staffelgiebel stammt aus dem 14. Jh. Nahe vom Markt erhebt sich die **Georgen-Kirche** über die beschauliche Stadt. Die alte

Ratskirche wurde 1290 als beeindruckend große dreischiffige Hallenkirche errichtet. Ihr Inneres, das 1897 neogotisch umgestaltet wurde, besitzt mit der sehr schönen Renaissancekanzel (um 1580) und dem Taufstein von 1620 zwei sehenswerte Ausstattungsstücke. Parchims zweiter Sakralbau ist die **Marien-Kirche.** Die Kirche der 1240 separat errichteten Neustadt wurde 1250 ebenfalls als dreischiffiger Hallenbau ausgeführt. Ihr sehenswertestes Ausstattungsstück ist die aus dem 17. Jh. stammende, reich mit Schnitzwerk und Intarsien verzierte Orgelempore.

Wer mehr über den in Vergessenheit geratenen Philosophen *Engel* oder etwas zur Stadtgeschichte wissen möchte, der kann sich darüber im **Stadtmuseum** informieren.

Sehr lohnend ist der Abstecher zum etwa 11 km nordwestlich von Parchim gelegenen Dorf Alt Damerow. Dort erwartet Sie der historische **Pingelhof.** 300 Jahre und über 11 Generationen hinweg lang bewirtschaftete die Familie *Pingel* das Gehöft, bevor es in Privatinitiative originalgetreu rekonstruiert wurde. Zentrum des malerischen Gehöfts, ist das Hallenhaus aus dem 17. Jh. Um das Gebäude gruppieren sich Stallanlagen, Scheune, Ziehbrunnen und Backofen. Ein hübsches Ausflugsziel ist auch die **Vietingshöhle** im nahen Sonnenberg an der Straße nach Groß Godems. Benannt ist die rekonstruierte Höhle nach dem Räuber Vieting, der einst mit sieben Spießgesellen am Stolper Landweg räuberte. Dort verlegte er einen Draht mit Klingel, der in seiner Räuberhöhle endete und ihm so mittels „Klingeling" ganz praktisch anzeigte, wann wer zum Ausrauben des Weges kam.

●**Info:** *Stadtinformation,* Lindenstr. 38, 19370 Parchim, Tel./Fax (03871) 212843, Internet: www.parchim.de (Mai-Sept. Mo.-Fr. 9-12 u. 13-17 Uhr, Sa. 9-11.30 Uhr)
●**Unterkunft:** *Hotel Stadtkrug,* Apothekenstr. 12, Tel. 62300, Fax 264446 (zentrale Lage, Mecklenburgische Küche); *Hotel Zum Fährhaus,* im OT Slate, Fähre 2, Tel. 62610, Fax 44144 (sehr schöne Lage direkt an Elde-Wasserstraße und Personenfähre, Wildspezialitäten); *Schloss Frauenmark,* ca. 10 km nördl. in Frauenmark, Tel. (03 87

Karte Seite 76 **Ludwigslust, Umgebung**

23) 80171, Fax 80172 (Landschloss mit nur 4 DZ; Innenausstattung im engl. Manor-House-Stil, Gästebibliothek).
● **Gastronomie:** *Zum Heiligen Geisthof,* Wockerstr. 5, Tel. 213491 (hist. Fachwerkhaus mit Zi und Biergarten); *Mühle zu Goldenbow,* ca. 10 km nordwestl. an der B 321, Tel. (038723) 80699 (region. Küche auf 3 Etagen in Mecklenburgs höchstgelegener Windmühle. Der Clou: Essen in 11 m Höhe auf der Außengalerie).
● **Museum/Kultur:** *Stadtmuseum,* Lindenstr. 38, Tel. 213210 (Di.-Fr. 10-12 und 14-16 Uhr, So. 14-16 Uhr); *Pingelhof,* Alt-Damerow Tel. (038728) 20111; (April-Okt. Di.-So. 10-18 Uhr); *Gedächnisstätte Helmuth v. Moltke,* Lange Str. 28, Tel. 267748 (Öffnz. wie Stadtmuseum).

Lübz
43 km NO

Wer durch Mecklenburg reist, stößt unweigerlich auf den Namen Lübz. „Lübzer Pils" ist ein Begriff für Liebhaber des gelben Gerstensafts und wird im ganzen Lande ausgeschenkt. Seit 1877 wird mit der Gründung der Vereinsbrauerei „Mecklenburger Wirte" in Lübz gebraut, was ihm den Beinamen „Bierstadt" beschert hat. Erstmals erwähnt wird der Ort 1272 als Lubetz. An der Grenze der Markgrafschaft Brandenburg zu Mecklenburg gelegen, wurde er einst durch die mächtige Feste Eldenburg geschützt. Von der 1308 errichteten Grenzburg hat sich nur der Bergfried aus dem 14. Jh. erhalten. Der Rest wurde 1750 abgebrochen. Im heute **Amtsturm** genannten Bergfried, der als einer der besterhaltenen Wehrtürme des Landes gilt, hat nun das **Stadtmuseum** Unterkunft gefunden. Neben Historischem zur Stadt und zum Handwerk erfährt man hier Genaueres über die lange Brautradition der Stadt. Letzte Bewohnerin der Eldeburg war Herzogin *Sophie von Mecklenburg* (1588-1634). Das lebensgroße Standbild der beliebten Herzogin und ihr prachtvolles barockes Grabmal sind in der **Stadtkirche** (1568/74) zu bewundern.

Über die Müritz-Elde-Wasserstraße, die mitten durch die Stadt führt, spannt sich eine unter Denkmalschutz stehende **Hubbrücke.** Am anderen Ufer befindet sich das **Mühlenmuseum.** Hübsch in einem Park eingebettet liegt die **Stiftskirche,** eine kleine Fachwerkkirche gehörte zu einem Witwenstift, das Herzogin *Sophie* 1633

Ludwigslust, Umgebung

gründete. Grund dafür war ein Gelübde. Nachdem ihre Söhne Herzog *Johann Albrecht II. zu Güstrow* und Herzog *Adolf Friedrich I. zu Schwerin* von *Wallenstein* verbannt wurden, schwor sie, ein Stift zu gründen, wenn ihre Söhne wieder in ihre alten Rechte eingesetzt seien.

- **Info:** *Tourist-Information,* Am Markt 23 (am Amtsturm), 19386 Lübz, Tel. (038731) 20088, Fax 22234 (Mo.-Fr. 10-17 Uhr, Sa./So. 10-16 Uhr)
- **Unterkunft:** *Hotel Christine,* Goldbergstr. 4, Tel. 24219, Fax 23013 (zentrale Lage mit Restaurant); *Camping Blue Line Charter,* Schulstr. 8a, Tel./Fax 22428 (April-Okt., kleiner Platz an der Stadtmarina, mit Boots-, Fahrradverleih)
- **Museum:** *Stadtmuseum Amtsturm,* Markt 23, Tel. 23475, (Mai-Sept. Mo.-Fr. 10-12 u. 13-17 Uhr, Sa. 14-16.30 Uhr, So. 10-12 u. 13-16.30 Uhr, Okt.-April Di.-Fr. 10-12 u. 13-16 Uhr)

Redefin
20 km W

„Alles Glück der Erde liegt auf dem Rücken der Pferde." Für Freunde dieses Wahlspruches ist Redefin die erste Adresse im Land. Seit 1810 befindet sich hier das **Landgestüt Mecklenburg-Vorpommern.** Eine herrliche Allee führt von der B 5 zur Zuchtstation für edles Warmblut. Jährlich im September, wenn die große Hengstparade stattfindet, lockt das Gestüt Liebhaber aus nah und fern an. Doch auch diejenigen, die die Vierbeiner für vorne und hinten gefährlich und in der Mitte unbequem halten, werden den Abstecher nicht bereuen. Die gesamte parkartige, um eine ovale Freifläche gruppierte Gestütanlage steht nicht von ungefähr unter Denkmalschutz. Sie gilt als eine der schönsten der Welt. Die schneeweiß

Karte Seite 76 **Lehm- und Backsteinstraße**

Lehm- und Backsteinstraße

Mecklenburgs neueste Ferienstraße ist die 1999 eröffnete Lehm- und Backsteinstraße, die westlich des Plauer Sees in einem Rundkurs von Ganzlin über Karbow nach Lübz und weiter über Barkow und Daschow nach Plau am See führt und von dort zurück nach Ganzlin. Mit dem Auto hat man die 80 km lange Route in 2 Stunden bewältigt. Thematisch gesehen bietet sie allerdings Stoff für eine ganze Urlaubswoche. Auf der Strecke, die durch Neupflanzung von 30.000 Bäumen nun fast durchgängig Alleenstraße ist, liegen eine Reihe sehens- und erlebenswerter Stationen, die Natur und Kultur verbinden. Erste Station nach Ganzlin ist das 200 Jahre alte **Fachwerkhaus „Ülepüle"** mit Café in Retzow, in dem eine Leinen- & Filzmanufaktur die traditionelle Handwerke vorführt. Unweit davon liegt das 610 ha große **NSG „Marienfließ"**, ein ehemaliger russischer Truppenübungsplatz, den heute Magerrasen- und Heidelandschaft mit seltener Flora und Fauna bedeckt. In Gnevsdorf erläutert das **Lehmmuseum** die Techniken des Lehmbaus in unterschiedlichen Ländern und Kulturen. Wie Lehmbau heute funktioniert, zeigt das aus Lehm gebaute Informationsgebäude des 1,5 ha großen **Lehr- und Erlebnisgartens** im benachbarten Wangelin. Sehr aufschlussreich als architektes techn. Denkmal ist die **Ziegelei Benzin** mit ihrem Ringofen aus dem 19. Jahrhundert.

Entlang der Route finden alljährlich Feste statt, so z. B. das „Brennerfest" in Benzin, das „Stein-" und „Gartenfest" in Wangelin und Gnevsdorf oder das „Heidefest" im NSG „Marienfließ").

- **Informationsbüro:** Am Bahnhof 2, 19395 Ganzlin, Tel. (038737) 20207, Fax 20117, Internet: www.fal-ev.de, e-mail: fal-ganzlin@otelo-online.de (Mai-Sept. Mo.-Fr. 8-16 Uhr)
- **Ulepüle Leinen- & Filzmanufaktur,** Am Dorfplatz 49, 19395 Retzow, Tel./Fax (038737) 20124, (Di.-Fr. 10-16 Uhr, Mai-Sept. auch Sa. 14-18 Uhr, So. 11-16 Uhr)
- **Lehmmuseum:** Steinstr. 64, 19395 Gnevsdorf, Tel./Fax (038737) 33830 (Mai-Sept. Di.-So. 10-18 Uhr)
- **Lehr- und Erlebnisgarten:** Nachtkoppelweg, 19395 Wangelin, Tel./Fax (038737) 20142 (Mai-Sept. tägl. 10-18 Uhr, Okt.-April Mo.-Fr. 10-16 Uhr)
- **Ziegelei:** Ziegeleiweg 6, 19386 Benzin, Tel. (038781) 8058, Fax 8060, E-mail: info@ziegelei-benzin.de (Mai-Sept. tägl. 10-17 Uhr, Okt.-April 10-15 Uhr)
- **NSG Marienfließ,** Info/Führungen über Infobüro Ganzlin (s. o.)
- **Unterkunft:** Gutshaus Klein Dammerow, Dorfstr. 8, 19395 Klein Dammerow, Tel. (038733) 20480, Fax 22871, Internet: www.lkj-mv.de, E-mail: info@lkj-mv.de (denkmalgesch. Gutsanlage in großem Park, Gruppen bis 40 Pers.)

Ludwigslust, Umgebung

aus dem satten Grün der Wiesen leuchtenden klassizistischen Gebäude entstanden 1820 nach Plänen von *C. H. Wünsch*. Selbst die Reithalle sieht wie ein Tempel aus.

● *Info: Landgestüt,* 19230 Redefin, Tel. (038854) 6200, Fax 62011, Internet: www.mecklenburger-pferde.de, E-mail: landgestuet-redefin@mecklenburger-pferde.de
● *Hotel: Garni Landhaus Redefin,* an der B 5, Tel. (038854) 5402, Fax 5404

Dömitz
28 km SW

Viele, die über die neuerrichtete Elbbrücke bei Dömitz nach Mecklenburg kommen, fahren an der kleinen Elbstadt Dömitz achtlos vorbei. Doch *Fritz Reuters* Wort, dass, wer in Mecklenburg das Wort „Dömitz" höre, zumute werde, als sei von der Krätze die Rede, gilt heute nicht mehr. Allein schon die malerische, **architektonisch geschlossene Altstadt** zwischen den Wassern von Elbe und Löcknitz lohnt den Besuch der alten Grenzstadt. Lange war der Elbstrom Grenze zwischen dem deutschen Westen und dem von Slawen besiedelten Ostelbien. Schon ihre zweite Erwähnung 1237 bezeichnet sie als Zollstätte. Mit Beginn der deutschen Ostexpansion wird Dömitz

Blick auf Dömitz mit Kirche

wichtiger Ausgangs- und Versorgungspunkt. 1559-65 lässt Herzog *Johann Albrecht I.* (1525-1576) den strategisch wichtigen Elbübergang im Dreiländereck Mecklenburg, Brandenburg und Lüneburg-Braunschweig durch eine mächtige Festung sichern. Doch anstatt ihnen Sicherheit zu geben, bringt die „Feste" viel Unglück über die Dömitzer. 1627 wird sie von den Dänen erobert und noch im selben Jahr von *Wallenstein* besetzt. Ihn vertreibt in des Kaisers Auftrag das Heer *Tillys,* der wiederum den Schweden weichen muss. So geht es weiter bis 1894, als die Garnison Dömitz aufgehoben und die Festung Gefängnis wird.

Bekanntester Insasse war der Schriftsteller *Fritz Reuter,* der 1839-40 das letzte Jahr einer insgesamt 7-jährigen Haft verbüßte. Verurteilt wird der Dichter wegen Teilnahme an burschenschaftlichen Umtrieben in Jena 1833 wegen Hochverrats erst zum Tode, wird dann aber zu 30 Jahren Festungshaft „begnadigt". Der Kommandant räumt *Reuter* jedoch viele Erleichterungen und Zugeständnisse ein. So darf er häufig seine Tante in der Stadt besuchen und sich gar in des Kommandanten reizendes Töchterlein verlieben. *Reuter* beschreibt seinen Aufenthalt in Dömitz anschaulich in seinem Werk „Ut mine Festungstid".

Die **Festung Dömitz,** vom italienischen Baumeister *Francesco a Bornau* 1559-65 errichtet, ist dank ihrer jeweiligen Besatzungen, die meist so schlau waren, sie kampflos dem Feind zu übergeben, mit die am besten erhaltene Flachlandfestung Deutschlands. Ihr Grundriß ist ein fünfstrahliger Stern. Die spitzwinkligen Bastionen verbinden steil in den Wassergraben abstürzende Kurtinen. Düstere Gänge führen zu den unterirdischen Kasematten. Im ehem. Kommandantenhaus ist heute das **Museum** untergebracht. Im **Pulverkeller** widmet sich eine Ausstellung der Geschichte der Festung. In der Garnisonskapelle erinnert die **Fritz-Reuter-Gedenkhalle** an den beliebten Mundartdichter. Schließlich kann man noch in der Turmgalerie wechselnde Ausstellungen besichtigen.

Naturpark Elbetal

Über 135 Stromkilometer und eine Gesamtfläche von 1.220 km² erstreckt sich der Naturpark Elbetal. Vom brandenburgischen Nitzow bis zum niedersächsischen Lauenburg bietet er der *letzten naturnahen Stromlandschaft Deutschlands* Schutz. Der mecklenburgische Teil erstreckt sich zwischen Dömitz und Boizenburg und umfasst 400 km². Dass sich die Talauen der Unteren Mittelelbe-Niederung ihr natürliches Gesicht bewahren konnten, verdankten sie der innerdeutschen Grenze, in deren Schatten sich Fluss, Tier und Pflanzen vom Menschen ungestört entfalten konnten. Um so massiver bricht seit dem Mauerfall nun auch in dieses Idyll die zerstörerische Menschenhand ein. Dämme werden auf „Westniveau" gebracht, Straßen gebaut und Tümpel zugeschüttet.

Die größte *Bedrohung für das Naturparadies* ist jedoch der Plan, die Elbe zur „modernen" Wasserstraße auszubauen. Anstatt aus den verheerenden Fehlern, die man an Rhein und Mosel gemacht hat und die dort nun immer größere Flutwellen auslösen, zu lernen, soll nun auch diese letzte Auenlandschaft mit ihren natürlichen Überflutungsgebieten als „Autobahn für Großlastschiffe" geopfert werden. Mit dem Bau der Staustufe bei Magdeburg, die die Elbe in ein quasi stehendes Gewässer verwandeln wird, hat das Unheil bereits begonnen.

Entstanden ist die Auenlandschaft durch die Schmelzwasser der Weichsel-Eiszeit vor 12.000 Jahren. Immer wieder verlagerte der Fluss sein Bett und bildete so Altarme, Mäander, Inseln und Teiche aus. Der vorherrschende Nordwestwind verfrachtete die feinen Sande an die Talränder und blies sie dort zu bis zu 30 m hohen Dünenketten auf. Besonders eindrucksvoll ist der 2 km lange und 600 m breite Dünenkomplex bei Klein Schmölen, dessen Sandberge trotz Aufforstung unaufhaltsam weiterwandern. Die regelmäßigen Überschwemmungen bildeten mit ihrem Schlick den fruchtbaren Aueton aus.

In dieser Vielfalt von Lebensräumen, die vom Moor bis zu wüstenähnlichen Sandgebieten reicht, bildete sich eine *außergewöhnlich artenreiche Tier- und Pflanzenwelt* heraus. Allein die Liste der vom Aussterben bedrohten Pflanzen im Bereich des Naturparks umfasst 130 Arten. 250 Vogelarten, unter ihnen Uferschnepfe, Schwarzstorch, Kranich und Seeadler, bieten die Auen Lebensraum. Mit 140 Brutpaaren ist der Park eines der an Weißstörchen reichsten Gebiete Mitteleuropas. Berühmt ist das brandenburgische **Storchendorf Rühstädt,** auf dessen Dächern allein 25 Paare brüten. Und wenn die großen Vogelschwärme von oder nach Süden ziehen, rasten riesige Verbände von Kranich, Zwergschwan oder Graugans in den Auen, um sich für ihren Weiterflug zu stärken. Sogar der höchst selten gewordene Fischotter und die aus Mitteleuropa weitgehend verschwundene Sumpfschildkröte finden in unberührten Teichen und Tümpeln ihre letzte Zuflucht.

Jeder Besucher, der auf dem weitverzweigten Wegenetz durch die Elbtalauen wandert, sollte sich an der Schönheit der Landschaft erfreuen und mit seinem Verhalten zum Erhalt dieses kleinen Paradieses beitragen.

● **Info:**
Parkverwaltung „Naturpark Mecklenburgisches Elbetal", Am Elbberg 20, 19258 Boizenburg, Tel. (038847) 50335, Fax 50336, Internet: www.elbetal-mv.de, E-mail: naturpark-info@elbetal-mv.de, (Ausstellung, Führungen, Wanderungen, Rad- und Schiffstouren, Dia-Vorträge)
NABU-Besucherzentrum, Dömitz, Auf der Festung 2b, Tel. 26378, Fax 26380, Internet: www.nabu-elbtalaue.de; E-mail: kontakt@nabu-elbtalaue.de (Ostern-Okt. Di-Fr 10-16 Uhr, Sa/So 10-18 Uhr, Nov.-Ostern Di-Fr 10-16 Uhr).

Dünen bei Klein Schmölen

Ludwigslust, Umgebung

Dömitz ist auch ein günstiger Ausgangspunkt für Ausflüge und Wanderungen durch den **Naturpark Elbetal,** zu dessen Attraktionen die 2 km langen Binnendünen bei Klein Schmölen gehören.

- **Info:** *Dömitz-Information,* Rathausplatz 1, Tel. (038758) 22112, Fax 35815, E-mail: tourismus@doemitz.de (Mo. 10-11.30 u. 12-16.30 Uhr, Di.-Fr. 9-11.30 u. 12-17 Uhr, Sa. 12-16 Uhr)
- **Unterkunft:** *Hotel Eichenhof Heiddorf,* in Neu Kaliss, Ludwigsluster Str. 2, Tel. (038758) 3150, Fax 31592 (hübscher Backsteinbau mit 2 Restaurants und ruhigem Kaffeegarten); *Pension Alte Fischerkate,* in Mödlich, Lenzer Str. 35, Tel. (038792) 1212 (malerische, reetgedeckte Fischerkate von 1787, kleines Café mit Terrasse und hausgebackenem Kuchen, Angeln im hauseigenen Teich, Fahrradverleih, Kutschfahrten); *Camping Wiesengrund,* Am Kanal 4, 19294 Malliß, Tel./Fax (038750) 21060 (ganzjährig geöffnet, direkt an der Elde-Müritz-Wasserstr. sehr ruhiger Platz); *Wasserwanderzentrum,* Fritz Reuter-Str. 11, Tel. 24255 (mit Camping- Wohnmobilstellplatz, Bootshafen, Slipanlage)
- **Gastronomie:** *Hofmanns Scheunenhof,* Elbstr. 26, Tel. 22032 (Mecklenb. Küche nach dem Kochbuch von Frieda Ritzerow; mit Terrasse, 20 Zi, Schlafen im Stroh, Fahrradverleih); *Elb-Cafe,* Werderstr. 25, Tel. 22503 (vom Biergarten direkter Blick auf ein Storchennest)
- **Museum:** *Festung Dömitz,* ebenda, Tel. 22401 (Mai-Okt. Di.-Fr. 9-17 Uhr, Sa./So. 10-18 Uhr, Nov.-April Di.-So. 10-16.30 Uhr

Wallgraben mit Promenade

Karte Seite 76 — **Ludwigslust, Umgebung**

**Boizen-
burg**
55 km W

Eine 1158 erstmals genannte Burg an der Mündung der Boize in die Elbe gab der Kaufmanns- und Schiffsbaustadt ihren Namen. Um das historische, von **Fachwerkhäusern** geprägte Zentrum zieht sich ein Wallgraben. Die alleengesäumte Promenade auf dem Wall lädt ein, diesen romantischsten Winkel der Stadt zu entdecken.

Auf dem Marktplatz steht das hübsche **Rathaus** (1709-11), das sich mit einem Laubengang und einer verspielten Dachlaterne schmückt. Ihm gegenüber erhebt sich die gotische **Stadtkirche,** ein dreischiffiger Hallenbau mit Feldsteinchor. Am Kirchplatz fällt ein im holländischen Barockstil ausgeführtes Backsteinhaus auf, in dem das **Heimatmuseum** seinen Sitz hat. Einmalig in Deutsch-land ist das **Fliesenmuseum,** das eine große Sammlung von hand- und industriell gefertigter Fliesen zeigt und Sammlern als Kauf- und Tauschbörse dient. Die lange Geschichte der Flussfischer illustriert das **Elbfischereimuseum** am Hafen. Am westlichen Ortseingang liegt das **Museum am Elbberg,** das zwei Ausstellungen zeigt. Das „Grenzlandmuseum" widmet sich vom Bau der Mauer bis zur Wiedervereinigung mit zahlreichen Originalen der innerdeutschen Grenze, in deren unmittelbarer Nachbarschaft Boizenburg lag. Die zweite ist noch im Aufbau und erinnert im letzten noch vorhandenen Gebäude des KZ-Außenlagers Neuengamme an das Schicksal seiner Insassen.

Schwer. Land

●**Info:** *Stadt-Information*, Markt 1, 19258 Boizenburg, Tel. (038847) 55519, Fax 62627, Internet: www.boizenburg-elbe.de, E-mail: stadtinfo@boizenburg.de (Di.-Fr. 9-12.30 u. 13-16 Uhr)
●**Unterkunft:** *Waldhotel,* OT Schwartow, Waldweg 41, Tel. (038847) 50709, Fax 50449
●**Museum:** *Heimatmuseum,* Kirchplatz 13, Tel. 52074 (ganzj. Di.-Fr. 10-12 und 14-16 Uhr, So. 13.30-16 Uhr, Juni-Sept. zusätzl. Sa. 13.30-16 Uhr); *1. Deutsches Fliesenmuseum,* Reichenstr. 4, Tel. 53881 (Di.-Fr. 10-12 u. 14-16 Uhr, Sa./So. 14-16 Uhr); *Elbfischereimuseum,* Hafenplatz 5, Tel. 52074 (Mo.-Fr. 7.30-14 Uhr); *Elbergmuseum,* Am Elbberg, Tel. 52074 (Mo.-Fr. 7.30-14 Uhr oder nach Voranm. über Heimatmuseum)

Schwerin

Stadt der Seen und Wälder

„Oh Herr erbarm di unser und wes uns gnedlich" (1574) lautet die Inschrift am Domhof, einem der schönsten Fachwerkhäuser in Schwerins Schelfstadt. Mögen seine früheren Bewohner angesichts der großen Stadtbrände, die im Mittelalter mehrfach die Stadt verheerten, Grund gehabt haben, himmlische Gnade und Barmherzigkeit zu erflehen, die Landeshauptstadt von Mecklenburg-Vorpommern hat dies kaum mehr nötig. Gravierendstes Problem der Stadt ist heute ihre Einwohnerzahl von knapp über 100.000. Denn sinkt sie unter diese magische Grenze, würde Schwerin als einzige Landeshauptstadt Deutschlands ihren Großstadtstatus verlieren, wogegen sich die Stadtväter mit allen Mitteln versuchen zu wehren. So auch mit Eingemeindungen gegen den Willen der umliegenden Landgemeinden, in die so viele Schweriner abwandern.

Schon zu DDR-Zeiten, als sich andere Städte im tristen, verfallenen Grau versteckten, galt Schwerin als lichter Ort. Einer der Gründe dafür ist die einmalige Lage der Stadt inmitten einer ebenso friedlichen wie romantischen Wald- und Wasserlandschaft. Von den zahlreichen großen und kleinen Seen, die sie umgeben, ragen sieben bis weit in die Stadt, gar bis mitten ins Zentrum hinein. Rund 30 % der Stadtfläche sind mit Wasser bedeckt. 500 ha Wald und Parkanlagen lockern das Stadtbild mit ihrem Grün auf und lassen mit dem Blau der Seen oft eher den Eindruck aufkommen, in einer reizvollen Kleinstadt zu sein als in einer Kapitale.

Doch die herrschaftliche Architektur der von Wasser umschlossenen Altstadt erinnert daran, dass Schwerin lange Zeit herzogliche Residenz war. Und das auf einer Insel gelegene Schloss wird wegen seiner verspielten Architektur mit vielen Türmchen nicht zu Unrecht als „Märchenschloss" bezeichnet. Die ganze Schönheit und

Schwerin

Verwobenheit von Altstadt, Seen und Parklandschaften offenbart sich vom Turm des Domes, der mit seinen 117 m das Stadtbild dominiert. Und die Entscheidung für Schwerin und gegen Rostock als Hauptstadt und Regierungssitz sichert nicht nur Aufmerksamkeit, sondern auch Geld und Arbeitsplätze. Und Kultur. Es muss ein guter Geist sein, das Schweriner Petermännchen, das im Schlosse seinen Schabernack treibt und seine schützende Hand über das politische wie kulturelle Zentrum Mecklenburg-Vorpommerns hält.

Geschichte

Es ist der slawische Stamm der **Obotriten,** der seit dem 6. Jh. in die Region vordringt und sein Siedlungsgebiet mit mächtigen Wallburgen absichert. Eine dieser hölzernen Festen errichten sie auf einer Insel inmitten des unzugänglichen Seen- und Sumpfgebietes und nennen sie „Zuarin", was im Slawischen „wildreiche Gegend" bedeutet. Eben dort, wo heute das Schweriner Schloss steht, erhebt sich die Obotritenburg. Erstmals schriftlich erwähnt wird der Ort in der Chronik des Bischofs *Thietmar von Merseburg* im Jahre 1018.

Im Zuge der **deutschen Ostexpansion** rückt das christliche Heer unter Führung des Sachsenherzogs *Heinrich XI.*, besser bekannt als „der Löwe" (1129-1195), auf die Burg vor. *Niklot,* der Obotritenkönig, flieht aus „Zuarin" und lässt die Burg in Brand stecken. So fällt die Insel 1160 in sächsische Christenhände. *Helmhold von Bosau,* ein zeitgenössischer Chronist, vermerkt in seiner Slawenchronik jedoch, dass bei den im Namen des Kreuzes geführten Eroberungsfeldzügen bei *Heinrich dem Löwen* „keine Rede vom Christentum, sondern nur vom Gelde" war. *Heinrich* aus dem Hause der Welfen veranlasst die Errichtung eines Sitzes für seinen Statthalter und gründet damit Schwerin, die nach Lübeck zweite deutsche Stadt östlich der Elbe. Noch im selben Jahr wird sie **Bischofssitz** und bekommt das **Stadtrecht** verliehen. Mit der Verlegung des mecklenburgischen Bistums in die Neugründung und der Einsetzung eines Grafen als Statthalter 1167 erfährt Schwerin eine bedeutende Aufwertung als geistliches Zentrum.

Nachdem die Grafen von Schwerin mangels Nachwuchs aussterben, erhebt Kaiser *Karl IV.* die Grafschaft zum Herzogtum. Nach Zahlung von 20.000 Silbermark ziehen die Herzöge von Mecklenburg, also auch das weltliche Zentrum, in die Stadt ein. Sie verlegen ihre Residenz von Wismar in ihre Neuerwerbung. Seither ist Schwerin **Residenzstadt** und bleibt es bis zur Abdankung des Großher-

Schwerin

1 St.-Pauls-Kirche
2 Arsenal
3 Villa Demmler-Haus
4 Schelfkirche
5 Neustädtisches Palais
6 Dom
7 Neues Gebäude
8 Altstädtisches Rathaus
9 Historisches Museum
10 Marstall
11 Weiße Flotte
12 Staatl. Museum
13 Staatstheater
14 Altes Palais
15 St.-Anna-Kirche
16 Kollegiengebäude
17 Schloss/Schlossmuseum
18 Schlossgarten
19 Techn. Museum Schleifmühle

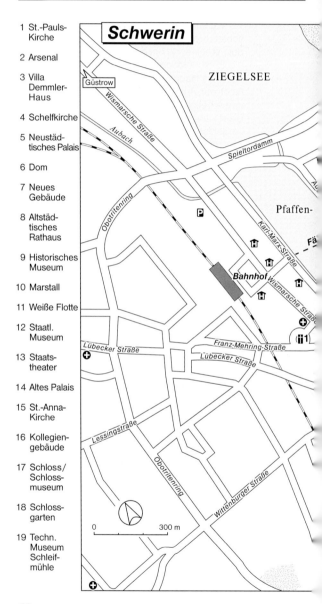

Karte Seite 90 **Schwerin**

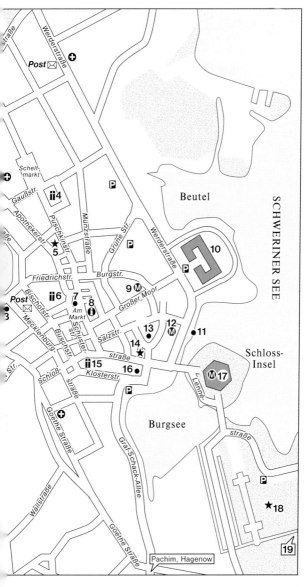

Schwerin

Schweriner Schloss

zogs 1918. Nur zwei kurze Phasen, nämlich die Zeit der Besetzung durch *Wallensteins* Truppen von 1628 bis 1631 und der Zeitraum von 1760 bis 1837, als sich die Residenz in Ludwigslust befand, unterbrechen diese Ära.

Wirtschaftlich geht es Schwerin weniger gut. Wegen seiner geographischen ungünstigen Lage wird es bereits im 13. Jh. von den aufstrebenden Hafenstädten Wismar und Rostock ausgestochen. Die Stadt bleibt aber der geistige und kulturelle Mittelpunkt Mecklenburgs und entwickelt sich unter der Herrschaft von Herzog *Johann Albrecht I.* zwischen 1547 und 1576 zum *„Florenz des Nordens"*. Auch verheerende Feuersbrünste, die im Laufe des 16. und 17. Jh. die Stadt mehrfach fast völlig zerstören, ändern daran nichts. Mit der Rückverlegung der Residenz von Ludwigslust nach Schwerin 1837 bekommt die Stadt durch den Bau vieler repräsentativer Gebäude ein neues Gesicht, das sie sich im wesentlichen bis heute erhalten konnte.

Sehenswert

Die altehrwürdige Residenzstadt ist voller baulicher und kultureller Sehenswürdigkeiten. Doch nicht nur einzelne Bauwerke sind interessant, sondern das ganze leichte und luftige Ambiente, das die Atmosphäre des historischen Zentrums auszeichnet, ist erlebenswert. Wer der Landeshauptstadt einen Besuch abstattet, sollte seinen Wagen auf einem der Parkplätze abstellen, die es unmittelbar am Rande der Altstadt in genügender Anzahl gibt (s. Stadtplan).

Die Altstadt erstreckt sich zwischen dem Schweriner See und dem Burgsee und dem künstlich angelegten Pfaffenteich.

Schwerin

Schloss/Schlossgarten

Der überragende Besuchermagnet der Stadt ist das märchenhafte, von Wasser umflutete Schloss. Der unregelmäßig fünfeckige Bau mit seinen Türmen, Türmchen, Erkern und Dachreitern ist Schwerins Wahrzeichen. In ihm soll ein stadtbekannter Schlossgeist, das **Petermännchen,** sein allerdings harmloses Unwesen treiben. Trägt es ein rotes Gewand, ist dies ein gutes Zeichen, ein schwarzer Umhang bedeutet hingegen Unheil. Vielleicht ein kleiner Hinweis an Regierung und Parteien, die das Schloss als Landtag nutzen, welcher Landesvater denn der bessere wäre.

Der prachtvolle Bau ist das (gelungene) Ergebnis von vielerlei **Um- und Ausbauten,** die die Residenz im Laufe der Jahrhunderte erfahren hat und die, auch wenn der Bau auf den ersten Blick wie aus einem Guss wirkt, die unterschiedlichsten Baustile vereinten. Seine heutige, überwiegend im Stile des Historismus gehaltene Gestalt erhielt das Schloss durch den Schweriner Stadtbaumeister und Hofbaurat *Georg Adolph Demmler* (1804-1886), auf dessen 30-jähriges Wirken man überall in der Stadt stößt. Nach dem Vorbild des Loire-Schlosses Chambord und unter Einbeziehung früherer Entwürfe der Baumeister *Gottfried Semper* und *August Stüler* erschuf der Schinkelschüler 1842-57 das skurril verspielte Märchenschloss, das als eine der bemerkenswertesten Schöpfungen des deutschen Historizismus gilt.

Auch wenn im Schloss nun der Landtag von Mecklenburg-Vorpommern residiert, sind große Teile der Öffentlichkeit zugänglich. Eine Brücke führt von der Altstadt hinüber zum Schloss. Der wilde Reiterherr über dem Schlossportal ist übrigens *Niklot,* jener Obotritenfürst, der hier einst seine Stammburg hatte, bevor er 1160 von *Heinrich dem Löwen* vertrieben wurde. Das **Schlossmuseum** umfasst die Beletage mit den ehemaligen Wohnräumen der Großherzogin und die Festetage mit ihren vor Pracht und Prunk überbordenden Repräsentationssälen wie dem Thronsaal und die Wohn- und Gesellschaftsräume des Großherzogs. Hinter üppigem Stuck und Zierrat verbirgt sich meist vergoldetes Pappmaché, das *Demmler* wegen seiner Leichtigkeit verwendete und in der Pappmachéfabrik von Ludwigslust gefertigt wurde. Dem Museum ist eine Galerie angegliedert, die Malerei und Porzellan zeigt.

Im nordöstlichen Eckbau des Schlosses ist die 1560-63 von *J. Baptist Parr* nach dem Vorbild der Schlosskapelle im sächsischen Torgau gestaltete **Schlosskirche** zu besichtigen. Ihren rechteckigen, von einem Sternengewölbe überspannten Saal säumen auf toskanische Säulen gestützte Emporen.

Nach dem Rundgang durch Museum und Kirche lädt, soweit man angesichts des großen Besucherandrangs einen Platz ergattern kann, das im ehemaligen Tanzsaal eingerichtete **Schlosscafé** zum Verweilen ein.

Danach sollte man es keinesfalls versäumen, den **Burggarten,** der sich rings um das Schloss zieht, zu durchstreifen. Neben einer aus mächtigen Findlingen erbauten künstlichen Grotte liegen dort südlich des Schlosses auch die **Orangerieterrassen.** Von hier aus reicht der Blick weit über den Schweriner See, auf dem die bunten Segel der Surfer und Skipper in den Wellen hüpfen.

Auch durch die barocken Anlagen und Arkaden des weitläufigen **Schlossgartens** ist herrlich zu flanieren. Der geometrisch angelegte Park erstreckt sich zwischen Burgsee und Faulem See und ist mit der Schlossinsel durch eine Brücke verbunden. Die Sichtachse der 1748-56 vom Architekten *Jean L. Legeay* geschaffenen Parkanlage ist ein kreuzförmiger Kanal, dessen Ufer 14 Steinplastiken aus der Werkstatt des berühmten Dresdner Bildhauers *Balthasar Permoser* zieren. Und wer im Schlosscafé Pech mit Platz hatte, kann es im Schlossgartenpavillon versuchen, in dem ebenfalls ein Café untergebracht ist. 1840 wurde der so genannte Grüngarten, an dem *Joseph Lenné* mitgewirkt hat, angefügt.

Verlässt man diesen etwa dort, wo ein Graben das Wasser aus dem Faulen See in den Schlossgartenkanal leitet, trifft man auf das **Technische**

Denkmal Schleifmühle. In Schauvorführungen wird in der um 1700 erbauten Steinschleiferei demonstriert, wie man in alten Zeiten Steine zersägte und ihnen eine glatte Oberfläche verpasste. Nur wenig weiter ermöglicht die Schweriner **Sternwarte** in der Weinbergstraße 17 einen Blick in die Unendlichkeit des Universums.

Altstadt

Gleich jenseits der Schlossbrücke liegt die vom Dom überragte Schweriner Altstadt. Der **Alte Garten,** von dem die Schlossbrücke zur Insel hinüberführt, erinnert nur noch mit seinem Namen an eine beschauliche Grünanlage. Heute fluten Verkehr und Besuchermassen über den auch als Festplatz genutzten Schlossvorplatz. Ältestes Gebäude am Platz ist das **Alte Palais,** ein schneeweiß leuchtendes Fachwerkhaus, das 1791-99 als herzoglicher Witwensitz erbaut wurde.

Rechts neben dem alten Palais wird im großen, von *Georg Daniel* 1882-86 im Stile der italienischen Hochrenaissance gestalteten **Staatstheater** das große klassische, aber auch mundartliche Theater gepflegt. Der Besuch einer Aufführung lohnt sich nicht nur wegen des Kulturgenusses, sondern auch wegen des Zuschauerraumes, der sich in üppigem Rokoko präsentiert.

Die Nordseite des Platzes das **Staatliche Museum** mit seiner monumentalen Freitreppe ein. Das spätklassizistische, 1883-86 von *H. Willebrand* entworfene Museum zeigt u. a. eine sehr bedeutende Sammlung niederländischer und flämischer Meister des 17. Jh. Die wertvollen Gemälde sowie die Kupferstich-, Kunstgewerbe-

Blick vom Dom über die Altstadt

und die anderen Sammlungen, die das Museum ebenfalls ausstellt, verdankt die Stadt ihrem sammelwütigen Herzog *Christian II. Ludwig* (1683-1756); womit nicht unwesentlich ihr Ruf als Kulturmetropole des Landes begründet wurde.

Geht man vom Museum an der Anlegestelle der **Weißen Flotte** vorbei ein paar Schritte die Werderstraße entlang, erblickt man auf einer Landzunge im Schweriner See den **Marstall.** Die Schlossartige, vierflüglige Anlage, 1838-43 von *Demmler* im klassizistischen Stil errichtet, ist heute zum Teil mit Ausstellungen des **Landestechnischen Museums** belegt.

Vom Alten Garten führt die Schlossstraße in die Altstadt hinein. Wie im gesamten historischen Zentrum fällt das Nebeneinander von kleinen Fachwerkhäuschen und stattlichen Verwaltungsbauten auf, die die Straße säumen. Erster Repräsentationsbau, den man passiert, ist das **Kollegiengebäude.** Der alte Regierungssitz, der in seinem Äußeren an *Schinkels* Schauspielhaus in Berlin erinnert, wurde von *Demmler* 1825-34 an der Stelle errichtet, an der einst ein Franziskanerkloster stand. Eine vom unnachahmlichen Volksmund „Beamtenlaufbahn" getaufte Brücke verbindet das nun als Ministerium genutzte Gebäude mit dem Nachbarhaus. Als nächstes trifft man auf die **St.-Anna-Kirche** (1791-95), ein schlichter, verputzter Bau.

Das Herz der Altstadt ist der **Markt.** Um den quadratischen Platz reihen sich bedeutende Bauwerke. Seine Ostseite nimmt das **Altstädtische Rathaus** ein. Seit 1351 steht es hier. Es brannte aber gleich mehrere Male vollständig ab. Seine heutige Gestalt mit der über vier Häuser reichenden vorgeblendeten Fassade im Tudorstil geht auf Umbauten aus dem Jahre 1834 zurück, die *Demmler* vornahm.

An der Nordseite des Marktgeviertes fällt ein spätbarocker Bau ins Auge, dessen Vorhalle von 14 mächtigen dorischen Säulen getragen wird. Er wird schlicht **Neues Gebäude** genannt und wurde 1783-85 als „Krambudenhaus", als Kaufhaus errichtet. Eigentlich sollte der klassizistische Bau der Anfang zur völligen Neugestaltung des Markts sein, den Herzog *Friedrich der Fromme* (1756-1785) plante. Mangels Mittel im Stadtsäckel blieb es jedoch beim Neuen Gebäude.

Hinter ihm ragt unübersehbar der imposante Turm des Domes in den Himmel, der das Schweriner Stadtbild beherrscht. Der **Dom** ist das kulturhistorisch bedeutendste Bauwerk der Landeshauptstadt und darüber hinaus einer der wichtigsten gotischen Sakralbauten Norddeutschlands. 1171 legte *Heinrich der Löwe* an der höchsten Stelle der Altstadt persönlich den Grundstein für das Gotteshaus. Die heutige gotische, dreischiffige Basilika wurde 1280 begonnen. Von dem Vorgängerbau ist nur noch die Paradiespforte (1230) im Unterbau des Turms vorhanden. Der 117,5 m hohe Turm selbst wurde erst 1889-92 angefügt. Die Grundanlage des Domes mit seinem monumentalen 100 m langen Hauptschiff folgt mit Querschiff, Umgangschor und Kapellenkranz der Bauweise französisch-flandrischer Kathedralen.

Wirkt sein wuchtiges Äußeres mit den imposanten Dimensionen schon beeindruckend, so nimmt die grandiose Raumwirkung seines Inneren einem geradezu den Atem. Strahlend weiß erhebt sich das lichtdurchflutete, schlanke Hauptschiff – ohne Schmuck und Schnörkel. Einziges gestalterisches Element sind dünne schwarze, rote, braune, graue und grüne Streifen, die auf dem weißen Grund an den Pfeilern in die Höhe streben und die Gewölbe plastisch hervorheben. Die feinen Linien unterstreichen den ehedem der Gotik eigenen leichten und filigranen Baustil und erheben die helle, aufstrebende Atmosphäre des Domes ins Göttliche.

Zu den wenigen, dafür ausgesucht wertvollen Ausstattungsstücken zählen der Kreuzaltar (1495), das bronzene Taufbecken (1400) sowie aus verschiedenen Epochen stammende Epitaphe und Grabplatten berühmter Persönlichkeiten der Stadt. Die viermanualige und mit fast 6.000 Pfeifen die landesweit größte Orgel (1871) des Weißenfelser Meisters *Ladegast* steht bei den bekannten Konzerten im Mittelpunkt, die regelmäßig während des Schweriner Orgelsommers ertönen.

Wunderschön ist der Blick, den man von der Aussichtsgalerie des Kirchturms über die Stadt und die Seenlandschaft rings herum hat. 220 Treppen mit Gegenverkehr winden sich durch den engen, für klaustrophobische Gemüter eher nicht zu empfehlenden Wendelgang hinauf in luftige Höhen. Doch seien Sie versichert, die Mühe lohnt sich!

Vom Markt führt die Straße Großer Moor direkt auf den Marstall am Ufer des Schweriner Sees zu. Am Ende der Straße hält in einem Fachwerkhaus von 1724 das **Stadtgeschichtliche Museum** seine Pforten geöffnet, das auch über die Geschichte des mecklenburgischen Städtebürgertums informiert.

Einer der beschaulichsten Orte Schwerins ist der enge **Schlachtermarkt** hinter dem Rathaus. Den romantischen Platz mit seinem Brunnen, dessen Relieftafeln die Geschichte vom „Herrn Pastor sin Kau" erzählen, erreicht man vom Markt durch einen Gewölbedurchgang. Gebäude aus dem 16. und 17. Jh. verleihen dem Ort, auf dem auch heute noch bunte Märkte abgehalten werden, ein nostalgisches Flair. Wer sich um 12 Uhr mittags auf der Rückseite des Rathauses auf dem kleinen Schlachtermarkt einfindet, vernimmt die alte mecklenburgische Volksweise „Von Herrn Pasturn sihn Kau", die das Meißner Porzellan-Glockenspiel des Rathauses dann intoniert.

Einkaufs- und Promeniermeile Schwerins ist die zur Fußgängerzone umgestaltete Mecklenburgstraße, die zum **Pfaffenteich** führt. Der große, im 12. Jh. als Wasserspeicher künstlich angelegte Teich diente in alten Tagen den Domherren als Fischlieferant, was ihm den Namen „Papendick", bescherte. Über das langgezogene Gewässer zwischen der Pauls- und der Schelfstadt pendelt in der Woche eine betagte kleine Fähre, an den Ufern laden Bänke und Cafés zum Verweilen ein.

Am von spätklassizistischen Häusern gesäumten Westufer fällt das schneeweiße **Arsenal** ins Auge. Der weitläufige Komplex entstand 1840-

44 nach Plänen von *Demmler* als kastellartiger Bau im tudorgotischen Stil. Heute dient es der Regierung als Innenministerium. Wenige Meter weiter liegt eine hübsche Villa, das Wohn- und Sterbehaus des Hofbaumeisters *Georg Adolph Demmler*, der mit seiner Architektur nicht nur die Bebauung des Teiches, sondern das Gesicht ganz Schwerins wesentlich mitprägte.

Hinter dem Arsenal erblickt man den Turm der **Pauls-Kirche.** Die kreuzförmige Hallenkirche (1863-69) gilt als bedeutendstes neugotisches Sakralgebäude Mecklenburgs. Wie beim Dom prägen feine, aufstrebende Linien das Kircheninnere. Doch hier sind die betonenden Vertikalen keine Farblinien, sondern braune Backsteinadern, was dem Schiff zusammen mit den floralen Mustern der Pilaster eine warme, leicht erdige Aura verleiht. Wertvollstes Interieur der im Original erhaltenen Ausstattung ist der reich geschmückte Chor mit seinem prächtigen Gestühl.

Schelf-stadt
Am Ostufer des Pfaffenteichs beginnt die Schelfstadt. Das Gebiet zwischen Ziegelsee und Schweriner See war einst eine bischöfliche sumpfige „Schelfe" (= flache Insel) mit Fischerdorf und Kirche, die sich ab Mitte des 13. Jh. zu einer Vorstadt entwickelte. Nach mehreren vernichtenden Bränden begann man 1705 nach einem herzöglichen Edikt nach Plänen des Ingenieur-Kapitäns *Jacob Reutz* mit der Anlegung einer architektonisch einheitlichen „Neustadt auf dem Schelf" mit barockem Grundriss. Die Gebäude wurden einheitlich als Fachwerk-Traufenhäuser ausgeführt, die noch heute der Vorstadt ihr besonderes Gepräge geben. Die „Neustadt", die erst 1832 mit Schwerin vereinigt wurde, schwebt in einem Zustand zwischen Verfall und Neubeginn. In dem zu Zeiten des real ruinierenden Sozialismus großflächig zum Abriss vorgesehenen Stadtteil hat sich **Schwerins Szene** etabliert. In der morschen, morbiden Atmosphäre der ramponierten Fachwerkhäuser schaffen Cafés, Bars, Kneipen und Kulturinitiativen neues buntes Leben.

Georg Adolph Demmler – Hofbaurat und Demokrat

Wer durch das alte Großherzogtum Mecklenburg-Schwerin reist, wird immer wieder auf den Namen *Demmler* stoßen. Er gilt als **bedeutendster mecklenburgischer Architekt des 19. Jh.** Als Schweriner Hofbaumeister zeichnet *Demmler* für viele Bauwerke in Mecklenburg verantwortlich, die heute das Interesse der Besucher erregen. Insbesondere natürlich in der Landeshauptstadt trifft man auf eine Fülle von historischen Gebäuden, die *Demmler* entwarf und realisierte. Dazu gehört beispielsweise das Arsenal, das Theater, der Marstall oder das Kollegiengebäude und nicht zuletzt sein eigenes Haus, die Villa Demmler am Pfaffenteich. Sein bekanntestes und meistbesuchtes Werk, das Schweriner Schloss in seiner heutigen Gestaltung, konnte der überaus engagierte und fleißige Schinkelschüler nicht mehr selber vollenden. Bei Hof in Ungnade gefallen, musste er sein größtes Projekt mitten in den Bauarbeiten verlassen.

Demmler erblickte am 22.12.1804 in Berlin als Kind eines Uckermärker Schornsteinfegers und einer aus Güstrow stammenden Tochter eines Brauereibesitzers das Licht der Welt. Nach einer **Kindheit und Jugend** in Güstrow und Berlin besuchte *Demmler* ab 1819, gerade einmal 15 Jahre alt, die von *Schinkel* und *Schadow* geführte und geprägte Berliner Bauakademie. Besonders *Schinkels* Berliner Klassizismus hatte es dem jungen Schüler angetan. Nach drei Jahren Ausbildung verließ er Berlin, weil er dem preußischen Militärdienst entgehen wollte, und fand in Schwerin Anstellung als großherzoglich-mecklenburgischer Baukondukteur.

Nach dem Regierungsantritt von Großherzog *Paul Friedrich* im Jahre 1837 nahm *Demmlers* berufliche Laufbahn einen steilen Aufstieg. Bereits Mitglied in der Stadterweiterungskommission, wurde er nun zum **Hofbaurat** ernannt. Unter seiner Leitung erhielt die Residenzstadt Schwerin ihr klassizistisches Stadtbild.

In den Jahren des Vormärz, in denen sich auch im rückständigen Mecklenburg oppositionell-liberale Kräfte organisierten und zu Wort meldeten, ergriff *Demmler* deren **demokratische Position** und unterstützte öffentlich die Forderung nach geradezu revolutionären Reformen wie Presse- und Versammlungsfreiheit sowie eine grundlegende Verfassungsreform. Er wurde Mitglied des Schweriner Bürgerausschusses und oppo-

Georg Adolph Demmler

nierte an vorderster Stelle gegen die Landesherrschaft, als diese die 1849 durchgeführte Verfassungsreform bereits 1850 wieder aufhob und das alte ständische Gesetz wiedereinsetzte. Daraufhin ging die Regierung gegen ihren großherzoglichen Beamten *Demmler* disziplinarisch vor und forderte absolute Loyalität. „Ich muß allein meiner Überzeugung von demjenigen, was Recht ist und was dem Wohle der Commune entsprechend ist, folgen", schrieb *Demmler* daraufhin an den Ministerrat und reichte seinen **Rücktritt** ein. Dieser fiel mitten in die Bauarbeiten an *Demmlers* größtem Unterfangen, dem 1845 begonnenen Um- und Neubau des Schweriner Schlosses, der vom Berliner Baumeister *Friedrich August Stüler* fortgesetzt und vollendet wurde. *Demmler* engagierte sich neben seiner Arbeit als Architekt weiterhin auf seiten der Demokraten. Maßgeblich beteiligt an der Gründung des Deutschen Nationalvereins und der Süddeutschen Volkspartei, wurde er 1872 Mitglied der Sozialdemokratischen Volkspartei. 1882 zog *Demmler* im Alter von 78 Jahren für die Sozialdemokratie in den Reichstag ein. Zwei Jahre später, am 2.1.1886, verstarb *Demmler* in Schwerin.

● *Literaturtipp:* Biographie „Schweriner Schloßbaumeister G. A. Demmler", Demmler-Verlag.

Schwerin

Vom historischen Zentrum führt die Puschkinstraße zum Schelfmarkt. An der Grenze zwischen Schelfstadt und Altstadt passiert man neben sehenswerten Fachwerkhäusern auch das **Neustädter Palais** (Nr. 19), ein ursprünglich 1778/79 barock errichteter, später im Stil der französischen Renaissance umgestalteter Adelssitz.

In der Mitte der Schelfstadt liegt die Nikolai-Kirche, die unter dem Namen **Schelf-Kirche** besser bekannt ist. Der 1708-13 entstandene Bau gilt als die bedeutendste und früheste barocke Stadtkirche in Mecklenburg. Die Kirche war das erste kath. Gotteshaus, das in Mecklenburg nach der Reformation entstand. Unter ihrem Chor ruht in einer leider nicht zugänglichen Gruft neben anderen Angehörigen des mecklenburgischen Herzogshauses auch ihr Auftraggeber, Herzog *Friedrich Wilhelm* (1692-1718).

Um den **Schelfmarkt** gruppiert sich ein Gebäudeensemble, das den großen Brand von 1651 unbeschadet überstanden hat und den Schelfmarkt zu Schwerins schönster Platzgruppe macht. Jüngeren Datums ist das **Neustädtische Rathaus** an der westlichen Platzseite, das erst 1776 erbaut wurde.

Weiße Flotte/ Schweriner See

Von der Anlegestelle nahe dem Schloss starten die Fahrgastschiffe der Weißen Flotte zu 1- bis 2stündigen Rundfahrten über den Schweriner See. Der 63 qkm und bis 50 m tiefe See bildet zusammen mit den anderen Seen in der Umgebung Schwerins den westlichen Teil der Mecklenburgischen Seenplatte. Flussläufe und Kanäle vernetzen viele der Seen untereinander und bieten für Wassersportler und -wanderer ein herrliches Refugium.

Von Mai bis September verkehrt ein **Ausflugsboot** vom Anleger nach Zippendorf und **zur Insel Kaninchenwerder.** Das idyllische bewaldete Eiland ist einen Abstecher wert. Vom Jesarberg bietet sich ein prächtiger Blick über den See auf die Stadt. Hier informiert auch eine kleine Ausstellung über die Flora und Fauna der Insel.

Karte Seite 90 **Schwerin**

Zu ihr gehören auch Seeadler. Eine besondere Attraktion ist das Beobachten eines brütenden Paares per Videokamera. Die Nachbarinsel **Ziegelwerder** ist dagegen Naturschutzgebiet und darf nicht betreten werden.

Zoo Der Zoologische Garten liegt reizvoll zwischen dem Faulen und dem Schweriner See im Ortsteil Zippendorf. Sie erreichen ihn zu Fuß (ca. 30 Min.), wenn Sie vom Schloss am Schweriner See oder am Nordufer des Faulen Sees entlangspazieren. Mit dem Auto die Straße Richtung Parchim. Vom Zoo sind es nur wenige Fußminuten auf dem Uferweg zum **Zippendorfer Strand,** ein künstlich angelegter, schöner Sandstrand am Ufer des Schweriner Sees.

Freilicht- Vom Zoo weitere 30 Min. am Schweriner See
museum entlang erreicht man die Mueßer Bucht, in der das **Mecklenburgische Volkskundemuseum** anschaulich das mecklenburgische Dorfleben vergangener Jahrhunderte vorführt. Die Gebäude des kleinen Dorfes wurden aus ganz Mecklenburg zusammengetragen. In den historischen Werkstätten des Freilichtmuseums wie Backstube, Schmiede oder Büdnerei wird mit Originalgeräten demonstriert, wie die Menschen damals ihr Brot verdienten. Im Bauerngarten kann der Hobbygärtner Anregungen für das heimische Gärtlein sammeln. Ein Kunstkaten, ein Museum für Binnenfischerei und ein nettes Café ergänzen das Angebot der lehrreichen Anlage.

Info ● *Schwerin-Information,* Am Markt 10, 19055 Schwerin, Tel. (0385) 5925212, Fax 562739; Zimmerreservierung Tel. 5925214; Führungen Tel. 5925222 (Mo.-Fr. 10-19 Uhr, Sa./So. 10-18 Uhr, Okt-April So. 10-14 Uhr), Internet: www.schwerin-tourist.de, E-mail: info@schwerin-tourist.de, Stadtführung tägl. 11 Uhr ab Schwerin-Info

Unterkunft ● *Strand Hotel,* Am Strand 13, OT Zippendorf, Tel. 208380, Fax 2002202 (schöne, traditionsreiche Herberge in Uferlage mit freiem Blick auf den Schweriner See)
● *Seehotel Frankenhorst,* Frankenhorst 5, Tel. 592220, Fax 59222145 (wunderbar schön und still, allein in 14 ha großem Park am See gelegenes ehem. Domizil des DDR-

Schwerin

Ministerrats mit original erhaltener „Honeckersuite"; mit Bootsanleger, Segelschule, Boots-, Fahrradverleih)
- *Hotel Speicher am Ziegelsee,* Speicherstr. 11, Tel. 50030, Fax 5003111 (umgebauter historischer Getreidespeicher direkt am See mit herrlichem Ausblick. Mit eigenem Bootsanleger, Seeterrasse, Wellness-Bereich, Appartements)
- *Hotel Zur Guten Quelle,* Schusterstr. 12, Tel./Fax 565985 (kleines, sehr reizvolles Fachwerkhaus in der Altstadt)
- *Hospiz am Pfaffenteich,* Gaußstr. 19, Tel. 565606, Fax 569613 (kleine Herberge am Ufer des Pfaffenteichs)
- *Hotel Reichshof,* Grunthalplatz 15, Tel./Fax 565798 (3 Min. vom Zentrum am Bahnhofsvorplatz gelegen)
- *Pension Melone,* Mecklenburger Str. 29, Tel. 5507325, Fax 5574056 (familiäres Haus direkt in der Altstadt mit Café)
- *JH Schwerin,* Waldschulenweg 3, Tel. 3260006, Fax 3260303 (herrlich ruhig im Wald nahe See u. Zoo gelegen)
- *JH Flessenow,* ca. 16 km nördl. in Flessenow OT Rubow, Tel. (03866) 82400, Fax 82401 (ruhig gelegene Bungalows am Ostufer des Schweriner Sees)
- *Camping Seehof,* 19069 Seehof, Zum Zeltplatz, Tel. (0385) 512540, Fax 5814170 (ganzjährig geöffnet; 9 km bis Schwerin; moderner, ebener, baumbestandener Wiesenplatz am Westufer des Schweriner Sees)
- *Camping Süduferperle,* 19065 Raben Steinfeld, Leezener Str. 1, Tel. (03860) 312 (ganzjährig geöffnet, kleiner, einfach ausgestatteter Platz im Wald am See gelegen)
- *Seecamping,* Am Schweriner See 1a, ca. 16 km nördl. am Ostufer in Flessenow, Tel. (03866) 81491, Fax 81415 (Apr.-Okt., schöner, ebener Wiesenplatz direkt am See)
- *Camping Wasserski-Lift Zachun,* Am Badesee 1, 19230 Neu Zachun, Tel. (038859) 6010, Fax 6015 (April-Okt., kleiner Platz mit Badestrand und Wasserski-Lift)

Gastronomie
- *Weinhaus Uhle,* Schusterstr. 13, Tel. 562956 (traditionsreiches Restaurant in historischen Räumen mit gehobener Mecklenburger Küche; empfehlenswert)
- *Zur Guten Quelle,* Schusterstr. 12, Tel. 565985 (gute, deftige Mecklenburger Hausmannskost)
- *Alt Schweriner Schankstuben,* Schlachtermarkt 9, Tel. 592530 (Hotelrestaurant im Herz der Altstadt)
- *Café Prag,* Schloßstr. 17, Tel. 565909 (mit Wiener Flair)
- *Schlosscafé,* im Schloss, Tel. 5252915 (im ehem. fürstlichen Speisesaal)
- *Café Schlossgartenpavillon,* im Schlossgarten am Kreuzkanal, Tel. 565186 (schön mitten im Park gelegener Pavillon)
- *Café Antik,* Münzstr. 18, Tel. 561882 (nostalgisch niedlicher Gastraum mitten zwischen Trödel/Antiquitäten in Schelfstadt, mit Verkauf)

Museen
- *Schlossmuseum,* Lennéstr. 1 (Schloss), Tel. 565738 (15. April-15. Okt. Di.-So. 10-18 Uhr, 16. Okt.-14. April nur bis 17 Uhr)

- *Dom,* Am Dom, Tel. 565014 (April-Sept. Mo.-Sa. 11-17 Uhr, So. 12-17 Uhr, Okt.-März Mo.-Fr. 10-14 Uhr, Sa. 11-16 Uhr, So. 12-15 Uhr)
- *Staatliches Museum,* Am Alten Garten 3, Tel. 59580 (15.4.-14.10. Di. 10-20 Uhr, Mi.-So. 10-18 Uhr, sonst Di. 10-20 Uhr, Mi.-So. 10-17 Uhr)
- *Historisches Museum,* Großer Moor 38, Tel. 560971 (Di.-So. 10-18 Uhr)
- *Technisches Landesmuseum,* Werderstr. 124 (im Marstall), Tel. 512925 (April-Okt. Di.-So. 10-18 Uhr, Nov.-März Di.-Fr. 10-17 Uhr, Sa./So. 11-17 Uhr)
- *Techn. Museum Schleifmühle,* Schleifmühlenweg 1, Tel. 562751 (April-Nov. Fr.-So. 10-18 Uhr)
- *Mecklenb. Volkskundemuseum/Freilichtmuseum Schwerin-Mueß,* Alte Crivitzer Landstr. 13, Tel. 208410 (Mai-Okt. Di.-So. 10-18 Uhr, im Winter nach Voranmeldung)

Aktivitäten
- *Mecklenburger Staatstheater,* Am Alten Garten 2, Bestellservice Tel. 5300123 (Di.-Fr. 10-18 Uhr, Sa. 10-13 Uhr)
- *Weiße Flotte Schwerin,* Anlegestelle Schloss, Tel. 557770, Fax 5577711 (März-Okt.)
- *Zoo,* Waldschulenweg 1, Tel. 208030 (April-Okt. tägl. 9-18 Uhr, Nov.-März tägl. 10-16 Uhr)
- *Planetarium,* Weinbergstr. 17, Tel. 512844 (Vorführungen Mo. 14.30, Di. 9.30, Mi. 9.30, 11, 14.30, Fr. 19, Sa./So. 14.30 Uhr)
- *Naturschutzstation,* im OT Zippendorf, Am Strand 9, Tel. 2013052 (tägl. 10-12 und 14-16 Uhr)
- *Schleswig-Holstein-Haus,* Puschkinstr. 12, Tel. 555527 (Konzerte, Ausstellungen, Lesungen u. a., tägl. 10-18 Uhr)
- *Zum Speicher,* Röntgenstr. 20/22, Tel. 512105 (Kulturzentrum, Konzerte, Disco, Kunstkneipe, tägl. geöffnet)

Schweriner Dom

Schwerin, Umgebung

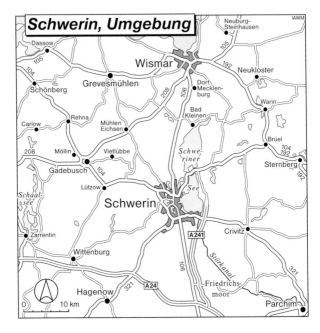

Umgebung

Raben Steinfeld Direkt an der B 321, 7 km südlich vom Zentrum, erinnert die **Gedenkstätte „Die Mutter"** an den Todesmarsch von 30.000 Häftlingen aus den KZ Sachsenhausen und Ravensbrück im April/Mai 1945. Die Gemarterten waren auf dem Weg zur Ostseeküste, wo sie auf Schiffe verladen und auf hoher See versenkt werden sollten. Am 2. Mai wurden die Häftlinge bei Raben Steinfeld von der Roten Armee befreit. Doch 10.000 von ihnen verloren bereits auf dem Marsch ihr Leben.

Wiligrad **Schloss Wiligrad,** von Herzog *Johann Albrecht I.*
11 km N 1896-98 am Westufer des Schweriner Sees im Stile der Neorenaissance erbaut, ist weitgehend unbekannt. Grund dafür ist seine Nutzung während der DDR-Zeit, in der die reizvolle, im Wald verborgene Anlage Polizeiobjekt war und

Schwerin, Umgebung

weder in Karten noch in der kunstgeschichtlichen Literatur erwähnt wurde. Zurzeit beheimatet das Schloss den Kunstverein, der neben Wechselausstellungen auch Schlossführungen anbietet. Der ungewöhnliche Name, ein ausdrücklicher Wunsch des Herzogs, ist slawischen Ursprungs und bedeutet „Große Burg". Wiligrad hieß in der Zeit, als der Stamm der Obotriten noch Herr im Lande war, deren Hauptburg, die Burg Mecklenburg. Das Schloss umgibt ein 200 ha großer Buchenwald, der zum **Waldpark** umgestaltet wurde. Im Park trifft man neben fremdländischen Gehölzen auch auf Waldhütten und Denkmale.

● **Museum:** *Schloss Wiligrad,* 19069 Lübsdorf, Tel. (03867) 8801 (Mo.-Fr. 10-16 Uhr, Sa./So. 10-17 Uhr, Führung nach tel. Anmeldung)

Dorf Mecklenburg
25 km N

Wie der Name schon andeutet, ist das Dorf die Wiege Mecklenburgs. Hier stand einst die mächtige „Mikilinborg", die **Stammburg der slawischen Fürsten** vom Stamme der Obotriten, die dem Land seinen Namen gab. Auf der Mecklenburg unterzeichnete 995 der blutjunge Sachsenkönig *Otto III.* (980-1002) jene Urkunde, die den Namen erstmals erwähnte und die Grundlage für die große 1000-Jahr-Feier Mecklenburgs im Jahr 1995 lieferte. Die geschichtsträchtige Slawenburg, deren 12 m hoher und eine Fläche (heute Friedhof) von 150x200 m umschließender Wall noch gut zu sehen ist, findet man etwa 500 m südlich der Dorfkirche.

Kommt man von Wismar her ins Dorf, erblickt man am Ortseingang links auf einem Hügel eine von mehreren Reethütten umgebene **Holländer-Windmühle,** in der ein Restaurant und Hotel untergebracht ist. Die malerische Mühle von 1849 ist die einzige vollständig mit Reet gedeckte Windmühle in Mecklenburg. Die Anlage gehört zum **Agrarmuseum,** das man im Rambower Weg findet. Das Museum zeigt nebst landwirtschaftlichen Maschinen und Gerätschaften auch ein Modell der Mecklenburg.

Schwerin, Umgebung

Windmühle mit Restaurant

- **Unterkunft/Gastronomie:** *Mecklenburger Mühle,* in der Holländer-Mühle, Tel. (03841) 3980, Fax 398198
- **Museum:** *Kreisagrarmuseum,* Rambower Weg, Tel. (03841) 790020 (Apr.-Okt. tägl. 10-16 Uhr, Nov.-März Mo.-Fr. 10-16.00 Uhr)

Grevesmühlen/ Eversdorfer Forst
31 km N

Die Stadt Grevesmühlen ist nicht unbedingt eine Reise wert. Erwähnenswert ist hier nur die **Malzfabrik,** ein technisches Denkmal von 1873, das heute eine Einkaufspassage beherbergt. Das **älteste Haus** der Stadt stammt von 1660 und ist am Markt zu finden.

Bei Grevesmühlen liegt im Wald versteckt jedoch eine besondere Sehenswürdigkeit: die **steinzeitlichen Großsteingräber** im Eversdorfer Forst. Direkt an der B 105 (Richtung Wismar) ist ein Parkplatz eingerichtet, von dem man die bedeutenden urgeschichtlichen Friedhöfe erkunden kann. Eine Hinweistafel am Parkplatz weist den Weg. Es gibt zwei Gräberfelder: Die **Südgruppe** liegt unmittelbar jenseits des Parkplatzes verstreut im Wald. Zu ihr gehört u. a. das eindrucksvollste Ganggrab Mecklenburgs, ein von 50 gewaltigen Blöcken gefasstes, 40 m langes Hünenbett. Die **Nordgruppe** umfasst acht Großsteingräber und liegt nördlich vom Parkplatz an der reizvollen Waldstraße nach Hamberge.

Fährt man das malerische Sträßlein ein Stück weiter, erblickt man am Straßenrand den **Eversdorfer Sühnestein.** Die Mordwange markiert die Stelle, an der am 22. Juni 1391 der Wismarer Kaufmann *Lüdeke Mozellenbuch* erschlagen wurde.

Bei Hamberge ragt der mit 100 m für Mecklenburger Verhältnisse fast schon alpin anmutende **Iserberg** auf, dessen Besteigung mit einem Panoramablick weit übers Land bis zur Ostsee belohnt wird.

●**Info:** *Stadt-Information,* Rathausplatz 1, 23936 Grevesmühlen, Tel. (03881) 723222, Fax 723111, Internet: www.grevesmuehlen.de, E-mail: stadt.grevesmuehlen@t-online.de (Mai-Sept. Mo.-Fr. 7-18 Uhr, Sa. 10-12 Uhr, Okt.-April Mo.-Fr. 7-16 Uhr)
●**Museum:** *Städtisches Museum,* Große Seestr. 1, Tel. 711284 (Stadtgeschichte, ständige Ausstellung zur „Cap Arkona")

Lützow
14 km W

Kurz vor Lützow steht an der Straße ein **Obelisk,** der die Todesstelle des Schriftstellers *Theodor Körner* (1791-1813) markiert. *Körner* schloss sich in den Freiheitskriegen gegen die napoleonische Besatzung dem Lützowschen Freiheitskorps an und fiel hier am 26. 8. 1813 als 21-jähriger. Der eigentliche Gedenkstein für den patriotischen Geist, das **Theodor-Körner-Denkmal,** findet man in den Rosenower Fichten (kurz nach dem Obelisk rechts in den Waldweg hinein). Seine Grabstätte, die „Leyer und Schwert" zieren (so der Titel seiner posthum erschienenen Kriegs- und Freiheitslieder), liegt unter einer mächtigen Eiche nahe der Kirche von Wöbbelin bei Ludwigslust. In Wöbbelin informiert das Theodor-Körner-Museum über den Patrioten.

●**Museum:** *Th.-Körner-Museum,* Wöbbelin, Ludwigsluster Str. 2b, Tel. (038753) 80792 (April-Okt. Mi.-So. 10-16 Uhr, Nov.-März Mi.-Fr. 10-16 Uhr, So. 13-16 Uhr)

Gadebusch
24 km NW

Die kleine, nur 6.600 Einwohner zählende Stadt Gadebusch ist eine der ältesten Ortschaften Mecklenburgs. 1154 wird erstmals eine Slawenburg namens „Godebuz" erwähnt, die 1181 nach dem Sieg von *Heinrich dem Löwen* über den Slawenfürsten *Borwin I.* in deutsche Hände fällt. 1225 bekommt der Ort, der günstig am Schnittpunkt mehrerer wichtiger Handelsrouten wie der

Die Slawen in Mecklenburg-Vorpommern

Herkunft und Siedlungsgebiete

„Es wohnen Slawenstämme in langem Bogen nach Süden zu zwischen Elbe und Oder. Hinter dem ruhigen Laufe der Oder tritt uns nach den verschiedenen Stämmen der Pommern vom Westufer an das Gebiet der Wenden entgegen, soweit sie Tollenser und Redarier genannt werden. Ihre bekannteste Hauptburg ist Rethra, ein Sitz der Abgötterei. Ein großes Heiligtum ist dort den Götzen errichtet, deren Vornehmster Redegast heißt. Von da an kommt man zu den Zirzipanen und Kessinern, welche der Fluß Peene und die Burg Demmin von Tollensern und Redariern scheiden. Diese vier Stämme werden wegen ihrer Tapferkeit Wilzen oder Lutizen genannt. Hinter ihnen wohnen die Liguonen und Warnaven, welchen die Obotriten folgen, deren Hauptort Mecklenburg heißt. Die Insel gegenüber den Wilzen bewohnen die Ranen oder Rugianen, ein sehr tapferer Slawenstamm." So der Missionar *Helmhold von Bosau* in seiner berühmten Slawenchronik.

Mehr als 1.000 Jahre lang war die Elbe-Oder-Region die Heimat germanischer Stämme. Als die Germanenstämme um die Mitte des 5. Jh. im großen Zug der Völkerwanderung ihre Siedlungsgebiete verließen, drangen slawische Stämme in das verödete Land vor. Auf dem Territorium des heutigen Mecklenburg-Vorpommern siedelten zwei große Stammesverbände. Die Wilzen, auch Lutizen genannt, herrschten in Ostmecklenburg, Mittelpommern und im mittleren Odergebiet, die Obotriten bewohnten die westmecklenburgischen Gebiete an der Wismarer und Lübecker Bucht. Ein dritter kleinerer Stammesverband waren die Ranen, die die große Ostseeinsel Rügen und das angrenzende Festland bewohnten. Richtung Westen drangen die Slawen nicht über die mittlere und untere Elbe vor. Einzige Ausnahme war die Gegend von Lüchow in Niedersachsen, das bis heute „Wendland" genannt wird.

Religion und Kult

Alles, was über die Gesellschaftsordnung, Kultur und Religion der Slawen bekannt ist, stammt aus der Feder der frühen christlichen Chronisten. Schriftliche slawische Zeugnisse sind nicht überliefert.

Bei allen Stämmen spielte die Personifizierung der Sonne eine wichtige Rolle. Neben dem jeweiligen Hauptgott gab es eine Fülle weiterer Götter und Göttinnen. Den Göttern wurden hölzerne Tempel errichtet, in deren Halle vielköpfige Götterstatuen standen. Tempelkulte waren denn auch das bestimmende religiöse Element der Wenden. Die Tempelkulte wurden von allen Chronisten ausführlich geschildert. „Jedes Gau dieses Landes hat seinen Tempel und sein besonderes, von den Ungläubigen verehrtes Götzenbild. Für die sorgfältige Wartung dieses Heiligtums haben die Eingeborenen besondere Priester eingesetzt. Wenn man sich dort zum Opfer für die Götzen versammelt, dürfen sie sitzen, während alle anderen stehen; geheimnisvoll murmeln sie zusammen, während sie zitternd die Erde aufgraben, um dort durch Loswurf Gewißheit über fragliche Dinge zu erlangen", beschreibt *Thietmar von Merseburg* die Tempelriten.

Auch der Däne *Saxo Grammaticus* schildert die Zeremonien: „Der Priester, der entgegen der allgemeinen Sitte durch seine Bart- und Haarlänge auffiel, pflegte am Tage zuvor das Heiligtum, das allein er betreten durfte, sorgfältig zu reinigen. Am folgenden Tag besah er sorgfältig den Becher, den er dem Götzen abgenommen hatte; war die Flüssigkeit vermindert, so sah er daraus einen Mangel für das folgende Jahr. War nichts von der gewohnten Menge verschwunden, weissagte er, daß Zeiten der Fülle der Äcker kommen würden. Es wurde auch ein aus Honig zubereiteter Kuchen, fast so hoch wie ein Mensch, als Opfer dargebracht. Sobald dies geschehen war, verbrachten sie den Rest des Tages mit Gelagen und verwendeten den Reste des Opfers zum Gastmahl. Bei diesem Mahle galt es als fromm, die Nüchternheit zu meiden; sie zu wahren galt als Frevel".

Staat Während der Staat des mächtigen Stammesverbandes der Obotriten von einer Häuptlingsdynastie geführt wurde, die auch nach der deutschen Eroberung und erfolgreicher Missionierung Fortbestand hatte, hatten die im Lutizenbund zusammengeschlossenen Stämme keinen einzelnen Herrscher. Es war ein vom Volk getragener, freiwilliger Bund mit demokratischer Struktur ohne Staatscharakter. Entscheidungen fällte die Bundesversammlung, zu der jeder Stamm Vertreter entsandte. *Thietmar von Merseburg* schreibt darüber: „Nicht steht über allen, die zusammen Lutizen heißen, ein besonderer Herrscher. Wenn sie in ihrer Volksversammlung Fragen erörtern, müssen alle einmütig der Ausführung des Unternehmens zustimmen".

Die Obotritenfürsten hatten ihren Sitz in mächtigen Burganlagen, von denen aus sie ihre Untertanen feudalistisch regierten. Zentrale Königsburg war jene „Mikelenborg" beim Dorf Mecklenburg, die für den Landesnamen Pate stand. Da die Bauern ihren Fürsten Frondienst zu leisten hatten und diese als Vasallen der deutschen Krone die Christianisierung ihres Volkes tatkräftig vorantrieben,

Die Slawen in Mecklenburg-Vorpommern

gerieten sie mit ihrer Bevölkerung in Konflikt, der schließlich 1066 in einem Aufstand gipfelte, in dessen Folge der Obotritenstaat zusammenbrach.

Unterwerfung und Untergang

Die Grenze des südlichen slawischen Siedlungsgebietes bildete die Saale, die Nordseite des Erzgebirges, die Obere Spree und der Elbeoberlauf. Im Norden war im wesentlichen der Verlauf der Elbe die Völkerscheide. Eine weitere Expansion nach Westen verhinderten Thüringer und Sachsen, an deren Gebiet sich südlich der Machtbereich der Franken anschloss.

Nachdem die kriegerischen Sachsen ihr Gebiet nach Westen und Süden ausdehnen wollten und dabei immer wieder tief ins Frankenreich einfielen, unternahmen die Franken massive Gegenoffensiven, um die Sachsengefahr zu bannen. Dabei versuchten sie, Bündnisse mit den Slawen zu schließen, um die Sachsen im Zangenangriff auch von Osten her unter Druck zu setzen. Nach jahrzehntelangen Kämpfen gelang es schließlich *Karl dem Großen* zu Beginn des 9. Jh., die Sachsen endgültig zu unterwerfen.

Die Obotriten, die mit den benachbarten Wilzen in dauerndem Händel lagen, suchten die Hilfe der mächtigen Franken. So marschierten neben Friesen und Sachsen auch Obotriten mit im Heerwurm, mit dem *Karl der Große* 789 erstmals die Elbe überschritt und ins Wilzenland einfiel. Angriff und Gegenangriff, Landnahmen und Landverluste bestimmten das 10. und 11. Jh.

Erfolgreichster Versuch seitens der Slawen, die Eindringlinge aus dem Lande zu jagen, war der Lutizenaufstand von 983. Schon 955 hatten die Obotriten unter ihrem Fürst *Nakon* versucht, die Christen loszuwerden, erlitten jedoch bei Raxa (Recknitz) eine vernichtende Niederlage. Der Lutizenbund operierte erfolgreicher. Völlig überraschend griff er am 29. 6. 983 die Bischofsburg Havelberg an und eroberte sie. Schnell drangen sie vor, überschritten gar die Elbe und konnten nur mit Mühe vor den Toren des Erzbischofsitzes Magdeburg von sächsischen Heeren gestoppt werden.

Schließlich erreichte *Heinrich I.*, dass die Slawen die Überlegenheit des Frankenreiches anerkannten und Tribut entrichteten, ihre Selbstständigkeit verloren sie aber vorerst nicht.

Die eigentliche Unterwerfung der slawischen Völker zwischen Elbe und Oder begann ab Mitte des 12. Jh. Als 1146 der zweite große Kreuzzug ins Heilige Land vorbereitet wurde, *Konrad III.* und der deutsche Adel jedoch

Doppelköpfiger Slawengott

wenig Begeisterung zeigten mitzumachen, verfiel der *Heilige Bernhard* auf eine trickreiche Idee: Um die nur sehr unbefriedigend verlaufende Missionierung der Heiden östlich der Elbe endlich voranzubringen, versprach er auf einer Predigt in Köln, dass eine Teilnahme an einem Kreuzzug gegen die Slawen den gleichen Wert habe wie eine bewaffnete Pilgerfahrt nach Palästina.

So formierten sich 1149 zwei gewaltige Heere. 60.000 Mann sammelten sich unter *Albrecht dem Bären* bei Magdeburg, 40.000 Gotteskrieger vereinten sich unter *Heinrich dem Löwen* am Unterlauf der Elbe. Als erstes unter-

Die Slawen in Mecklenburg-Vorpommern

warf sich der Obotritenfürst *Niklot* und ließ sich taufen. Auch das Land der Lutizen konnten die Christenheere erobern und verwüsten. Rügen, das Reich der Ranen, die am längsten Widerstand leisten konnten, wurde von den Dänen unter Führung ihres Königs *Waldemar I.* angegriffen und fiel 1168.

Im Gefolge der Slawenfeldzüge kamen immer mehr deutsche, aber auch holländische und flämische Bauern und Handwerker in die eroberten Regionen. „Die Heiden sind schlimm, aber ihr Land ist reich. Darum o ihr Sachsen, Franken, Lothringer und Flamen, ihr berühmten Männer und Bezwinger der Welt, hier könnt ihr eure Seelen retten und das beste Land zum Bewohnen gewinnen." So oder ähnlich lauteten die Aufrufe, mit denen die Bischöfe im eroberten Land versuchten, ihre neuen Bistümer mit Rechtgläubigen zu besiedeln.

Die massive Einwanderungswelle dauerte vom Anfang des 12. Jh. bis in die letzten Dekaden des 13. Jh. Versprochen wurde jedem „ das schönste, geräumigste, fruchtbarste, an Fisch und Fleisch überreiche Land nebst günstigen Weidegründen", wie *Helmhold von Bosau* berichtet. Schätzungen gehen davon aus, dass in der Zeit der großen Einwanderungswellen im 12. und 13. Jh. sich etwa 400.000 deutsche Erstzuwanderer im Osten niederließen.

Die Slawenstämme konnten diesem Ansturm nicht standhalten. „Das Volk, das Du vor Dir siehst, ist Dein Volk. Bei Dir wird es denn stehen, mit uns Mitleid zu haben" klagte der Slawenfürst *Pribislaw* das Schicksal seines Volkes dem Bischof *Helmhold* gegenüber an. „Unsere deutschen Herren gehen mit solcher Strenge gegen uns vor, daß uns vor Steuern und härtester Knechtschaft der Tod besser als das Leben scheint. Hätten wir noch einen Ort, zu dem wir flüchten könnten. Doch gehen wir über die Trave, so herrscht dort das gleiche Elend und kommen wir an die Peene, so steht es da ebenso. Was bleibt uns also, als daß wir unser Land verlassen, aufs Meer fahren und in den Wogen wohnen?"

Aus dem bunten Bevölkerungsgemisch formten sich vier neue „Stämme": Aus Niederdeutschen, Flamen, Lutizen und Hevellern wurden die Brandenburger, aus Sachsen, Franken, Thüringern und Sorben die heutigen Sachsen. Niederdeutsche, Flamen und Obotriten verschmolzen zu den Mecklenburgern, Niederdeutsche, Ranen und Lutizen zu den Pommern.

Schloss Gadebusch

Salzstraße von Wismar nach Lübeck liegt, das lübische Stadtrecht verliehen. Mehrfach nutzen Nebenlinien des mecklenburgischen Herzoghauses die Stadt als Residenz. 1712 findet eine der blutigsten Schlachten des Nordischen Krieges bei Gadebusch statt.

Seiner Nutzung als Residenzstadt verdankt Gadebusch seine wichtigste Sehenswürdigkeit, das **Schloss.** Der auf dem künstlich aufgeschütteten Burgberg thronende Renaissancebau (1570-73) ist besonders wegen seiner schönen Terrakottafriese einen Besuch wert. Wie der Fürstenhof in Wismar und der alte Teil des Schweriner Schlosses ist das Gadebuscher Schloss ein hervorragendes Beispiel des nach seinem Auftraggeber benannten „Johann-Albrecht-Stils". Die in der Werkstatt des Lübecker Meisters *Statius von Düren* gefertigten tönernen Reliefkacheln, die die Fassade gliedern, zeigen szenische Darstellungen, Wappen und Fürstenportraits. In einem kleinen Wirtschaftsgebäude des Schlosses hat das **Heimatmuseum** seinen Sitz gefunden, in dem man u. a. genaueres über die Ur- und Frühgeschichte, die Baudenkmäler der Stadt, die größte Schlacht, die im Nordischen Krieg auf deutschem Boden 1712 bei Gadebusch/Wakenstädt stattfand, und die antinapoleonischen Freiheitskriege erfährt.

In der Ortsmitte bilden das Rathaus und die Kirche ein malerisches Ensemble. Das um 1340 errichtete **Rathaus** schmückt sich mit einer

Schwerin, Umgebung

Rathaus mit Kirche

Renaissancefassade und einem Laubengang, die 1618 angefügt wurden. An seiner Rückseite schließen sich die ältesten Häuser der Stadt wie das 1580 entstandene Ratsdienerhaus an. Das älteste Gebäude von Gadebusch ist die **Stadtkirche** (Di.-Fr. 10-12.30, Sa. 16-18 Uhr). Die als erste Hallenkirche zwischen Elbe und Oder 1210-1230 errichtete Kirche besitzt wertvolle Ausstattungsstücke wie Wandmalereien aus dem 13. Jh., ein Taufbecken von 1450 oder die Triumphkreuzgruppe vom Ende des 15. Jh. Auch der spätgotische Schnitzaltar und die Grabsteine und Epitaphe verdienen Beachtung.

●*Info: Stadt-Information*, Lübsche Str. 5, 19202 Gadebusch, Tel. (03886) 2976 (Mo./Mi. 13-17, Di./Do. 9-12 u. 13-18 Uhr)
●*Unterkunft: Hotel Altes Backhaus*, Lübsche Str. 8, Tel. 3432 (Mecklenburgische Spezialitäten in hist. Backstube, Biergarten); *Hotel Christinenhof*, im OT Güstow, Dorfstr. 3, Tel. 712724, Fax 712715
●*Museum: Heimatmuseum*, auf dem Schloßberg, Tel. 712032 (Di.-So. 14-16 Uhr)

Möllin
2 km W

„Kiek in, mien Fründ, dat soll dien Schad nich sien" wirbt der **Denkmalhof Rauchhaus** im zu Gadebusch gehörenden Dorf Möllin. Der 1788 errichtete und bis 1981 bewohnte, schornsteinlose Bauernhof ist nun ein sehr gastlicher Denkmalhof. Wie in alten Zeiten werden hier Wurst und Schinken geräuchert und in historischem Ambiente im hauseigenen Restaurant und Café serviert. Gaumenfreuden wie „Mölliner Zimt" oder selbstgebackener „Pottkauken" erwarten den Genießer ebenso wie „Rauchhausschweinchen", eine Mettwurstart nach Hausrezept. Ein separates Backhaus, ein Bauerngarten und um den Weiher grasende Schafe verleihen der musealen Anlage ein lebendiges Flair. Also kiek in, mien Fründ, es lohnt sich. Gruppen bitte vorher anmelden.

- **Gastronomie:** *Rauchhaus Möllin,* Dorfstr. 12, Tel. (03886) 711196, Fax 40081 (Di.-So. 11-22 Uhr)

Vietlübbe 6 km östlich von Gadebusch erwartet den kunsthistorisch Interessierten die **älteste Dorfkirche Mecklenburgs.** Der reizvolle Backsteinbau, dessen Grundriss ein griechisches Kreuz zeichnet, entstand bereits zu Beginn des 13. Jahrhunderts und wird der Ratzeburger Dombauhütte zugeschrieben.

Zarrentin Gerade 2.500 Einwohner zählt die Stadt, der
35 km SW man noch deutlich ansieht, dass sie jahrzehntelang im Sperrgebiet der Mauer lag. Der Name (früher Zarnethin geschrieben) des um 1100 vom Slawenstamm der Polzen gegründeten, beschaulichen „Dorfs" am Schaalsee bedeutet soviel wie „Ort des Bösen/Schwarzen". Nach der Christianisierung gehörte der Ort erst zur Grafschaft Ratzeburg und ab 1227 zur Grafschaft Schwerin. Bestimmend für die Entwicklung war jedoch nicht die weltliche Macht, sondern das 1246 durch eine Schenkung der Gräfin *Audacia von Schwerin* gegründete Zisterzienser-Nonnenkloster. Durch einen 1255 ergangenen Schutzbrief von Papst *Alexander IV.* vor weltlichen Begehrlichkeiten bewahrt, verlor das Kloster erst 1552 seine Bedeutung, als Herzog *Johann Albrecht I.* nach Einführung der Reformation das Klosterwesen aufhob.

Von dem überaus reizvoll auf dem höchsten Hügel am Ufer des Schaalsees gelegenen **Kloster Zarrentin** zeugt noch die **Klosterkirche,** deren schindelverkleideter Turm auf einem wuchtigen

Feldsteinunterbau ruht. Neben Ausstattungsstücken wie Wandmalereien aus dem 14. Jh. und der aus dem 16. Jh. stammenden Kanzel (die Kanzel stand bis 1691 in der Lübecker Marienkirche) fanden wir die Beschriftung der Bankreihen besonders interessant. Bauhistorisch weniger bedeutend, zeugt die Sitzverteilung von der sozialen Rangordnung der Kirchengemeinde, zu der auch die umliegenden Dörfchen gehören. Einen Platz in der zweiten Reihe hat beispielsweise die Berufsgruppe der Lehrer eingenommen. Vom Klosterkomplex hat sich neben der Kirche nur noch das **Konventsgebäude** unmittelbar neben dem Gotteshaus erhalten.

Der Besuch des Klosters lohnt auch wegen der herrlichen Aussicht, die man von hier aus über den Schaalsee hat. Malerische Bootshäuser zieren die schilfigen Ufer und ein Strandbad lädt zum Sprung ins kühle Nass ein. Der Schaalsee, den einst die innerdeutsche Grenze in der Mitte teilte, ist Teil des ökologisch besonders wertvollen **Biosphärenreservats Schaalsee,** der zu Exkursionen durch seine unberührte Natur einlädt.

●**Info:** *Amt Zarrentin*, Amtsstr. 4-5, 19246 Zarrentin, Tel. (038851) 83863, Fax 25488 (Di. 9-12 u. 13-18 Uhr, Do. 9-12 Uhr, Fr. 9-11 Uhr), Internet: www.zarrentin.de, E-mail: amt_zarrentin@t-online.de
●**Unterkunft:** *Pension Wohler,* Hauptstr. 13, Tel. 8580, Fax 85819 (Pension mit Café 50 m vom Schaalsee, eigener Bootssteg); *Waldhotel,* Waldstraße 1, in Schattin, Tel. (038821) 31515, Fax 60810 (Optisch unschöne ehem.

Bootshaus am Schaalsee

Grenzkaserne im NSG „Schaalsee-Wakenitzniederung", aber preiswert und idyllisch ruhig in der Natur gelegen)
- *Gastronomie:* Restaurant „Vier Linden", Amtsstr. 8, Tel. 25769 (Mecklenburgische Küche und Fisch aus dem Schaalsee)
- *Museen:* Wassermühle Dodow, ca. 14 km südöstl. in Dodow nahe A 24, Dorfstr. 50, Tel. (038852) 52499 (voll funktionsfähige hist. Wassermühle mit Postkutschenstation, Besichtigung jeden 1. So. im Monat ab 14 Uhr)

Sternberg

Die kleine Kreisstadt Sternberg liegt inmitten der ungemein reizvollen **Sternberger Seenplatte.** Geprägt von annähernd 90 großen und kleinen Seen und sanften Moränenhügeln, wogenden Feldern und schattigen Wäldern, ist sie Natur- und Wanderfreunden als eines der schönsten Wandergebiete in Mecklenburg bekannt.

Die Anmut der Landschaft scheint auch schon auf ihre steinzeitlichen Bewohner anziehend gewirkt zu haben. Großsteingräber zeugen von den frühen Bewohnern. Auch der Eroberer des „Heidenlands", *Heinrich II.,* der Löwe, erlag seinen Reizen und erkor Sternberg zu seiner Lieblingsresidenz. Und die ersten Mecklenburger Landtage tagten hier einst am Ufer der Warnow in freier Natur unter freiem Himmel, bevor sie ins nahe Sternberg umzogen.

So reizvoll wie die Landschaft ist auch das Städtchen Sternberg selbst. Weithin sichtbar hockt wie eine brütende Henne die massige, rotbraun leuchtende Stadtkirche auf dem höchsten Punkt des Hügels, den Luckower und Sternberger See umschließen. Enge Gässchen und romantische Winkel durchziehen den **mittelalterlichen Stadtkern,** der sich um den Hügel schmiegt.

Vom Kirchturm aus reicht der Blick in alle Himmelsrichtungen weit über die kuppige Wald- und Wasserlandschaft, in die vielerlei Ausflugs- und Wanderziele eingebettet liegen. Kleine mittelalterliche Flecken wie **Warin** oder **Crivitz,** das **Hirschmausoleum** und das **Jagdschloss Friedrichswalde** am Groß Labenzer See oder die

Biosphären-Reservat Schaalsee

Biosphären-Reservat Schaalsee

Der Biospähren-Reservat Schaalsee umfasst eine Fläche von 162 qkm, die sich im ehemaligen militärischen Sperrbereich zwischen Zarrentin und Groß Grönau erstreckt. Sein Naturraum gehört zum westmecklenburgischen Seen- und Hügelland, das sich auf schleswig-holsteinischer Seite im Naturpark Lauenburgische Seen fortsetzt. Die unmittelbare **Nachbarschaft der beiden Naturparke** bietet eine gute Gelegenheit, die unterschiedliche Entwicklung zu beobachten. Während das östliche Schutzgebiet still und von touristischen Einrichtungen weitgehend noch unberührt ist, haben die Freizeitplaner den Westteil längst seiner natürlichen Unschuld beraubt.

Kernstück des Naturparks ist der Schaalsee, mit 72 m der tiefste Klarwassersee in der Norddeutschen Tiefebene. Weitere 11 Rinnen- und Grundmoränenseen sowie zahlreiche Moore, Sümpfe, Feuchtwiesen, Erlenbrüche, Inseln, verschilfte Flachwasserbuchten und kleine Fließgewässer machen den Naturpark zu einem in unserem Land sehr selten gewordenen intakten und wertvollen **Feuchtbiotop.** Neben **seltenen Tierarten** wie Seeadler, Eisvogel und Fischotter sind besonders die drei Kormorankolonien hervorzuheben, die zusammen etwa 150 Brutpaare umfassen. Zu den 11 vertretenen Amphibienarten zählen Raritäten wie der Moorfrosch oder die Rotbauchunke. Ringelnatter und Kreuzotter sind hier ebenso noch anzutreffen wie die Mooreidechse und Sumpfschildkröte. Unter den 31 Fischarten, die die Fließ- und Stillgewässer bevölkern, sind die stark gefährdeten Arten Stint, Kleine Maräne und Hasel noch zu finden. Nur hier ist die Große Maräne, ein kälteliebender, lachsartiger Fisch anzutreffen, der auch im Zarrentiner Wappen abgebildet ist. Wollgräser, Sonnentau und

Klosterkirche von Tempzin sind von Menschenhand geschaffene Sehenswürdigkeiten. Von der Natur inszeniert ist das wilde **Warnowtal** bei Groß Görnow, Mecklenburgs größtes Durchbruchstal.

Die herausragende Attraktion der Sternberger Seenlandschaft ist jedoch das archäologische Freilichtmuseum, der **Tempelort** bei Groß Raden. Hier wurde eine slawische Siedlung samt Wallburg originalgetreu rekonstruiert. Lebendige Geschichte aus der Slawenzeit des 9. und 10. Jh., einzigartig in Deutschlands Osten.

Karte Seite 127 **Biosphären-Reservat Schaalsee**

Orchideen sind nur ein paar der botanischen Seltenheiten des Naturparks. Zu den Besonderheiten des Naturparks zählt neben den Feuchtgebieten auch die *Trockenrasen- und Heckenlandschaft* der Moränenhügel, die noch Rebhuhn und Neuntöter bevölkern.

Durch das Naturparadies führen ausgewiesene **Wanderwege.** Am Boissower-Neuenkirchner See erklärt ein Naturlehrpfad die Besonderheiten des Naturparks und die Schönheiten am Wegesrand. Am Ortseingang von Zarrentin steht das auf 42 Pfählen ruhende so genannte „Pahlhuus". Im Pahlhuus erwartet Sie neben einer Ausstellung über das Schutzgebiet ein multimediales Informationssystem mit der Multivisionsshow „Timpe Te". Das *Grenzhuus* in Schlagsdorf sammelt und bewahrt Gegenstände aus dem Alltagsleben an der innerdeutschen Grenze. Hinter der Präsentation in Dioramen, Filmen und Exponaten steht das Anliegen, Grenzen ins Bewusstsein zu rücken.

- **Info:** *Biosphären-Reservat Schaalsee,* im Pahlhuus, Wittenburger Chaussee 13, 19246 Zarrentin, Tel. (038851) 3020, Fax 30220, Internet: www.schaalsee.de, E-mail: info.br@schaalsee.de (März-Nov. Mo.-Fr. 9-17 Uhr, Sa./So. 10-18 Uhr, sonst tägl. 10-16 Uhr); *Grenzhuus,* Neubauernweg, in Schlagsdorf, Tel. (038875) 20326, Fax 20735 (April-Okt.Di.-So. 10-16.30 Uhr, Nov.-März Di.-So. 10-16 Uhr)
- **Unterkunft:** *Pension Alte Schmiede,* Dorfstraße 59, in Lassahn, Tel. (038858) 21243
- **Gastronomie:** *Schimmelhof,* Schimmelhof 2, in Valluhn-Ausbau bei Zarrentin, Tel. (038851) 25234 (Bioland-Ökohof mit einlandendem rustikalem Café, in dem Mecklenburgische Küche aus Produkten aus eigener Herstellung serviert wird, mit Hofladen)

Geschichte

Gegründet wird Sternberg 1248 vom christlich bekehrten Fürst *Pribislaw I.,* dem Urenkel des letzten Slawenfürsten *Niklot.* 1261 wird die Stadt in das Fürstentum Mecklenburg eingegliedert und **Residenzstadt** der Landesherren. Zwischen 1309 und 1329 fällt die Blütezeit Sternbergs, ausgelöst durch *Heinrich II.,* der in dieser Zeit im Fürstenhof residiert.

Seine wahre Blüte hat jedoch durch ein blutiges Ereignis, die so genannte **Hostienschändung** im Jahre 1492, ausgelöst. Folterprotokolle berichten, dass der Jude *Eleasar* mit Nadeln in die geweihten Hostien gestochen habe, die er vom Messpriester erhalten habe. Solcherart von frevel-

Sternberg

hafter Hand geschändet, begannen die Oblaten zu bluten. Bei dem Versuch, den Frevel zu verbergen und die Hostien im See zu versenken, sei die Frau des *Eleasar* mit beiden Füßen in einen Stein eingesunken. Das „Beweisstück" mit Schuhgröße 49 (!) ist in die Wand der Blutskapelle eingemauert und dortselbst zu besichtigen. Um die gotteslästerliche Tat zu sühnen, werden am 24. 10. 1492 alle 27 jüdischen Bürger Sternbergs auf dem Scheiterhaufen verbrannt und alle Mecklenburger Juden aus dem Land gejagt. Das Bistum erkennt sofort den Marktwert der Oblatensensation und verbreitet die Kunde vom „Heiligen Blut von Sternberg". Aus ganz Europa eilen Pilger herbei, um die ausgestellten Hostien zu sehen und füllen die Kassen der Stadt. So wird Sternberg durch das Pogrom zum **Wallfahrtsort**.

1549 wird beim letzten Mecklenburger Landtag an der Sagsdorfer Brücke nahe der Stadt die Einführung der Reformation verkündet. Ab 1572 bis 1918 versammelt sich der **Landtag**, im jährlichen Wechsel mit Malchin, regelmäßig in Sternberg.

Sehenswert

Von dem großen Parkplatz an der B 104 am Fuße des Stadthügels führt die Luckower Straße hinauf zur historischen Altstadt. Im Zentrum, am **Marktplatz,** steht das im 19. Jh. im neugotischen Tudorstil umgebaute **Rathaus,** in dem einst der Mecklenburger Landtag zusammentrat.

Neben ihm erhebt sich die **Stadtkirche,** von deren Turm sich eine herrliche Aussicht über die Stadt und ihre Umgebung eröffnet (beim Pfarrhaus gegenüber klingeln). Die Turmbesteigung ermöglicht darüber hinaus demjenigen, der schon immer einmal das heimliche Innenleben einer Turmuhr studieren wollte, tiefen Einblick in das über 100-jährige komplizierte Räderwerk des Zeitmessinstruments. Die dreischiffige, von Kreuzrippengewölben überspannte Hallenkirche aus dem 13. Jh. schmücken Darstellungen, die aus der Sternberger Geschichte erzählen. Ein großes Wandbild stellt den „ständischen Landtag an der Sagsdorfer Brücke" dar, auf dem am 20. Juni 1519 die Reformation verkündet wurde. An der Südseite der Kirche wurde 1496 die **Heilige-Bluts-Kapelle** angefügt, in der einst die geschändeten Bluthostien ausgestellt waren. An

Sternberg

Turm der
Stadtkirche

die Judenverbrennung erinnert eine geschnitzte Relieftafel von 1492.

Gleich neben der Stadtkirche liegt das **Heimatmuseum,** das genauere Informationen zur Hostienschändung und zu den Landtagen bietet. Hier erfährt man auch, dass der Erfinder des Echolots, *Alfred Behm,* und der Erbauer des ersten eisernen Raddampfers, *Albrecht Tischbein,* Söhne Sternbergs sind. *Behms* Geburtshaus findet man in der Kütiner Straße. Zu den Besonderheiten des Museums zählen die berühmten sogenannten „Sternberger Kuchen", aus Krebs-, Korallen- und Fischskeletten, Muschel- und Schneckenschalen zusammengebackene Steinkonglomerate.

Sternberg

Von der Kirche führt die Mühlenstraße, eine malerische Gasse, hinab zum Wietingsbach. Auf steilen Treppen durchschreitet man das alte **Mühlentor,** an dem sich Reste der Stadtmauer erhalten haben. Nach dem Museumsbesuch sollte man noch durch die Straßen des historischen Zentrums bummeln und die schönen Fachwerkhäuser anschauen. Eine Besonderheit ihrer Fassadengestaltung ist das sogenannte „Sternberger Band", ein reich geschmücktes Zierbrett zwischen Erdgeschoss und 1. Stock.

Info
- *Fremdenverkehrsamt,* Luckower Str. 3, 19406 Sternberg, Tel./Fax (03847) 451012, Internet: www.sternberg.m-vp.de, E-mail: sternberg@m-vp.de (Mai-Aug. Mo.-Fr. 8-18 Uhr, Sa. 9-12 Uhr, Sept.-April Mo./Mi./Do. 7-16 Uhr, Di. 7-18 Uhr, Fr. 7-12 Uhr)

Unterkunft
- *Schloss Kaarz,* in Kaarz, Obere Dorfstr. 6, Tel. (038483) 3080, Fax 30840 (Landschloss-Hotel in herrlicher Alleinlage mitten in 10 ha großer alter Parkanlage mit Weiher; idyllische Kaffeeterrasse, Tennisplatz, Aussichtsturm)
- *Seehotel,* J.-Dörwaldallee 6, Tel. 3500, Fax 350166 (Neubau direkt am Sternberger See, mit Pool, Sauna, Boots- und Fahrradverleih)
- *Heidberghotel,* Güstrower Chaussee 65, Tel. 43110, Fax 431111
- *Hotel Zum Steigbügel,* ca. 3 km in Sternberger Burg, Dorfstr. 3, Tel. 311071 (preiswert, in reizvoller Umgebung an der Mildenitz, Reiten, Tennisplatz, Kanu-, Fahrradverleih)
- *Ferienhof Hildebrand,* Dorfstr. 34, in Pastin, Tel. (03847) 2802, Fax 311587 (FeWo in großem, prächtigen Fachwerkhof in stiller Lage, mit Reitmöglichkeit, -halle, Sauna)
- *Camping Sternberger Seenlandschaft,* Maikamp 11, Tel. 2534, Fax 5376 (ganzjährig geöffnet, ruhiger, waldumrahmter Platz auf Halbinsel direkt am See)
- *Camping Klein Pritz,* ca. 10 km in Klein Pritz, Kastanienallee 1, Tel./Fax (038485) 25296 (ganzjährig geöffnet, ebener Wiesenplatz direkt am Ostufer Klein Pritzer See)
- *Camping Friesenhof Kukuk,* in Kukuk, Seestr. 6, Tel. 20495, Fax 20432 (ganzjährig geöffnet, liegt an See und Wald)

Gastronomie
- *Alte Mühle,* Mühlenstr. 14, Tel. 2541 (Erlebnisgastronomie)
- *Sternberger Burg,* ebenda, Dorfstr. 1, Tel. 311071 (Landgasthof, Fisch- u. Wildspezialitäten, kl. Biergarten)

Sternberg, Umgebung

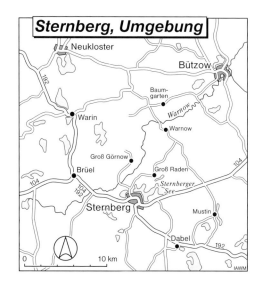

Museum
- *Heimatmuseum,* Mühlenstr. 6, Tel. 2162 (Mai-Sept. Di.-Fr. 10-12 und 13-16 Uhr, So. 15-17 Uhr, Okt.-März nur Do. 10-16 Uhr)
- *Stadtkirche,* Mühlenstr. 4, Tel. 2919 (nach Absprache)

Umgebung

Dabel
6 km SO

Neben einem kleinen **Streckenmuseum** im Bahnhofsgebäude ist besonders die schöne **Holländer-Windmühle** einen Besuch wert. Die 1892 errichtete Galeriemühle ist nun ein funktionsfähiges technisches Denkmal, das noch „klappert". In der Umgebung Dabels liegen eine Reihe **archäologischer Stätten** wie das Großsteingrab am Schäferstein, die Hügelgräber nordwestlich des Bahnhofs und ein slawischer Burgwall auf dem Werder des Klein Pritzer Sees.

- **Unterkunft:** *Pension Borsteltreff,* Mattenstieg 61, Tel. (038485) 20150, Fax 20197 (im Stil eines niederdeutschen Hallenhauses neu errichtetes Reetdachgebäude am Dabeler See mit Hallen-, Dampfbad, finn. Blocksauna, Fitnesscenter, Solarium, Tennisplatz, Fahrradverleih).

Sternberg, Umgebung

Groß Raden
6 km NO

Der *altslawische Tempelort Groß Raden* ist eine der herausragenden Sehenswürdigkeiten Westmecklenburgs. Der 1973 auf einer Landzunge im Binnensee entdeckte slawische Kultort mit Dorf, Tempel und Wallburg wurde originalgetreu rekonstruiert. Das archäologische Freilichtmuseum verschafft einen einzigartigen Einblick in das Leben der slawischen Stämme vom 7. bis 12. Jh., bevor sie von den Deutschen unterworfen wurden. Ein Wassergraben sowie ein hoher, palisadengeschützter Wall umgeben die Siedlung, die Block- und Flechtwandhäuser zeigt. Neben dem Mahlhaus steht der funktionstüchtige Backofen. Im hinteren Bereich der Siedlung liegt der große Tempel. Ein langer Bohlenweg führt über das Wasser hinaus zur kreisrunden Wallburg auf der Spitze der in den See hineinragenden Landzunge.

Besonders erlebenswert ist ein Besuch am 3. Wochenende im Juli, wenn die Museumswoche stattfindet. Dann wird Brot auf altslawische Art gebacken, wird getöpfert, gesponnen und gewoben. Die Kunst des Korbflechtens wird ebenso vorgeführt wie die des Bronzegießens und andere uralte Handwerke. Das neuerrichtete Museum der Anlage informiert über die Funde im Boden des Tempelorts und über die anderen ur- und frühgeschichtlichen Bodendenkmale in der Um-

Altslawischer Tempelort in Groß Raden

gebung Sternbergs. Neu ist das in einem alten Backstein-Getreidespeicher untergebrachte Oldtimer-Museum.

- **Unterkunft:** *Pension „Kiek up'n See",* Kastanienallee 36, Tel./Fax 311441 (am Groß Radener See)
- **Museum:** *Archäologisches Freilichtmuseum,* 19406 Groß Raden, Tel. (03847) 2252, Fax 451624 (April-Okt. tägl. 10-17.30 Uhr, Führungen anmelden!, Nov.-März, Di.-So. 10-16.30 Uhr); *Oldtimer-Museum,* Dorfstr. 2a, Tel. 311805 (Di.-So. 10-17.30 Uhr)

Groß-Görnow
10 km NO

Von den vielen landschaftlichen Schönheiten der Sternberger Seenplatte ist das **Warnow-Durchbruchstal** bei Groß Görnow besonders bemerkenswert, das größte seiner Art in Mecklenburg. Die malerisch sich durch Wiesen und Wälder schlängelnde Warnow hat sich hier eine bis zu 30 m tiefe, enge Schlucht gegraben und verwandelt sich auf einer Strecke von 3 km in ein für Mecklenburger Flachlandverhältnisse geradezu gischtendes Wildwasser. Ein bezauberndes Naturschauspiel.

In dem abwechslungsreichen Wandergebiet **NSG „Mittleres Warnowtal",** das sich zwischen den Dörfern Kritzow und Eickhof erstreckt, warten noch weitere lohnende Ziele. Erwähnt sei hier das steinzeitliche **Hünengrab** bei Klein Görnow, in das man hineingehen kann, und der **Reformations-Gedenkstein** an der Sagsdorfer Brücke über die Warnow, der die Stelle kennzeichnet, an der einst der Ständische Landtag abgehalten wurde und *Luthers* Lehre in Mecklenburg einführte.

Lenzen
20 km O

Auf halber Strecke zwischen Sternberg und Güstrow liegt der Weiler Lenzen, den man von der B 104 über die Straße Richtung Mustin erreicht. Die idyllisch gelegene alte Hofanlage beherbergt die einzige **Brauntöpferei** in Mecklenburg. Die sehenswerte Töpferei stellt aus sächsischem Lehm nach traditionellen Herstellungsarten wie dem „Bunzlauer Braungeschirr" und dem lehmglasierten „Braunzeug" sowie der bunten „Schwämmelware" optisch schöne Gebrauchsgegenstände her. Neben einer Vielzahl von schönen und praktisch verwendbaren Tonwaren bietet der Töpferhof auch die Möglichkeit, die Werkstatt zu besichtigen.

● *Töpferhof Lenzen*, Waldstr. 11-12, 19406 Lenzen, Tel./Fax (038481) 20074 (Mo.-Fr. 9-18 Uhr, Sa./So. bitte tel. anmelden!)

Warin
18 km N

„Uns Paradies dat leg hier in Warin, 't mag annerwäg' ns woll nich ganz so sandig sin", beginnt „Min Warin", das Heimatlied der 4.000 „Sandhasen", wie die Einwohner der kleinsten Stadt Mecklenburgs leicht spöttisch auch genannt werden. Neben viel Sand hat die beschauliche Ministadt zwischen Wariner See und Glammsee, einst Bischofssitz und größter Holzschuhhersteller Mecklenburgs, noch eine herrliche Seenlandschaft zu bieten. 15 blaue Augen funkeln aus

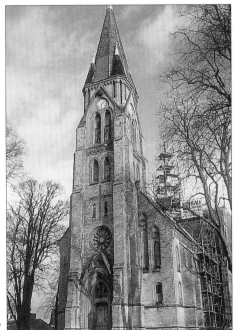

Wariner Kirche

Karte Seite 127 — **Sternberg, Umgebung**

Wald und Flur. Besonders das **LSG „Seengebiet Warin/Neukloster"** bietet mit seiner malerischen Natur Gelegenheit zur Entspannung und Erholung. Ein hübsches Wanderziel ist das **Mausoleum „Bronzener Hirsch",** das sich die adelige Großindustriellenfamilie derer von Wedekind am Südufer des Großlabenzer Sees 1915 errichten ließ. Unweit der Grabstätte liegt in schöner Natur das **Jagdschloss Friedrichswalde.**

Im Dorf Tempzin am gleichnamigen See zeugt die **Tempziner Klosterkirche** (1222) vom einstigen Wirken des Antoniterordens. Antoniter waren Jünger des *Hl. Antonius* (250-356), des „Vaters des Mönchtums", eines Einsiedlers in der ägyptischen Wüste und Schutzheiligen aller Haustiere.

●**Info:** *Fremdenverkehrsverein „Wariner Naturpark",* Lange Str. 8, 19417 Warin, Tel. (038482) 60431, Fax 60203, Internet: www.warin.de, E-mail: fremdenverkehr@warin.de (April-Sept. Mo.-Fr. 9-12, Mo.-Mi. u. Fr. 14-17 Uhr, Sa. 9-11 Uhr; Okt. März Mo.-Fr. 9-12, Di./Mi. 14-16 Uhr)
●**Unterkunft:** *Parkhotel Zur Linde,* Wismarsche Str. 58, Tel. 6400, Fax 64064 (neu erbautes Hotel mit 25 Zi.); *Feriendorf am Glamsee,* Tel./Fax (038428) 61567 mit Badestrand, Bootsverleih)
●**Gastronomie:** *PIC,* Ziegelberg, Tel. 6350 (Fischgerichte aus der Region; mit Pension); *Futterkrippe,* Schulstr. 29, Tel. 60306 (hausgemachte Mecklenburgische Küche, toller Seeblick)

Neukloster
34 km N

Anhängerinnen des *Hl. Benedikt von Nursia* (um 480-542), des Begründers des abendländischen Mönchtums, waren es, die mit ihrer **Klostergründung** „Sonnenkamp" im „Land des Schreckens und der wüsten Einöde", so die Stiftungsurkunde von1219, Neukloster seinen Namen gaben. Die Neugründung erfolgte, weil die Schwestern ihr Kloster Parchow bei Neubukow mitten im heidnischen Wendenland aus Sicherheitsgründen verlassen mussten. 1245 nahmen die dem kontemplativen Leben verpflichteten Nonnen die Regeln der asketisch eremitisch orientierten Zisterzienser an.

Hauptbau der Klosteranlage ist die **Klosterkirche** (1220-45). Die Backsteinbasilika mit

Sternberg, Umgebung

ihrem kreuzförmigen Grundriss wird als einer der gelungensten spätromanischen Sakralbauten in Mecklenburg eingestuft und diente vielen anderen Kirchenbauten als Vorbild. Besondere Beachtung verdienen die spätromanischen Glasfenster von vor 1245 und der spätgotische Schnitzaltar aus dem frühen 16. Jh.

Von den restlichen Klostergebäuden ist nur noch das **Probsteigebäude** (14. Jh.) erhalten geblieben, dessen Schmalseiten reich gegliederte Treppengiebel schmücken. Der durch einen Brand zerstörte achteckige, freistehende **Glockenturm** ist wieder rekonstruiert.

Die Umgebung der Stadt und das NSG um den Neuklostersee bieten viel Raum zum Wandern und Radeln. Beispielhaft als Ziel seien hier das NSG **Glasbachtal,** das NSG **Trollblumenwiese** oder der **Liebesbaum** und die **Hünengräber** bei Pennewitt genannt.

Etwa 9 km nördlich von Neukloster findet man in Glaisin die „Gillhoff-Stuv". Das **Museum** widmet sich dem Herausgeber der „Mecklenb. Monatshefte" und Autor von „Jürnjakob Sveen–der Amerikafahrer", dem Schriftsteller *Johannes Gillhoff* (1861-1910).

●**Info:** *Fremdenverkehrsamt,* Hauptstr. 27, 23990 Neukloster, Tel. (038422) 44030, Fax 44026, Internet: www.neukloster.de, E-mail: info@neukloster.de (Di. 9-12 u. 15-18 Uhr, Do. 9-12 u. 14-15.30 Uhr, Fr. 9-12 Uhr)
●**Unterkunft:** *Seehotel,* 2 km südl. in Nakensdorf, Seestr. 1, Tel. 25445, Fax 25445 (hübsches, reetgedecktes Fachwerkhaus im LSG am See, Sauna, Tennis, Boots-, Fahrradverleih, im Restaurant mecklenburgische Küche); *See-Camping Neukloster,* Bützower Str. 27a, Tel. 20844, Fax 20461 (geöffnet April-Okt., ebener Wiesenplatz direkt am Neuklostersee)
●**Gastronomie:** *Seerestaurant Schöne Aussicht,* Bützower Str. 27, Tel. 20235 (Mecklenburgische Küche mit schöner Aussicht über'n See); *Klosterkeller,* Kirchstr. 6, Tel. 20469 (mittelalterliche und Alt-Mecklenburgische Spezialitäten im idyllischen Klostergarten)
●**Museum:** *Museum,* Klosterhof 1, (Mi. u. Sa. 15-18 Uhr); *Gillhoff-Museum,* in Glaisin, Lindenstr. 6, Tel. (038754) 20086 (werktags n. Vereinbarung)

Mecklenburgische-Seenplatte

Überblick

Ein herrliches Stück Natur ist es, dieses **„Land der tausend Seen".** Von Schwerin ganz im Westen des Bundeslandes bis ins brandenburgische Templin reicht dieses von der Eiszeit geschaffene Wasserreich. An manchen Stellen mutet sie geradezu amphibisch an, diese Wunderwelt zwischen Wasser und Land, dieses verwobene und verwirrende Geflecht aus Flüssen, Bächen, Seen, Teichen und Tümpeln, die der Mensch vielerorts durch Gräben und Kanäle miteinander verbunden hat. Die Seenplatte ist ein **Naturparadies,** das in Mitteleuropa seinesgleichen sucht. Keine andere Region Deutschlands ist so wasserreich und dünn besiedelt wie dieser Landstrich.

Es sind so gut wie **keine die Umwelt belastenden Einrichtungen** vorhanden. Der Haupterwerbszweig, die Landwirtschaft, die zu DDR-Zeiten mit dem überzogenen Einsatz von Dünger höhere Erträge aus den minderwertigen sandigen und sumpfigen Böden holen wollte, wurde nach der Vereinigung massiv reduziert. Dadurch verloren viele der Bewohner ihre Arbeit. Viele, vor allem junge der ehedem nur wenigen Einwohner verlassen deshalb ihre Heimat. Andererseits werden die Gewässer nun nicht mehr durch Überdüngen belastet, und die stillgelegten Flächen gewann die Natur zurück.

Mehr als je ist die Mecklenburgische Seenplatte ein Stück Deutschland mit selten intakter Natur. Wo sonst ist es noch möglich, so weit das Auge reicht, nur Wasser, Wald und Wiesen zu sehen. Keine Strommasten, keine lärmende Straße, kein stinkender Schlot. Nur die pure Natur und die Luft, erfüllt von den Gerüchen der Bäume, Blumen und moorigen Seen und den Lauten der Tiere. Nicht überall ist das gleiche Idyll anzutreffen, aber es gibt sie hier noch, die **großen unberührten Territorien.** Ungeschliffene Diamanten, ein Traum für jeden Naturfreund, Radler und Wasserwanderer.

Überblick

Leider drängen mehr und mehr PS-starke Freizeitkapitäne mit ihren lärmenden und stinkenden Motorbooten in dieses letzte Rückzugsgebiet für vielerlei vom Aussterben bedrohter Tier- und Pflanzenarten. Die größte **Gefahr für die Seenkette** droht nun von der Freizeitfront. Ein jeder möge sich deshalb dafür einsetzen und mit seinem persönlichen Verhalten dazu beitragen, dass eines der letzten und geschlossensten Naturparadiese im Herzen Europas eine Chance zum Überleben hat.

Die Seenplatte lässt sich in vier Unterbereiche einteilen. Ihren östlichen Abschluss findet sie im **Feldberger Seengebiet.** Das große Gebiet um das Provinzstädtchen Feldberg nimmt der *Naturpark Feldberger Seenlandschaft* ein, an den sich östlich der brandenburgische Naturpark *Uckermärkiche Seen* um Templin und Lychen anschließt. Westlich davon liegt das **Neustrelitzer Kleinseengebiet,** das am unberührteste Fleckchen der Mecklenburgische Seenplatte. Große Teile des Landes zwischen den unzählig vielen Seen sind von dichten Wäldern bedeckt. Ein einziger tiefer Wald mit verborgenen Waldseen ist das Adlerparadies um Serrahn, das zum Müritz-Nationalpark gehört. Die **Müritz,** Deutschlands zweitgrößter Binnensee, ist das Herz der Seenplatte. An den Ufern des „Mecklenburgischen Meeres" liegt die Kleinstadt Waren, die sich zu einem Zentrum des Wassersports entwickelt hat. Am Mürit-

Müritzblick mit Reethaus und Booten

zer Ostufer, wo einst das abgesperrte Jagdgebiet der SED-Bonzen lag, erstreckt sich nun das unbestrittene Kronjuwel unter den Mecklenburgischen Großschutzgebieten, der insgesamt 322 qkm große *Müritz-Nationalpark*. Den Westteil der Seenkette nimmt das **Schweriner Großseengebiet** ein, das im Kapitel Westmecklenburg abgehandelt ist.

Müritz-Nationalpark

Ist Mecklenburg-Vorpommern mit seiner reichen Ausstattung an ungemein schönen und artenreichen Naturräumen an sich schon ein ideales Urlaubsland für Naturfreunde, so besitzt es mit

Nationalpark-Information in alter Schmiede in Speck

dem Müritz-Nationalpark einen ganz besonderen Leckerbissen. Es ist einer Warener Bürgerinitiative zu verdanken, dass die fast menschenleere, von endlosen Wäldern und von Mooren, Tümpeln, Teichen und Seen durchsetzte Landschaft am östlichen Müritzufer 1990 mit der Erhebung zum Nationalpark den bestmöglichen Schutz vor zerstörenden Eingriffen verliehen bekam.

Lage und Naturräume

Der insgesamt 322 qkm große Nationalpark unterteilt sich in *zwei voneinander getrennte Gebiete.* Der größere Teil erstreckt sich vom Ostufer der Müritz bis etwa zur Linie Ankershagen, Wesenberg und Neustrelitz. Der kleinere Teil liegt östlich von Neustrelitz und nimmt ungefähr die Fläche zwischen Fürstensee, Carpin und Triepkendorf ein. 72 % der Gesamtfläche ist mit Wald bestanden. 13 % sind Gewässer, 8 % Moore und 5 % Wiesen und Weiden. Nur 2 % sind noch Ackerfläche. Waren es einst Buchen, so ist es heute zu 75 % die Kiefer, die den sandigen Boden bestockt. Es ist ein vorrangiges Ziel der Parkverwaltung, die Monokiefernbestände durch natürlichen Wandel wieder in Laubmischwälder zu verwandeln. Im kleineren, Serrahner Teil genannten Schutzgebiet erstrecken sich aber noch riesige alte Buchenwälder, das größte zusammenhängende Buchenwaldgebiet des mitteleuropäischen Tieflandes.

107 Seen von mehr als 1 ha Fläche finden sich im Nationalpark. Verlandende Tümpel, Sölle, Sümpfe und Senken bilden verschiedenartigste Moore in den unterschiedlichsten Entwicklungsstufen aus. Durch die Absenkung des Wasserspiegels um fast 2 m beim Bau der Müritz-Elde-Wasserstraße entstanden insbesondere am Ostufer der Müritz große, erlen- und birkenbestandene Bruch- und Sumpfwälder. Im „Spukloch", im Bereich der Koppel dehnt sich noch eine große Wacholderheide aus, wie sie einst das gesamte Gebiet zwischen Boek und Waren einnahm.

Müritz-Nationalpark

Von den Fließgewässern ist die Havel das bedeutendste. Ihr Quellgebiet liegt südwestlich von Ankershagen. Der Haveloberlauf schlängelt sich durch viele Seen quer durch den Nationalpark.

Für die Forschung besonders interessant sind die ehemaligen Schießplätze der Roten Armee. Die großräumig waldfreien Flächen sind nun wieder den freien Kräften der Natur überlassen, auf denen man den natürlichen Übergang von offener Fläche in Wald ungestört in allen seinen Stadien beobachten kann.

Besonders der nordöstliche Teil um Serrahn ist mit Endmoränenzügen durchzogen, die sich bis zu 100 m erheben. An den Südseiten der Höhenzüge haben sich ausgedehnte, flachwellige Sanderlandschaften gebildet. Winde haben offenen

Müritz-Nationalpark

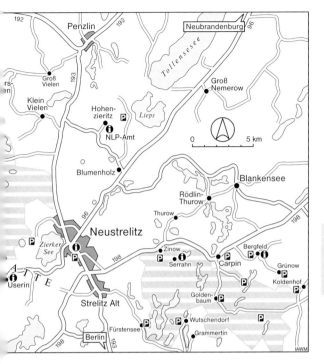

Sand zu mehreren großen Binnendünenkomplexen wie den östlich von Granzow aufgeblasen. An vielen Waldrändern und sonnigen Hängen hat sich Trockenrasen ausgebildet. Niedrig gelegene, flache Offenzonen sind von Feuchtwiesen bedeckt. Die offenen Wiesenflächen werden extensiv beweidet und so von Bewuchs freigehalten.

Flora und Fauna

Die vielgestaltigen Landschaftsformen, die man im Bereich des Nationalparks antrifft, sind wertvolle Biotope, die einer *außergewöhnlichen Vielfalt von seltenen Planzen und bedrohten Tieren* Lebensraum bieten.

Müritz-Nationalpark

Pflanzen-arten Von den mehr als 900 festgestellten Farn- und Blütenpflanzen sind mehr als die Hälfte vom Aussterben bedroht. Auf Seeterrassen in trockengefallenen Strandwällen, hat sich Kleinseggenrasen angesiedelt, der floristisch besonders wertvoll ist. Hier gedeihen zahlreiche Orchideenarten, Enziane oder Fettkraut. Die vielen Gewässer, Feuchtgebiete und Verlandungszonen bieten ebenfalls einer großen Zahl von Pflanzenarten rar gewordenen Lebensraum. Den Grund nährstoffarmer Seen bedecken Armleuchteralgenrasen, die Ufer säumen Schneidenröhrichte. Nährstoffreiche Gewässer sind von Teich- und Seerosen bewachsen. In vermoorten Zonen gedeihen Seggenrasen und Großseggenriede, Sumpfsitter und Sonnentau.

Müritz-Nationalpark

Wisente

Tierarten Hier sind Frösche, Unken und Kröten ebenso zu Hause wie Ringelnatter, Kreuzotter und sogar die Sumpfschildkröte. Über 43 verschiedene Libellenarten hat man gezählt und 800 verschiedene Schmetterlinge. Besonders artenreich sind Käfer vertreten, von denen 1.000 verschiedene Arten registriert wurden. Heuschrecken und Spinnen lassen sich ebenso beobachten wie Eidechsen oder Fledermäuse. Besonders interessant und artenreich ist auch die Vogelpopulation. Zu den 250 festgestellten Arten zählen so seltene wie Schwirle, Bekassine, Rohrdommel oder Ralle. Der Eisvogel findet im Nationalpark noch ebenso Lebensraum wie Kormoran, Graureiher oder Kranich. Zu den 12 beheimateten Greifvogelarten zählen die majestätischen Fisch- und Seeadler, die man von Beobachtungsplattformen bei der Jagd beobachten kann. Höchst selten zu beobachten sind die scheuen Fischotter und Biber. Das Schutzgebiet ist auch ein Vogelrastplatz von europäischem Rang. Zurzeit der großen Vogeltrecks von und nach Süden fallen in das Gebiet nach Tausenden zählende Schwärme von Enten, Gänsen, Sägern, Schwänen und Limikolen ein. Ein Problem stellen die zu großen Bestände von Rothirsch, Damhirsch, Wildschwein, Reh und Mufflon dar. Sie sind eine Erbschaft aus der Zeit, als das Gebiet Staatsjagd der DDR war.

Geschichte

Trotz der negativen Auswirkungen, die die Staatsjagd und die privaten Jagdgebiete von DDR-Bonzen und Militär auf den Naturraum hatten, verdankt das Gebiet des Nationalparks seine Unberührtheit nicht zuletzt diesen. Die Gebiete wurden großräumig abgesperrt und durften vom Normalbürger nicht betreten werden.

Erste Schutzgebiete

Begonnen haben die Schutzmaßnahmen im östlichen Müritzgebiet jedoch bereits 1931. Auf Initiative des Warener Naturschützers *Karl Bartels* wurde damals das erste Schutzgebiet um den Müritzhof ausgewiesen. Lange Bestand hatte es jedoch nicht. 1940 musste es dem Leipziger Verleger *Dr. Herrmann* weichen. Der hatte riesige Flächen aufgekauft, in Speck ein großes Schloss errichtet und das ganze zu seinem Privatjagdgebiet gemacht. Nach dem Krieg entstanden 1949 am Ostufer der Müritz und 1952 um Serrahn erneut Schutzgebiete, denen jedoch ebenso nur ein kurzes Dasein beschert war.

DDR-Zeit

Ende der 60er Jahre erkor sich die SED-Führung die paradiesische Region als *Jagdgebiet* aus und beschlagnahmte das Gelände. Allein das Privatrevier des Ministerpräsidenten *Stoph* maß mehr als 25.000 ha. Das gleiche Schicksal ereilte 1986 das riesige Waldgebiet von Serrahn. Als so genanntes „Wildforschungsgebiet" wurde es abgesperrt.

Um den Herren und ihren Gästen die Trophäenjagd so zeitsparend und erfolgreich wie möglich zu machen, wurden viel zu große Populationen an Rot-, Dam-, Schwarzwild und Mufflon unterhalten. Diese gefährden bis heute durch Verbiss die natürliche Waldentwicklung.

Da sich im heutigen Gebiet des Nationalparks darüber hinaus zwei große **Schießplätze** der Russen befanden, die natürlich ebenfalls großflächig abgesperrt waren, durften große Gebiete rund 40 Jahre lang nicht betreten werden und waren sich weitgehend selbst überlassen. Die Zerstörung der Vegetation durch starkes Befahren mit Kettenfahrzeugen und Bränden hatten Auswirkungen auf die Flächen, wo sich große nackte Sandwüsteneien gebildet haben, auf denen heute verschiedene Stadien der Heidebildung zu finden sind.

Erhebung zum Nationalpark

Nach dem Untergang der DDR und der Auflösung der exklusiven Privat- und Staatsjagdgebiete erkannten Naturschützer der Region die einmalige Chance, die unberührte, ungemein abwechslungsreiche Natur vor den zerstörerischen Ein- und Zugriffen des herannahenden Westkapitals in Sicherheit zu bringen. So ist es diesen engagierten Menschen zu verdanken, dass das Gebiet im Oktober 1990 den Status eines Nationalparks erhielt.

Karte Seite 138 **Müritz-Nationalpark**

Tourismus

Eine solch einmalige Naturregion, wie sie der Müritz-Nationalpark darstellt, ist natürlich für gestresste Bewohner der hektischen, lärmenden Ballungsräume mit ihrer schlechten Luft ein magischer Anziehungspunkt. Hier findet man noch erholsame Ruhe, intakte Natur und Tier- und Pflanzenarten, die man nur noch aus dem Zoo oder Fernsehen kennt. Zwischen dem Bedürfnis nach Erholung und dem **Schutz der sensiblen Ökosysteme** besteht natürlich ein Spannungsfeld. Am besten ließe sich die Flora und Fauna erhalten, würde sich der Mensch zur Gänze zurückziehen. Dies ist natürlich utopisch. Deshalb ist es neben den notwendigen Schutz- und Entwicklungsmaßnahmen erklärtes Ziel der Parkverwaltung, die grandiose, von der Eiszeit geschaffene Landschaft auf ausgewählten Land- und Wasserpfaden erlebbar zu machen.

Konzept ist dabei ein **sanfter, naturnaher Tourismus,** der den Besuchern die Augen für die Schönheit der Natur öffnet, sie für die Belange des Naturschutzes sensibilisiert und damit Verständnis und Unterstützung für die Schutzmaßnahmen weckt. Deshalb wurde ein **Netz von Wander- und Radwegen** angelegt. **Getarnte Hütten und Türme** stellen das störungsfreie Beobachten von Tieren sicher. **Naturlehrpfade** erläutern die Flora und Fauna am Wegesrand. An zahlreichen Stellen wurden **Nationalpark-Informationen** eingerichtet, die ein breites Angebot an Broschüren, Karten und anderen Materialien bereithalten. Die Parkverwaltung bietet darüber hinaus ein umfangreiches Angebot an **Veranstaltungen** an, die von geführten Exkursionen und fachkundigen Erläuterungen bis zu Vorträgen und Tagungen reichen. Der gültige Veranstaltungskalender ist bei der Parkverwaltung und den Informationshütten erhältlich.

Specker Schloss

Müritz-Nationalpark

Freizeittipps

Zu Fuß Von den vielfältigen Wandermöglichkeiten zu Wasser und zu Lande seien hier zwei besonders hervorgehoben. Der **Müritz-Nationalparkweg** erschließt in seinem Verlauf alle Landschaftsformen und Naturräume des Parkes. Er ist durch ein blaues „M" ausgeschildert und insgesamt 195 km lang. Wer ihn abwandern will, der sollte mit 7 bis 10 Tagen Dauer kalkulieren. Mit dem Fahrrad geht es natürlich schneller. Wegen teils tiefer Sandwege muss man jedoch öfter mal schieben.

Tipp: seit neuestem kann man von dem auf der höchsten Erhebung errichteten Käflingsbergturm einen fantastischen Panoramablick über die Seen und Wälder des Müritz-NLP genießen (Mai-Okt. tägl. von 9-19 Uhr geöffnet).

Zu Wasser Zu Wasser ist die **Obere Havel** die schönste Art, durch den Nationalpark zu wandern. Die für Motorboote gesperrte Route führt von Kratzeburg durch insgesamt 7 Seen, bevor sie im Useriner See den Parkbereich verlässt. Die genauere Beschreibung der Paddelroute finden Sie im Kapitel „Wasserwandern – Die schönsten Routen im Bereich der Mecklenburgischen Seen".

Kunst erleben Nicht nur Naturliebhaber, Fuß- und Radwanderer finden im Nationalpark, was ihr Herz begehrt, sondern auch Kunstliebhaber. Auf Initiative des Fördervereins Müritz-NLP begannen 1992 internationale Künstler mit den Arbeiten am so genannten **Kunstring.** Ihre stets aus Naturmaterialien geschaffenen Werke, die sich wie ein Ring um den gesamten Parkbereich verteilen, sollen die Verbindung von Kunst und Natur deutlich werden lassen und die Verletzlichkeit der Landschaft aufzeigen. Kunstwerke, nicht für die Ewigkeit geschaffen, sondern wie alles auf Erden vergänglich. Bei jährlich stattfindenden Symposien kommen immer neue Objekte dazu, während ältere sich verfärben, vermodern und verfallen und so dem Kreislauf der Natur wieder zugeführt werden. Ein bei den Info-Einrichtungen erhältliches

Karte Seite 138 **Müritz-Nationalpark**

Faltblatt zeigt anhand einer Karte die genaue Lage der einzelnen Objekte, stellt die einzelnen Künstler vor und erläutert jeweils kurz die Ideen, die den einzelnen Werken zugrunde liegen.

Info

- *Nationalparkamt Müritz,* Schloßplatz 3, 17237 Hohenzieritz, Tel. (039824) 2520, Fax 25250, Internet. www.nationalpark-mueritz.de, E-mail: info@nationalpark-mueritz.de
- *Nationalpark-Infozentrum,* Neustrelitz, Am Tiergarten, Tel. (03981) 203284 (Ausstellung „Landschaft im Wandel", Mai-Okt. tägl. 10-17 Uhr)
- *NLP-Informationshaus Waren,* Haus des Gastes, Tel. (03991) 666678 (allg. Ausstellung, Mai-Sept. Mo.-Fr. 9-20 Uhr, Sa./So. 10-16 Uhr)
- *NLP-Information Waren,* Specker Straße, Becker Tours, Tel. (03991) 662786 (mit Fahrradverleih, 15. April-15. Sept. tägl. 9-17 Uhr)
- *NLP-Information Waren,* Steinmole, Becker Tours, Tel. (03991) 662786 (April-Okt. tägl. 9-17 Uhr)
- *NLP-Information Boek,* im Gutshaus (mit Ausstellung „Die Fischer von Boek", Mai-Okt. tägl. 10-17 Uhr)
- *NLP-Information Specker Schmiede,* Tel. (03991) 670022 (Mai-Okt. tägl. 10-17 Uhr)
- *NLP-Information Federow,* Tel. (03991) 670067 (Videoübertragung vom Fischadlerhorst, Mai-Okt. tägl. 10-17 Uhr)
- *NLP-Information Gutshaus Friedrichsfelde,* Tel. (039921) 35046 (Videoübertragung vom Storchennest, Mai-Okt. tägl. 10-17 Uhr)
- *NLP-Information Kratzeburg,* Tel. (039822) 20028 (mit Ausstellung „Das Havel-Quellgebiet" (Mai-Okt. tägl. 10-17 Uhr)
- *NLP-Information Schwarzenhof,* Tel. (03991) 670091 (Ausstellung „Geschichte(n) vom Ostufer der Müritz", Mai-Okt. tägl. 10-17 Uhr)
- *NLP-Information Serrahn,* Tel. (039821) 40343 (mit Ausstellung „Serrahner Waldgeschichten", Mai-Okt. tägl. 10-17 Uhr)
- *NLP-Information Bergfelder Schmiede,* Tel. (039821) 40343 (in hist. Schmiede mit Orginaleinrichtung, geöffnet nach Anmeldung)
- *NLP-Information Kirche Dabelow* (mit Ausstellung „Zeit für Biber", Mai-Sept. Di.-Sa. 10-16 Uhr)
- *NLP-Information Vylym-Hütte Userin,* Tel. (03981) 204395 (mit Ausstellung zur Fauna, 25. Mai-30. Aug. Do. 18-21 Uhr, So. 10-11.30 Uhr, sonst nach Anmeldung)

Müritz-NLP-Ticket

Zur Schonung von Tier, Mensch und Natur sollte im Nationalpark so weit als möglich auf die Benutzung von Privatautos verzichtet werden. Wer nicht zu Fuß oder mit dem Rad unterwegs ist, für den steht ein gut ausgebautes Schiffs-, Bus- und Bahnnetz zur Verfügung.

Mit dem sehr empfehlenswerten **Müritz-Nationalpark-Ticket** kann per Bus und Schiff auf den drei Linien (Müritz-Linie, Adler-Linie und Otter-Linie) der gesamte Bereich des *Müritz-Nationalparks* und des *Naturparks Feldberger Seenlandschaft* umweltschonend erkundet werden. Das Ticket schließt freie Fahrradmitnahme und freie Führungen mit ein. Es kann an jeder Haltestelle beliebig ein- und ausgestiegen werden. Das Ticket ist als Tages-Ticket, 3-Tages- und 7-Tages-Ticket und auch als Familien-Ticket (2 Erw./4 Kinder) sowie als Gruppen-Ticket (ab 15 Pers.) direkt im Bus, bei den Tourist-Infos der Region und zahlreichen anderen Stellen wie Hotels und Campingplätzen erhältlich. Kanutransport ist für 5,11 € möglich.

● *Info:* Internet: www.nationalparkticket.de

Waren (Müritz)

„Ich habe vor, die Berliner Sommerfrischler auf dieses prächtige Stückchen Erde aufmerksam zu machen", schrieb der berühmteste aller Wanderer, *Theodor Fontane,* 1896. „Die Müritz ist nämlich so etwas wie ein Meer. Die Luft ist wundervoll, je nachdem der Wind steht: feuchte Seebrise oder Fichtenduft". Die Luft ist so geblieben, das „Mecklenburger Meer" ebenfalls. Nur aufmerksam machen muss man heute niemanden mehr auf das „Interlaken Mecklenburgs". Mit 23.000 Einwohnern ist die Stadt Waren so etwas wie eine **Metropole der Seenplatte.** Auf jeden Fall ist die Müritzstadt das touristische Zentrum der grandiosen Wasserwelt. Drei Seen, die Müritz, der Tiefwarensee und der Feisnecksee, umschließen die vielbesuchte Sommerfrische von allen Seiten. Vor der Stadt die Müritz, der größte See Mecklenburgs und dahinter das Naturparadies Müritz-Nationalpark. Gleich, ob Wassersportler, Wanderer oder Freund der stillen Natur – Waren lässt keinen Wunsch offen. „Wandern, Baden, Wasserfahren, nirgends schöner als in Waren". Der Werbeslogan von 1931 hat nichts von seiner Gültigkeit verloren.

Geschichte

„Morczc", „Kleines Meer" nannten die Slawen einst den fischreichen See, an dem sie siedelten. Im Zuge der Ostexpansion drangen deutsche Heere in die Müritzregion vor

Waren (Müritz)

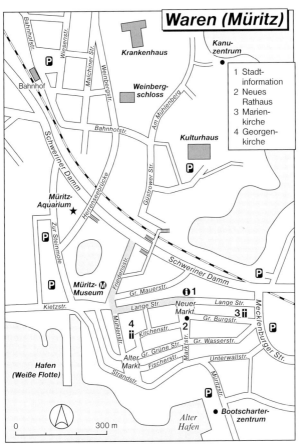

1 Stadt-information
2 Neues Rathaus
3 Marienkirche
4 Georgenkirche

und errichteten zum Schutz ihrer Eroberungen um 1260 am Nordufer der Müritz eine Burg. In ihrer Nachbarschaft entstand um 1270 eine Siedlung, die 1292 erstmals Erwähnung fand. Um 1300 wurde östlich der Stadt eine Neustadt angelegt, die sich 1320 mit der Altstadt vereinigte. Zwischen 1347 und 1425 war die Stadt Residenz des Fürsten zu Were und Wenden. Bis zum 19. Jh. war die Fischerei eine der Haupteinnahmequellen Warens. Mit dem Einsetzen des Fremdenverkehrs – 1845 eröffnete die erste Seebadeanstalt – und der Entwicklung zum touristischen Wassersportzentrum und Tor zum Müritz-Nationalpark lebt Waren nun überwiegend von seinen Gästen.

Waren (Müritz)

Sehenswert

Anders als die anderen kleinen Provinzstädtchen der Seenplatte hat Waren mehr den Charakter eines Bade- und Ausflugsortes. Die terrassenförmig am Hang angelegte Stadt knüpft wieder an ihre alten Traditionen an. Die auf dem Sporn einer Endmoräne gelegene Altstadt putzt sich heraus, Restaurants und Straßencafés laden zum Verweilen ein. Das historische Zentrum ist für den Verkehr weitgehend gesperrt.

Von den Parkplätzen an der Steinmole führt die Kietzstraße zum Zentrum. Vorbei am **Hafen,** wo die Ausflugsboote der Weißen Flotte an- und ablegen, führt die Einkaufs- und Flaniermeile Warens, die Lange Straße, bergan zum **Neuen Markt.** Unter den hübschen Giebel- und Traufenhäusern, die den Platz säumen, fällt das **Neue Rathaus** auf. Es wurde 1797 im Stil der Tudorgotik mit schlanken, türmchenartigen Eckstreben errichtet. Die **Löwen-Apotheke,** die von 1599 bis nach der Wende in einem schönen, denkmalgeschützen Fachwerkhaus am Markt ansässig war, ist nun zum „Haus des Gastes" umgebaut. Hinter dem Neuen Markt ragt am höchsten Punkt der Altstadt die **Marienkirche** auf. Das Wahrzeichen Warens, ein ursprünglich frühgotischer Bau aus dem 13. Jh., wurde nach dem Stadtbrand von 1671 wieder auf- und umgebaut.

Vom Neuen Markt führt die Marktstraße zum Müritzufer. Die Strandstraße bringt uns zum **Alten**

Waren (Müritz)

Markt. Der Bereich um den dreieckigen Platz ist der älteste Teil der Stadt. Hier steht auch ihr ältester Profanbau, das **Alte Rathaus.** Der massive Backsteinbau stammt aus dem 14. Jh. Hinter dem Alten Rathaus erblickt man die massige **Georgenkirche,** die mit ihrem stumpfen Turm von der Ferne fast wie eine Burg wirkt. Vom Turm der um 1255 frühgotischen, dreischiffigen Backsteinbasilika genießt man eine herrliche Aussicht über die Müritz und die umliegende Seenlandschaft.

Vom Alten Markt führt die Mühlenstraße zum **Müritz-Museum** in der Friedensstraße. Das Museum ist das älteste naturkundliche Museum in Mecklenburg-Vorpommern. Es wurde 1866 vom Freiherrn *Herrmann von Maltzan* gestiftet. Das Museum informiert umfassend und lebendig über die geologische Entstehung der Seenlandschaft, ihre Ur- und Frühgeschichte wie auch über die Müritzregion und deren Flora und Fauna. Hinter dem Hauptgebäude ersteckt sich der **Museumsgarten** mit einem **Vogelpark** und dem **Müritz-Aquarium.** In den 17 Wasserbecken schwimmen 44 heimische Fischarten. Darunter der Publikumsliebling, ein riesiger Hecht, dessen Fütterung immer viele Schaulustige anzieht.

Info
- *Waren-Information,* Neuer Markt 21, 17192 Waren, Tel. (03991) 666183, Fax 664330, Zimmervermittlung Tel. 664392, Internet: www.waren-tourist.de, E-mail: warentourist@t-online.de (Mai-Sept. tägl. 9-20 Uhr, Okt.-April Mo.-Fr. 9-18 Uhr, Sa. 10-15 Uhr)

Unterkunft
- *Seehotel Ecktannen,* Fontanestr. 51, Tel. 6290, Fax 629100 (4-Sterne Haus mit Gartencafé, Solarium, Sauna)
- *Hotel Villa Margarete,* Fontanestr. 11, Tel. 6250, Fax 625100 (reizvolle Villa in ruhiger Lage mit NLP-Eingang)
- *Pension Paulshöhe,* Falkenhäuer Weg, Tel. 17140, Fax 171444 (beim Tiefwarensee, mit Restaurant, Terrasse, Liegewiese, Bootsverleih)
- *Schloss Groß Plasten,* 10 km östl. in Groß Plasten, Tel. (039934) 8020, Fax 80299 (prächtiger Herrensitz im Neobarock, tolle Seeterrasse)
- *Schloss Wendorf,* ca. 20 km östl. in Wendorf, Schloßstr. 3, Tel. (039921) 3260, Fax 3264 (christl. geführtes Hotel im hist. Gutshaus, nikotin-, alkoholfrei, Sauna, Fahrradverleih)
- *Schloss Schorssow,* 17166 Schorssow, Am Haussee, Tel. (039933) 790, Fax 79100 (5-Sterne-Hotel im dreiflügeli-

Waren (Müritz)

gen, klassizistischen Gutsschloss im englischen Landschaftspark am See, mit Wellnessbereich, hist. Weinkeller, schöne Kaffeeterrasse)
- *JH,* Auf dem Nesselberg 2, Tel./Fax 667606
- *Camping Azur Ferienpark Ecktannen,* Fontanestraße, Tel. 668513, Fax 664675 (April-Nov. großer Platz auf baumbestandener Wiese direkt am Müritzufer)
- *Camping Kamerun,* Waren West, Tel. 122406, Fax 122512 (April-Okt., im Wald am Müritzufer)
- *Familien-Camping Jabel,* ca. 9 km westl. in Jabel, Ringstr. 6, Tel./Fax (039929) 70212 (April-Okt., am Jabelower See/Damerower Werder mit Kinderstrand)
- *Nationalpark-Camp,* Am Dammfeld 1, Tel. 663113 (am Feisnecksee, Ferienhäuser, Gaststätte, NLP-Infozentrum, Sport- und Exkursionsangebote)
- *Pension MILAN,* Am Teufelsbruch 1, Tel. 663293, Fax 663294, (ideal für Naturfreunde: idyllisch mitten im Wald am NLP gelegen; sehr preiswerte 1-, 2-, 3- u. -4-Bettzi., Fahrradverleih)

Gastronomie
- *Altes Reusenhaus,* Schulstr. 1, Tel. 666897 (entzückendes Fachwerkhaus mit „fischophilem" Gastraum auf 2 Etagen, frischer Fisch aus den Warener Seen, mit Biergarten)
- *Windfang,* Große Burgstr. 25, Tel. 62080 (Hotelrestaurant mit toller Seeterrasse zur Binnenmüritz am Jachthafen, Fisch und Wild aus heimischem Wald und See)
- *Toense,* Fontanestr. 35, Tel. 2209 (mecklenburgische Küche, Fischgerichte, mit Biergarten)
- *Gasthof Kegel,* Gr. Wasserstr. 4, Tel. 62070 (im französischen Fin-de-siècle-Stil eingerichtet)
- *Waldschenke,* am NLP-Eingang, Tel. 666922 (Wildgerichte)

Museum
- *Müritz-Museum,* Friedensstr. 5, Tel. 667600 (Mai-Sept. Di.-Fr. 9-18 Uhr, Sa./So. 9-12 und 14-17 Uhr, Okt.-April Di.-Fr. 10-16 Uhr, Sa./So. 10-12 und 14-16 Uhr)
- *Stadtgeschichtliches Museum,* Neuer Markt 1, Tel. 177137, (April-Sept. Mo.-Fr. 10-18 Uhr, Sa./So. 14-17 Uhr, Okt.-März Mo.-Fr. 9-17 Uhr, Sa./So. 14-17 Uhr)

Müritz maritim
- *Wasserschutzpolizeistation Waren,* G.-Hauptmann-Allee 6, Tel. 74730
- *Warener Schiffahrtsgesellschaft,* Strandstr. 3, Tel. 663034; *Müritzwind,* Steinmole, Tel. 666664 (Linien-, Rund-, Charter-, Lampion-, Sonderfahrten)
- *Wassersportservice sail point,* Zur stillen Bucht 2, Tel. 666690 (Charter, Verleih, Schulung, Handel, Service)
- **Bootsverleih:** *Eastside,* An der Reek 15, Tel. 122520 (Kanu, Segelboot, Surfbrett, auch geführte Paddeltouren); *Müritz-Marina,* Am Seeufer 73, , Tel. 666513 (Motorboote)
- *Revierberatung,* Müritz, Gerd Barczynski, Sail Point Wassersportservice, 17192 Waren, Gerhart-Hauptmann-Str.

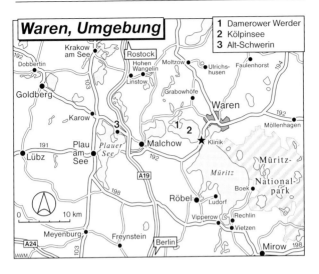

27, Tel. (03991) 165706, Fax 666691, E-mail: info@sailpoint.de
● *Surf-, Katamaranschule,* G.-Hauptmann-Allee 10, Tel. 1259917
● *Bootswerft Christen,* Kameruner Weg 22, Tel. 125503 (Reparatur, Winterlager, Slip, Kran)
● *Yachtcharter Schulz,* An der Reek 17, Tel. 121415
● **Angeln:** Angelgeräte Zarnke, Große Burgstr. 3, Tel. 668610
● **Fisch:** *Die Müritzfischer,* Markt 1 und Am Seeufer 73, Tel. 15340 (Müritzfisch frisch und geräuchert, Mo.-Fr. 6-20 Uhr)
● **Literatur:** *Gewässerkarte Müritz,* Edition Maritim (nautische Infos und Karten 1 : 25.000 in Buchform)

Umgebung

Die Müritz   Die Müritz ist mit einer Fläche von 117 qkm der größte See der Mecklenburgischen Seenplatte und nach dem Bodensee Deutschlands zweitgrößtes Binnengewässer. Berücksichtigt man jedoch, dass der Bodensee zwischen drei Ländern aufgeteilt ist, so ist die Müritz klar der **größte See unseres Landes.** In Nord-Süd-Richtung dehnt sie sich auf 30 km aus und an ihrer breitesten Stelle erreicht sie 13 km. Ihre durchschnittliche Wassertiefe beträgt 6 m. Die tiefste Stelle liegt mit 33 m im Bereich der Binnenmüritz.

Waren, Umgebung

Blick über die Binnenmüritz auf Waren

Das „Kleine Meer", wie die Slawen das große Wasser nannten, ist tatsächlich eines und deshalb **nicht ganz ungefährlich für Wasserwanderer.** Bei aufkommendem Wind können die Wellen schnell so hoch schlagen, dass kleinere Boote durchaus in akute Not geraten können. Als besonders gefährlich gilt das steinige Ostufer. Deshalb sollten Wasserwanderer, die auf der Müritz unterwegs sind, besonders vorsichtig sein und folgende **Grundsätze** beachten:

• Vor Antritt der Reise nach **Wind- und Wetterverhältnissen** erkundigen. Auf den Seen gibt es kein Sturmwarnsystem.

• **Kleinere Boote** unter 6 m Länge sollten die großen Oberseen (Müritz, Kölpin-, Flessen- und Plauer See) nur bis maximal Windstärke 4 (Auftreten erster weißer Schaumkämmchen) befahren.

• Bei **Ostwind** empfiehlt sich die Route „Ostufer", bei **Westwind** die Route über Röbel.

• Möglichst die **Müritzmitte** meiden. Kurzfristiger Wetterwechsel und hoher Wellengang können für Paddler das Erreichen des Ufers unmöglich machen. Bedenken Sie die Seebreite bis 13 km!

Klink
7 km SW

Auf der schmalen Landzunge zwischen den Wassern der Müritz und des Kölpinsees liegt das kleine Dorf Klink. Schnurgerade führt eine Allee auf das **Schloss Klink** zu. Das verspielte kleine Schlösschen direkt am Ufer der Müritz wurde 1897/98 erbaut. Als Vorbild für den romantischen Bau mit seinen runden Türmchen und giebelgekrönten Fenstern diente der Baustil der französischen Renaissanceschlösser an der Loire. Die Terrakottafriese um Tore und Fenster dagegen wurden einheimischen Bauten wie dem Schloss in Gadebusch abgeguckt. Das sehr malerische, für *Arthur von Schnitzler* erbaute mondäne Traumschlösschen ist nun ein in einen 35.000 m² großen Park eingebettetes Schlosshotel mit Gourmet-Restaurant, Seeterrasse und Strand.

Unweit des Dorfes wurde zu DDR-Zeiten ein großes Ferienzentrum angelegt, das vom Schloss aus auf einem hübschen Uferweg zu erreichen ist. Zentrum der Anlage ist das mit allen Schikanen ausgestattete, riesige **Müritz-Hotel.** Auch wenn das Gebäude selbst wenig anziehend aussieht, die Sicht aus den der Müritz zugewandten Zimmern ist toll. Um das Hotel dehnt sich ein weitläufiger Park mit Tennisplätzen, Minigolf und Spielplätzen aus. Am Ufer finden sich neben gastronomischen Einrichtungen auch eine Segel-, Motorboot- und Tauchschule und ein kleiner Sandstrand mit Strandkörben und Liegewiese.

Schloss Klink

●**Unterkunft:** *Müritz-Hotel,* Tel. 141855, Fax 141854 (großer Komplex mit 412 Zimmern, div. Restaurants und Cafés, Schwimmhalle, Sauna, Solarium, Boots- und Fahrradverleih); *Schloss Klink,* Schloßstr., Tel. 7470, Fax 747299 (Traumschloss herrlich am Müritzufer gelegen, mit großem Park, Gourmet-Restaurant, Weinkeller, idyll. Seeterrasse, Sandstrand)

Ulrichshusen
15 km N

Das kleine einstige Landgut Ulrichshusen liegt völlig abgeschieden im Abseits. Nur ein schmaler holperiger Landweg führt von der Straße von Wa-

Waren, Umgebung

ren nach Teterow zu dem romantisch-verschlafenen, an einem kleinen See gelegenen Minidorf. Doch an bestimmten Sommerwochenenden wird Ulrichshusen zum kulturellen Mittelpunkt des Landes. Ein Privatmann organisiert seit einigen Jahren in einer riesigen alten Feldscheune die **Ulrichshusener Musiktage,** zu denen weltberühmte Orchester und Solisten anreisen. Ein musikalischer Leckerbissen im höchst ungewöhnlichen, aber ebenso reizvollen Ambiente, der Liebhabern klassischer Musik unbedingt zu empfehlen ist. Genaue Informationen und Termine erhalten Sie bei der Stadt-Information in Waren.

Das Gut Ulrichshusen gehörte seit dem 16. Jh. zum Besitz der Familie *von Maltzan*. Das auf und unter Einbeziehung mittelalterlicher Reste einer Burg 1562 errichtete **Schloss** ist eines der ältesten Herrenhäuser und frühesten Beispiele der Renaissance in Mecklenburg. Das 1987 abgebrannte Schloss wurde von der Familie *Maltzan* mit großem Aufwand wieder aufgebaut und dient nun als elegantes Schlosshotel in zauberhaft romantischer Lage. Der alte Pferdestall ist jetzt das Restaurant „Am Burggraben", das delikate ländliche Speisen aus eigenem ökologischem Anbau serviert, die im Hofladen erworben werden können.

● **Unterkunft/Gastronomie:** *Hotel Schloss Ulrichshusen/Rest. Am Burggraben,* Tel. (039953) 7900, Fax 79099, Internet: www.gut-ulrichshusen.de, E-mail: info@gut-ulrichshusen.de

Ankershagen
25 km O

Das kleine Dorf Ankershagen liegt von Wald umgeben unmittelbar am nördlichen Rand des Müritz-Nationalparks. Hier verbrachte der 1822 als Sohn eines protestantischen Predigers im mecklenburgischen Neu-Buckow geborene **Heinrich Schliemann** (1822-1890) seine ersten acht Lebensjahre. Jahre, die den berühmten Trojantdecker, der auch Hochstapler und Sprachgenie war, für sein Leben prägen sollten. „Die in meiner Natur begründete Neigung für alles Geheimnisvolle und Wunderbare wurde durch die Wunder, die jener Ort (Ankershagen) enthielt, zu einer wahren Leidenschaft entflammt", so er

Waren, Umgebung

selbst. Neben den vielen sagenhaften Spukgeschichten um sein Dorf beeindruckte Klein-Heinrich besonders jener „kleine, von einem Wassergraben umzogener Hügel, wahrscheinlich ein Grab aus heidnischer Vorzeit, in dem der Sage nach ein Raubritter sein Kind in einer goldenen Wiege begraben haben soll", wie *Schliemann* in seiner Biografie berichtet. Auch in den Ruinen eines zerfallenen Turms in Nachbars Garten, in geheimen unterirdischen Gängen eines mittelalterlichen Schlosses vermutet die sprühende Phantasie des Knaben ungeheure Schätze, die es nur zu entdecken und heben galt. Das Schatzfieber hat *Schliemann* seit den Kindertagen in Ankershagen nicht wieder losgelassen. In Troja, Mykene und andernorts ging der Jungentraum dann in Erfüllung, und der Finder wurde weltberühmt.

Die **Kirche,** in der *Schliemanns* Vater predigte, und das in den kleinen, parkartig angelegten Pfarrgarten mit reetgedecktem Stallgebäude und legendärem „Silberschälchen" eingebettete **Pfarrhaus,** in dem der weltberühmte Entdecker seine Kindheit verbrachte, bilden ein reizvolles Ensemble. Die bemerkenswerte Feldsteinkirche aus dem 13. Jh. besitzt im westlichen Langhausgiebel einen „Geheimgang". Der begehbare Gang ist vom ersten Boden des Turmes zu erreichen.

Im alten Pfarrhaus erinnert das **Heinrich-Schliemann-Museum** an die schillernde Persönlichkeit. Neben Dokumenten und Fotos über *Schliemanns* Kindheit und Jugend in Mecklenburg sind auch Originalfunde aus Troja und Nach-

Schliemann-Museum

Der Wisent – das europäische Urrind

Der Wisent ist ein schwarzbraun gefärbtes, mächtiges **Wildrind.** Sein amerikanischer Bruder ist der Bison, mit dem er häufig verwechselt wird. Der Wisent ist jedoch hochbeiniger und schlanker als der Bison. Er kann bis zu 3,5 m lang werden, eine Schulterhöhe von 2 m erreichen und bis zu 1,5 Tonnen auf die Waage bringen. Er erreicht ein Lebensalter von bis zu 30 Jahren. Sein Sehvermögen ist nur mäßig ausgeprägt. Dafür hört und riecht er um so besser. Sein charakteristischer Lebensraum sind lichte Wälder, Waldsteppen und offenes, aber waldnahes Gelände.

Etwa bis Ende 10.Jh war der gewaltige Waldbüffel über ganz Europa und Mittelasien bis zum Pazifik verbreitet. In riesigen Herden unter der Führung eines weiblichen Leittieres durchstreifte der revierlose Wisent die endlosen Urwälder. Durch die Jagd und durch die fortschreitende Zerstörung seiner Lebensräume wurde seine **Population** dramatisch **dezimiert.** Anfang des 19. Jh. betrug sie weltweit nur noch ganze 26 Exemplare. Die letzte wild in den Bialowieza-Urwäldern Polens lebende Wisentherde Europas wurde im Zuge des 1. Weltkrieges von hungrigen Soldaten dreier Armeen im wahrsten Sinne des Wortes aufgegessen. Damit war der Europäische Wisent praktisch ausgerottet. Nur drei in Gefangenschaft gehaltene Exemplare existierten noch.

Dank der aufopferungsvollen und behutsamen Zuchtversuche von polnischer Seite konnte sein **Überleben in letzter Minute** gesichert werden. Aus den überlebenden zwei Kühen und dem Bullen gelang es, eine stattliche Herde heranzuzüchten. Nun streift wieder die einzige wildlebende Wisentherde der Welt durch die Bialowieza-Urwälder. Dank der erfolgreichen **Nachzucht** konnte Polen Zuchtpaare an Zoos und befreundete Länder abgeben. So gelangte auch 1958 das reinblütige Zuchtpaar „Pumik" und „Puella" auf den Damerower Werder. Wissenschaftlich betreut vom Berliner Professor *Dathe,* erblickte bereits 1959 das Kalb „Dagmar" das Licht der Welt. Zusammen mit dem vom Münchner Tierpark zur Verfügung gestellten Bullen „Herodes" bildeten die drei eine neue Zuchtgruppe. Zwischenzeitlich ist der weltweite Bestand wieder auf mehrere tausend reinblütige Exemplare angewachsen.

In Deutschland ist der Damerower Werder unseres Wissens die einzige Stelle, an der man eine unter weitgehend natürlichen Bedingungen lebende Wisentherde beobachten kann. Zugefüttert wird nur im Winter. Den Großteil des Jahres lebt die Hauptherde von Gräsern, Flechten, Rinden und Knospen.

Karte Seite 151 **Waren, Umgebung**

bildungen z. B. von goldenen Grabbeigaben aus Mykene oder des weltberühmten „Schatzes des Priamos" zu bewundern, der jahrzehntelang als verschollen galt und nun in Moskau auftauchte.

● ***Museum:*** *Heinrich-Schliemann-Museum,* Lindenallee 1, 17219 Ankershagen, Tel. (039921) 3252, Fax 3212 (April-Okt. Di.-So. 10-17 Uhr, Nov.-März Di.-Fr. 10-16 Uhr, Sa. 13-16 Uhr, Führung n. Vereinb.)
● ***Unterkunft/Kultur:*** *Büdnerei Lehsten,* in Lehsten, Fr.-Griese-Str. 31, Tel. (039928) 5639, Fax 87021 (reizvoller Bauernhof mit Galerie, Café, 8 Fewo, März-Okt. Veranstaltungen)

Damerower Werder
9 km W

Auf dem NSG Damerower Werder, eine vom Kölpinsee und Jabelsee umschlossene Fastinsel, lebt in (fast) freier Wildbahn eine 20-köpfige Herde des europäischen Wisents. Die bullig-zotteligen Urtiere waren bis auf wenige Exemplare ausgestorben. 1957 schenkte Polen dem Bruderstaat DDR ein Zuchtpaar, das mittlerweile reichlich Nachkommen gezeugt hat. Die Wisente bewegen sich frei auf dem 320 ha großen Wald- und Wiesengelände. Eine kleine Herde wird in einem Schaugatter gehalten, um Besuchern die problemlose Beobachtung der herrlichen wuchtigen Urrinder zu ermöglichen. Zu erreichen ist das Schaugatter über die Straße Warenshof – Jabel – Damerow. Geöffnet: tägl. 9-18 Uhr, Fütterungen: tägl. 10 und 15 Uhr.

Alt Schwerin
22 km W

Agrarhistorische Museen gibt es in Mecklenburg und Vorpommern mehrere. Aber keines ist so wie das **Agrarhistorische Museum** in Alt Schwerin. Hier gibt es kein eingezäuntes museales Areal, wo man nur gucken darf, sondern das ganze bewohnte Dorf ist lebendiger Museumsbereich. Es zeigt die Wohn-, Lebens- und Arbeitsverhältnisse der Landarbeiter von der Zeit der Leibeigenschaft bis heute. Von armseligen Tagelöhnerkaten über eine Windmühle, alte Lokomobile und Traktoren bis zur industriellen Agrarwirtschaft der Landwirtschaftlichen Produktionsgenossenschaften (LPG) spannt sich der Bogen. Freitags wird im Steinofen Brot ge-

Waren, Umgebung

Lokomobil

backen, und an Aktionstagen werden alte Handwerke und bäuerliche Arbeitsweisen vorgeführt.

● *Gastronomie: Mecklenburger Bauernkrug,* Dorfstr. 21, Tel. 49956 (deftige regionale Küche im musealen Ambiente)
● *Museum: Agrarhistorisches Museum,* Dorfstr. 21, 17214 Alt Schwerin, Tel. (039932) 49918, Fax 49917 (Mai-Sept. tägl. 10-17 Uhr, April u.Okt. Di.-So. 10-17 Uhr, Führungen nach Anmeldung auch außerhalb der Öffnungszeiten)

Malchow

Fast wie auf einer Insel liegt die Kleinstadt Malchow zwischen dem Plauer See, dem Malchower See und dem Fleesensee. Lange Zeit war das alte Malchow auch eine Inselstadt. Erst ab 1723 dehnte sich die Stadt auf die Festlandsufer aus. Der historische Kern wurde 1846 mit einem Damm mit dem Festland verbunden. Malchow, das 1235 das Stadtrecht erhielt, war einmal eine bedeutende Tuchmacherstadt, was ihr den Beinamen „mecklenburgisches Manchester" eintrug. 1298 wurde das Maria-Magdalena-Kloster von Röbel an das Südufer des schmalen Malchower Sees verlegt.

Die historische **Klosteranlage** ist die bauliche Hauptattraktion Malchows. Hinter malerisch eingewachsenen Mauern erhebt sich die **Klosterkirche.** Die wunderhübsche zierliche Kirche wurde erst 1888-90 im neugotischen Stil errichtet. Bemerkenswert sind ihre Apostelfenster mit Tiroler Glasmalerei. Auf dem nahen Klosterfriedhof sind noch alte Grabsteine adeliger Stiftsdamen

Karte Seite 151 **Waren, Umgebung**

zu sehen. Vom Kloster führt ein Damm hinüber zur historischen Inselstadt.

Nicht nur bei schlechtem Wetter kann man in Malchow gleich fünf Museen besuchen. Das **Mecklenburgische Orgelmuseum** ist in der Klosterkirche und im nahe gelegenen Orgelhof untergebracht. Das **Stadt- und Heimatmuseum** zeigt anhand zahlreichen Exponate den Lebensalltag der Malchower aus vergangener Zeit. Sehr interessant ist auch das **DDR-Museum,** das im einstigen Film-Palast beheimatet ist und das einzige seiner Art in Norddeutschland. Hier lässt sich der–erstaunlich schnell vergessene–Lebensalltag aus jüngster, „realsozialistischer" Deutscher-Demokratischer-Republik-Zeit studieren.

●**Info:** *Fleesensee Touristik Malchow,* An der Drehbrücke, 17213 Malchow, Tel. (039932) 83186, Fax 83125, Internet: www.malchow-mecklenburg.de, E-mail: infofleesensee@aol.com (Mai-Okt. Mo.-Fr. 9-19 Uhr, Sa./So. 9-16 Uhr; Nov.-April Mo.-Fr. 9-17 Uhr)
●**Unterkunft:** *Hotel Am Fleesensee,* Strandstr. 4, Tel. 1630, Fax 16310 (Seelage am Seglerhafen); *Inselhotel,* An der Drehbrücke, Tel. 8600, Fax 86030 (kl. Hotel in einmaliger Insellage, mit Restaurant, Fahrrad- u. Kanuverleih); *Pension & Schänke Lenzer Krug,* in Lenz, Am Lenz 1, Tel. 1670, Fax 16732 (idyll. reetgedecktes Fachwerkhaus direkt am Kanal, mit eig. Fischräucherei u. herrlichem Biergarten); *Die Arche,* in Zislow, Lenzer Weg, Tel. (039924) 7000, Fax 70069 (Vollwertpension mit Kneipp- und Massagepraxis, Kanu- und Fahrradverleih); *JH,* Platz der Freiheit 3, Tel. 14590, Fax 14579; *Camping Naturcamping Malchow,* am Plauer See, Tel. 49907, Fax 49908 (ganzjährig, großer Platz am See); *Wald- und Seeblick Camp,* bei Zislow, Tel. (039924) 2002, Fax 29809 (ganzjährig, großer, schön am Plauer See gelegener Platz); *Camping Am See,* zwischen Alt-Schwerin und Karow, An den Schaftannen 1, Tel. 42073, Fax 42072 (April-Okt., buschbestandener Wiesenplatz direkt am See)
●**Gastronomie:** *Am See,* Güstrower Str. 11, Tel. 14145 (Mecklenburgische Spezialitäten im Garten direkt am See, mit Anleger, Bootsverleih, Pension); *Seglerhafen,* Strandstr. 10, Tel. 13350 (direkt am Seglerhafen); *Zur Schmiede,* Malchower Straße 6a, in Roez, Tel. (039932) 13315 (Landgasthof mit „Mecklenburger Kucherie" in rustikaler, gediegener Atmosphäre)
●**Museen:** *Mecklenb. Orgelmuseum,* im Kloster, Tel. 12537 (Ostern-Okt. tägl. 11-17 Uhr); *Stadt- u. Heimatmuseum,* Kloster 47, Tel. 12602 (Ostern-Okt. tägl. 10-16 Uhr, Nov.-Ostern Mo.-Do. 10-15 Uhr, Fr. 10-12 Uhr); *DDR-Museum,*

Kirchenstr. 25, Tel. 18000 (Ostern-Okt. tägl. 10-16 Uhr, Nov.-Ostern Di./Do. 10-16 Uhr, Sa./So. 14-17 Uhr); *Windmühle,* Friedrich-Ebert-Str. (Ostern-Okt. tägl. 10-16 Uhr); *Rad-Technik-Sammlung,* Rostocker Str. 40b, Tel. 18019 (Ostern-Okt. tägl. 10-16 Uhr)

Röbel

Die typische Mecklenburger Kleinstadt mit 6.000 Einw. liegt in sanfter Hügellandschaft am Südufer der Müritz an einem weit ins Land vordringenden Müritzarm, der so genannten Binnen-Müritz. Die geschichtliche Entwicklung Röbels verlief im Wortsinne gespalten. Während sich einerseits die Bauern- und Fischersiedlung Alt-Röbel entwickelte, deren Marienkirche dem Bistum Schwerin unterstand, gründeten Kaufleute und Handwerker Neu-Röbel, deren Nikolaikirche dem Bistum Havelberg unterstand. Die klerikalen Eifersüchteleien führten schließlich soweit, dass sich um 1250 die „Neue Stadt" mit einer Mauer umgab. Die Kirchen sind beide noch da, der Dünkel ist weg.

Die Röbeler Altstadt rings um den **Hafen** hat mit ihren holperigen Natursteinstraßen und den kleinen Fischer- und Bauernhäuschen noch den verschlafenen Charme vergangener Zeiten. Hier steht auch die **Marienkirche,** ein frühgotischer Backsteinbau aus dem 13. Jh. Man sollte sich unbedingt der Mühe unterziehen, ihren 58 m hohen Turm zu erklimmen. Der tolle Ausblick entschädigt! Am Marktplatz der Neustadt steht die **Nicolaikirche.** Die dreischiffige frühgotische Backsteinkirche besitzt eine wertvolle Sauer-Orgel, die Röbel 1987 von der Stadt Neubrandenburg erworben hat.

Einen Abstecher wert ist das nahe Dorf Wredenhagen. Dort erwartet Sie der **Historische Adler- und Falkenhof Burg Wredenhagen,** in dem man die herrlichen Greifvögel bei Flugvorführungen aus der Nähe bewundern kann. (Ostern-Okt. Besichtigung 10-18 Uhr, Flugvorführung tägl. 14.30 u. 16.30 Uhr)

●**Info:** *Tourist-Information,* Str. d. deutschen Einheit 7, 17207 Röbel, Tel. (039931) 50651, Fax 53591, Internet: www.stadt-roebel.de, E-mail: stadtinfo.roebel@t-online.de (April-Okt. Mo.-Fr. 9-18 Uhr, Mai/Sept./Okt. zus. Sa. 10-16

Waren, Umgebung

Nicolaikirche in Röbel

Uhr, Juli/ Aug. auch. So. 10-16 Uhr, Okt.-März Mo.-Fr. 10-15 Uhr); *ibena Müritz-Natur Reiseservice,* in der Nikolaikirche, Tel./Fax 51809 (Mo.-Fr. 10-13 und 14-17 Uhr)

● **Unterkunft:** *Hotel Seestern,* Müritzpromenade 12, Tel. 59294, Fax 59295 (herrliche Lage auf kleiner Landzunge, Terrasse mit Müritzblick); *Schlosshotel Leizen,* ca. 10 km westl. in Leizen, Tel. (039922) 8070, Fax 80777 (kleine Gründerzeitvilla mit 20 Zi., umgeben von 300 Jahre altem Wald); *Scheunenhotel,* ca. 2 km südl. in Bollewiek, Dudel 1, Tel. (039931) 58070, Fax 5807111 (eine ganz besondere Adresse; das Ganze ist ein Minidorf in idyllischer Lage mit Hotel in der größten Feldscheune Deutschlands; *JH,* ca. 7 km östl. in Zielow, Tel. (039923) 2547, Fax 28096; *Camping Zielow,* bei Zielow, Am Seeufer, Tel. 2420 (ganzjährig geöffnet, sehr intimer Platz; 30 Stellplätze); *Müritz-Camp* bei Gotthun, Schloßstr. 4, Tel. (039931) 52615, Fax 53702 (April-Okt); *Camping Sietower Bucht,* bei Sietow, Dorfstr. 21, Tel. (039931) 52068 (ganzjährig, kleiner, gut ausgestatteter Platz am Ufer)

● **Gastronomie:** *Seglerheim,* Müritzpromenade 1, Tel. 59181, (malerischer Pfahlbau mit gr. Seeterrasse und Hotel); *Drei Linden,* in Buchholz (urige Dorfgaststätte, besonders der Wirt); *Café Scheune,* in Wredenhagen, Tel. (039925) 2346 (Kulturkneipe mit Livemusik und anderen Events in alter Feldscheune)

● **Aktivitäten:** *Hist. Adler- u. Falkenhof Burg Wredenhagen,* am Burgberg 1, Tel./Fax (039925) 2564 (Ostern-Okt. Di.-So. 10-18 Uhr, Flugvorführungen Ostern-Sept. 14.30 u. 16.30 Uhr, Okt. 14 Uhr, Dez.-Febr. So. 14 Uhr Wanderung mit dem Steinadler); *Müritz-Therme,* Am Gotthunskamp 14, Tel. 51490 (tägl. 9-22 Uhr)

Waren, Umgebung

Ludorf Der Abstecher in das verschlafene Dörfchen ist jedem Liebhaber alter Dorfkirchen wärmstens ans Herz zu legen. Die **Kirche** Ludorfs ist in ihrer Art in Mecklenburg einzigartig. Das kleine, 1346 geweihte gotische Backsteinkirchlein bezaubert durch seine ungewöhnliche Gestaltung. Um den achtseitigen Zentralbau mit quadratischem Vorbau und hufeisenförmiger Apsis gruppieren sich zwei polygonale Seitenkapellen. Gekrönt wird das durch seine eigentümliche Anlage morgenländisch anmutende Gotteshaus von einem tief heruntergezogenen Zeltdach. Errichtet wurde sie von dem Kreuzzügler Ritter *Wipert von Morin,* der die Idee zur Oktogonkirche aus dem Heiligen Land mitbrachte. Auch das Innere bekommt durch die tief herunterragenden Rippengewölbe eine außergewöhnliche Raumwirkung. Bemerkenswert ist 1736 vom Erbherren *Adam Levin II. von Knuth* angefügte Familiengruft derer von Knuth und Gneve mit neun gut erhaltenen Eichenholzsärgen.

●**Unterkunft:** *Schlosshotel Ludorf,* Tel. (039931) 8400, Fax 84620 (1698 erb. barockes Guthaus, eingebettet in Park

Ludorf, Dorfkirche mit byzantinisch-orientalischem Einfluss, einzigartig in Mecklenburg

Karte Seite 151 **Waren, Umgebung**

mit großer Gartenterrasse, Biergarten, Sauna, Fahrradverleih. Im Restaurant *Morizaner* frische Mecklenb. Küche; der Clou: vom „Storchenzimmer" direkter Blick auf ein bewohntes Storchnest)

Rechlin/ Boek

Das stille Dörfchen **Rechlin** liegt inmitten einer ebenso stillen Wald- und Seenlandschaft am Südzipfel der Müritz. So unauffällig und bescheiden, wie Rechlin sich heute darstellt, war es nicht immer. Das Erprobungsgelände, das die Deutsche Luftwaffe hier in den 20er Jahren errichtete, wurde nach 1933 massiv ausgebaut. Die Anlage diente auch als Kulisse für den berühmten Fliegerfilm „Quax, der Bruchpilot" mit *Heinz Rühmann*. Im April 1945 wurde das Fluggelände durch einen schweren Bombenangriff weitgehend zerstört. Die auffallenden gleichartigen Reihenhäuschen in Rechlin wurden in der Nazi-Zeit für die Flieger und ihre Familien gebaut. Der Luftfahrtepoche Rechlins widmet sich das neue **Luftfahrttechnische Museum,** das auch allerhand modernes Fluggerät zeigt.

Etwa 10 Kilometer nördlich von Rechlin liegt das winzige Dorf **Boek.** Der Ort selbst hat nichts Besonderes zu bieten. Es ist seine ideale Lage, die lockt. Vor Boek erstreckt sich die große Müritz, und dahinter dehnt sich der Müritz-Nationalpark aus. Die Fahrstraße endet am Eingang zum Nationalpark, wo im alten Gutshaus eine NLP-Information informiert und berät. Zwei Campingplätze am Müritzufer, ein großer Reiterhof, Fahrradverleih, Gaststätten und Hotels machen Boek zum günstigen und beliebten Ausgangspunkt für Freizeitaktivitäten verschiedenster Art.

●**Info:** *Fremdenverkehrsverein „Südl. Müritzregion",* Neuer Markt 2, 17248 Rechlin, Tel. (039823) 21261, Fax 21267, Internet: www.suedmueritz.de, E-mail: tourismus-rechlin@t-online.de (Juni-Aug. Mo.-Fr. 8-17 Uhr, Sa. 9-11 Uhr, Sept.-Mai Mo.-Fr. 8-16 Uhr)
●**Unterkunft:** *Hotel Müritz-Park,* 17248 Boek, Boeker Str. 3, Tel. (039823) 21559, Fax 21560 (gutes Rest. „Fischerdorf"); *Pension Jägerrast,* Boekerstr. 22, Tel. 21356, Fax 21556; *Camping Bolter Ufer,* Tel. 21261, Fax 21267 (April-Okt., direkt am Müritzufer); *Naturcamping Bolter Kanal,* in Boeker Mühle, Tel. 2530, Fax 253232 8. April-Okt., stille Lage zwischen Wald und Müritz)

Waren, Umgebung

●**Museum:** *Luftfahrttechn. Museum,* Am Claassee, Tel. 20424 (Mai-Okt. tägl. 10-16 Uhr, Nov.-April Mo.-Do. 10-16 Uhr, Fr. 10-15 Uhr)

Plau am See

Die kleine, 6.200 Einwohner zählende Stadt Plau liegt am Westufer des Plauer Sees, des mit 38 qkm Fläche drittgrößten Sees der Seenplatte. Mitten durch die in einer abwechslungsreichen Landschaft gelegene Kleinstadt fließt die Elde, der mit einer Länge von 220 km längste Fluss Mecklenburgs. Vor der mit 65 m ü.d.M. höchstgelegenen Stadt des Landes führt die Müritz-Elde-Wasserstraße quer durch Westmecklenburg bis Dömitz, wo sie in die Elbe mündet.

„Plawe", „Flußort" nannten die Slawen diesen Ort, bevor die deutschen Christenheere einfielen. Diese kamen mit der Ostexpansion, und Plau wurde 1160 Sitz des ersten deutschen Landvogts *Ludolf von Braunschweig*. Dank seiner Lage am Handelsweg von der Mark Brandenburg an die Ostsee stieg das seit 1235 zur Stadt erhobene Plau zu einem bedeutenden Marktort auf. In den Wirren des 30-jährigen Krieges wurde die Burg samt Stadt praktisch vollständig zerstört. Einen kurzen Aufschwung nahm die Stadt Mitte des 19. Jh., als der Plauer Ingenieur *Ernst Alban* die Hochdruckdampfmaschine entwickelte und die Stadt zum größten Industrieort Mecklenburgs aufstieg. Maschinen nach dem „Albanschen Prinzip" wie das erste Binnendampfschiff „Alban", das 1845 seine Jungfernfahrt von Plau nach Röbel unternahm, waren ein Kassenschlager. Um 1900 setzte mit der Eröffnung der ersten Kurhäuser der Wandel vom Industrieort zur beliebten Sommerfrische ein.

Am Markt steht das hübsche, im Stil der niederländischen Renaissance erbaute **Rathaus** (1889), dessen zweigiebelige rote Ziegelfassade auf der Marktseite von rankendem Efeu reizvoll eingewachsen und dessen Turmuhr mit dem sinnigen Spruch „Nutze die Zeit" versehen ist.

Neben dem Rathaus erhebt sich die **Stadtkirche,** eine der am besten erhaltenen Backsteinkirchen westfälischer Prägung in Mecklenburg. Zu den wertvollsten Ausstattungsstücken der um 1300 vollendeten romanisch-gotischen Kirche zählen drei Schnitzreliefs des Hochaltars, die ca. 1500 in einer Lübecker Werkstatt gefertigt wurden.

Ein kleines **Museum** am Kirchplatz informiert über das Leben und Schaffen des mecklenburgischen Bildhauers Prof. Wilhelm Wandschneider (1866-1942), der u. a. den Hechtbrunnen in Teterow, das Reuterdenkmal in Stavenhagen oder in Plau selbst den Mäh- und Sämann geschaffen hat. Über den hinter dem Rathaus liegenden Burgplatz erreicht man das Wahrzeichen der Stadt, den **Burgturm,** dessen 3 m starke Mauern ein kleines **Heimatkabinett** bergen. Vom Burgplatz führt die Große Burgstraße zur Elde. Über den Fluss spannt sich eine unter Denkmalschutz stehende, 1916 errichtete **Hubbrücke.**

Die eigentliche Plauer Sommerfrische liegt 4 km entfernt vom Zentrum im **Ortsteil Seelust.** Hier erinnern alte Logierhäuser von ausgehenden 19 Jh. an die Tradition Plaus als Badeort.

An der äußersten Südspitze des Plauer Sees liegt in reizvoller Umgebung **Bad Stuer,** das 1845 als Kaltwasserheilanstalt entstand. Hier kneipte einst *Fritz Reuter* und verarbeitete seine Kurerlebnisse in seinem Roman „Ut mine Stromtid". Nördlich des Ortes liegt die Ruine der **Burg Stuer,** seit 1230 Stammsitz der Ritterfamilie *von Flotow.* Am kleinen Bach, der durch den Ort fließt, haben sich drei alte Mühlen, die Burgmühle, die Vordermühle und die Hintermühle, die nun Hotel ist, erhalten. Hinter der Hintermühle beginnt das reizvolle Eisvogeltal, in dem der bunt schillernde, pfeilschnelle Fischjäger zu beobachten ist.

Nördlich der Stadt beginnt der **Naturpark Nossentiner/Schwinzer Heide,** ein 320 qkm großes Wald- und Heidegebiet, das von den Flüsschen Nebel und Mildenitz durchflossen wird. Das wenig frequentierte Naturparkgebiet mit vielen Seen und Mooren ist ein herrlich stilles Wandergebiet.

Waren, Umgebung

- **Info:** *Tourist-Information*, Burgplatz 2, 19395 Plau, Tel. (038735) 45678, Fax 41421, Internet: land-und-seeen-touristik.de, E-mail: land-und-seeen-touristik@tocanet.de (Mai-Sept. Mo.-Sa.9-19 Uhr, So. 10-16 Uhr, Okt.-April Mo.-Fr. 9-18 Uhr, Sa./So. 9-14 Uhr)
- **Unterkunft:** *Parkhotel Klüschenberg*, Klüschenberg 14, Tel. 44379, Fax 44371 (ruhige Parklage, 2 Restaurants mit Mecklenburger Küche); *Seeresidenz Hotel Gesundbrunn*, Hermann-Niemann-Str. 11, Tel. 8140, Fax 81427 (malerische alte Villa direkt am Seeufer mit exzellenter, von Gault Millau und Michelin empfohlener Küche); *Seehotel*, Herrmann-Niemann-Str. 6, Tel. 840, Fax 84166 (ruhige Lage direkt an der Seepromenade, einladendes Restaurant mit Wintergarten); *Stuersche Hintermühle*, Seeufer 6, OT Bad Stuer, Tel. (039924) 720, Fax 7247 (still und romantisch am Teich gelegen); *Landhaus Die Arche*, in Zislow, Lenzer Weg 1, Tel. (039924) 7000, Fax 70069 (Vollwertpension mit Gesundheitszentrum, vegetarisch essen in nikotinfreier Umgebung, Kanu-, Fahrradverleih, Radler willkommen!); *JH*, Meyenburger Chaussee 1a, Tel./Fax 44345; *Camping Zuruf*, Plau-Plötzenhöhe, Tel. 45878, Fax 45879 (ganzjährig, am Plauer See mit FKK-Strand); *Camping Bad Stuer*, in Bad Stuer, Am Seeufer 20, Tel. (039924) 2263, Fax 2317 (April-Okt.); *Wald- u. Seeblick-Camp*, in Zislow, Tel. 2002, Fax 29809 (ganzjährig, großer Platz mit Baumbestand direkt am See)
- **Gastronomie:** *Waldrestaurant*, im OT Seelust, Philosophenweg 2, Tel. 45737 (regionale Küche, Fischgerichte, Sonnenterrasse, mit Hotel); *Restaurant Fischerhaus*, An der Metow 12, Tel. 8390 (fangfrischer Fisch, Räucherfisch aus eigenem Ofen. Dazu selbstgebackenes Landbrot aus dem Lehmbackofen. Alles einfach köstlich!)
- **Museum:** *Bildhauermuseum Prof. Wandschneider*, Kirchplatz 3, Tel. 45110 (Juni-Sept. Mo.-Fr. 10-12 u. 13-15 Uhr, Sa. 10-12 Uhr; Eintritt frei)

Goldberg Die Kleinstadt Goldberg (5.000 Einw.) liegt ca. 20 km südwestlich von Krakow auf einem Landrücken zwischen dem Dobbertiner und dem Goldberger See ganz im Nordwestteil der Seenplatte. Ihr Name leitet sich nicht, wie man vermuten könnte, von dem gelbglänzenden Edelmetall ab, sondern hat seinen Ursprung in der slawischen Bezeichnung „Glocze". Bei der Verleihung des Stadtrechtes im Jahr 1248 durch Fürst *Pribislaus* wird es als „Goltberch" genannt. Von 1316 bis 1374 dient die am Schnittpunkt mehrerer Handelswege gelegene Stadt den Mecklenburger Fürsten als Nebenresidenz. Seine goldene

Karte Seite 151 **Waren, Umgebung**

Zeit erlebt das Städtchen, als zu Beginn des 19. Jh. eine „Stahlquelle" entdeckt wird. An Gicht, Ischias und Rheuma Leidende suchen in der Quelle Linderung. Für einige Jahrzehnte wird Goldberg zum richtigen Badeort mit einer repräsentativen, von einem großen Park umgebenen Badeanstalt. Doch die goldene Zeit Goldbergs ist längst vorbei. Heute präsentiert es sich als beschaulich-bescheidener Provinzort, dessen Attraktivität in der schönen Mecklenburger Landschaft liegt, von der es umgeben ist.

Neben der **Stadtkirche,** ein rechteckiger Saalbau aus dem 13. Jh., der 1842 eine neogotische Ausstattung erhielt, ist besonders das hübsch untergebrachte **Naturmuseum** einen Besuch wert. Das Museum ist in einer 300 Jahre alten Wassermühle an der Mildenitz zu Hause. Neben der Dokumentation alter Handwerkstraditionen wie der einst bedeutenden Glashütten ist insbesondere die Ausstellung zur heimischen Tierwelt mit zahlreichen Präparaten und der schöne Bauerngarten bemerkenswert.

Als Ausflugsziele in Goldbergs Umgebung bieten sich an das romantische, unberührte **Mildenitztal,** das sich westl. zwischen den Dörfern Kläden und Borkow erstreckt, das unberührte Feuchtgebiet **NSG „Langenhäger Seewiesen"** und der wenig frequentierte und daher besonders stille **Naturpark Nossentiner/Schwinzer Heide** (s. Exkurs „Nossentiner/Schwinzer Heide").

●**Info:** *Fremdenverkehrsamt,* Lange Str. 66, 19399 Goldberg, Tel. (038736) 40442, Fax 40535, Internet: www.goldberg.m-vp.de, E-mail: goldberg@m-vp.de (Mo.-Fr. 8-12 u. 13-16 Uhr); *Fremdenverkehrsverband „Schwinzer Heide",* Am Badestrand 4, Tel. 8230, Fax 82358, *Naturstation,* in Langenhagen, Lindenstr. 24, Tel. 42259, Fax 43360 (Führungen, Vogelbeobachtungen im NSG „Seewiesen", mit Übernachtungsmöglichkeit)
●**Unterkunft:** Hotel Seelust, Am Badestrand 4, Tel. 8283, Fax 82358 (Einzellage am See, im Restaurant Fisch- und Wildspezialitäten, schöne Seeterrasse); *Camping Goldberg,* Tel. 40433, Fax 41538 (ganzjährig, schöne Lage am See)
●**Museum:** *Naturmuseum mit Bauerngarten,* Müllerweg 2, Tel. 41416 (Mo.-Fr. 9-12 u. 13-17 Uhr, So. 10-12 u.14-17 Uhr, April-Okt. nur bis 16 Uhr)

Dobbertin „Das Jungfrauenkloster Dobbertin ist an dem schönen, dreiviertel Meilen großen Dobbertiner See auf einer Halbinsel gelegen, umrämt von einem uralten Park", schreibt eine alte Abhandlung über das **Dobbertiner Kloster.** Heute sind die Jungfrauen weg, der Park und die schöne Lage direkt am See sind geblieben.

Gegründet wurde das Kloster, das ca. 4 km nördlich von Goldberg liegt, um 1220 von Fürst *Borwin I.* für Benediktinermönche. Nach wenigen Jahren zogen 1237 jedoch Nonnen des Ordens ein, die sich in der Reformation als besonders wehrhaft und hartnäckig erwiesen. Als 1557 das Kloster protestantisch werden sollte und in diesem Zug die Heiligenbilder aus der Kirche entfernt wurden, wurden die 30 ansässigen Jungfrauen renitent. Sie verrammelten alle Türen, sammelten Steine und bewaffneten sich mit Knüppeln. Als die Beauftragten des Herzogs gewaltsam eindrangen, wurden sie mit einem Steinhagel empfangen. Bis 1567 konnte durch das „lange Widerbellen der Jungfrauen" die Bekehrung zur Lutherlehre im Dobbertiner Kloster verhindert werden. 1572 wurde das Kloster säkula-

Kloster Dobbertin

Die Künstler-Domäne Neu Gaarz

Inmitten der schönsten Natur zwischen dem Naturpark Nossentiner-Schwinzer Heide, der Mecklenburgischen Schweiz und der Groß-Seenplatte liegt etwa 10 km nordwestlich von Waren die Domäne Neu Gaarz. Die Domäne mit um 1760 im klassizistischen Stil errichteten Schloss, wurde 1992 von der ehemaligen Direktorin der Barlach-Sammlung in Güstrow, Frau Dr. Eisel gekauft und nach ungemein liebevoller Restaurierung unter dem Motto „Galerie und Gastlichkeit" als Hort der Muße und Schönen Künste eröffnet. Im Erdgeschoss zeigen wechselnde Ausstellungen die Arbeiten zeitgenössischer Künstler. Im Obergeschoss stehen 12 individuell gestaltete, zauberhafte Hotelzimmer, die auch mit Originalkunst ausgeschmückt sind, zur Vefügung. Zu dem Idyll gehört neben einem Weinkeller das Bad „Balnea Arte", ein balinesich gestalter, wunderbarer großer Pool, in dem man unter dem Motto „Heic te leaetitia invitat post balnea sanum – Hier lädt dich Freude ein, nach dem Bad gesund zu sein" neben Schwimmen auch lesen, Musik hören, oder Bilder betrachten kann.

Weiter gibt es auf der Domäne ein einfaches, aber einladendes und preiswertes Radlerhotel. Die Künstler-Domäne Neu Gaarz ist unbedingt den Besuch wert. Sei es zum Urlauben, zum Besuch eines Konzertes oder einer Ausstellung oder nur zum köstlichen Speisen. Nicht selten bekocht Frau Dr. Eisel ihre Gäste persönlich - meist nach mecklenburgischen Rezepten.

Anfahrt: von der Autobahn Berlin-Rostock Abfahrt Linstow über die Ortschaften Hohen Wangelin, Cramon, Alt Gaarz und Neu Gaarz.

● *Künstler-Domäne Neu Gaarz,* 17194 Neu Gaarz, Tel. (039929) 70255, Fax 70255, Internet: www.all-in-all.com/domaene-neu-gaarz/index.htm

risiert und in ein Damenstift umgewandelt. Heute beherbergt der Komplex ein Pflegeheim der Diakonie. Zu der Anlage gehört die doppeltürmige **Klosterkirche.** Der aus dem 14. Jh. stammende Sakralbau wurde 1828/37 nach Plänen von *F. K. Schinkel* im neogotischen Stil umgebaut.

● **Info:** *Tourist-Information,* Straße der Jugend 11, 19399 Dobbertin, Tel./Fax (038736) 41133 (Mo.-Fr. 9-11 und 14-16 Uhr)

● **Unterkunft:** *Hotel Zwei Linden,* Platz der Arbeit 1, Tel. 42472, Fax 42656 (ruhige Lage direkt am See, Fisch-, Wildspezialitäten, Boots-, Fahrradverleih); *Camping Dobbertiner See,* Tel. 42510, Fax 41133 (ganzjährig, direkt am See)

Naturpark Nossentiner/Schwinzer Heide

Obwohl an Schönheit und Vielfalt seiner Naturräume anderen Großschutzgebieten des Landes in nichts nachstehend, ist der Naturpark Nossentiner/Schwinzer Heide relativ wenig bekannt und deshalb auch nur schwach besucht. Die grüne Oase der Nossentiner/ Schwinzer Heide erstreckt sich auf einer Fläche von 320 qkm in etwa zwischen den Orten Goldberg, Jabel, Karow und Krakow am See.

Das Gebiet ist **außerordentlich schwach besiedelt.** Keine 2 % seiner Fläche entfallen auf Ortslagen. Um so größer sind die Wälder. 54 % der Heide sind bewaldet. Die Laubmischwälder, die einst die Region bewuchsen, fielen weitgehend den örtlichen Glashütten und Teeröfen zum Opfer. Einen dieser hist. „Holzfresser", das Teerschwälergehöft Sparow, hat ein Förderverein wiederaufgebaut. „De Sparower Theerschwälers" kann man nun bei ihrer Arbeit zusehen und sich die Funktionsweise des Teerofens und Technik des Teerschwälens erläutern lassen. In dem Grün der heute vorherrschenden, pilzreichen Kiefernwälder eingebettet liegen 57 Seen. 800 ha nehmen Moore ein und 7.500 ha Grünland. Fast 20 % der Gesamtfläche des Naturparks sind ausgewiesene Naturschutzgebiete.

Durch den Naturpark verläuft die **mecklenburgische Hauptwasserscheide.** Während die beiden Flüsse Nebel und Mildenitz der Warnow und damit der Ostsee zustreben, fließen die südöstlichen Gewässer in die drei großen Seen (Kölpin-, Fleesen- und Plauer See) und damit über Elde und Elbe in die Nordsee.

Die Perle unter den Seen im Schutzgebiet ist der **Drewitzer See.** Der zu- und abflusslose, waldumrahmte See hat glasklares Wasser. Das verdankt er dem kalkreichen Grundwasser, das ihn speist und ihm eine ungewöhnlich artenreiche Vielfalt an Pflanzen und Tieren verschafft. Der **Krakower Obersee** ist für seinen besonderen Vogelreichtum bekannt. Mit etwas Glück und Ausdauer kann man hier See- und Fischadler beobachten. Nirgends in Mitteleuropa ist der Bestand an Seeadler-Brutpaaren so dicht wie in der Nossentiner/Schwinzer Heide.

Der Bergsee ist das Herzstück des **„NSG Seen- und Bruchlandschaft Alt Gaarz".** Durch das Gebiet mit insgesamt 7 Seen führt ein als Rundwanderweg angelegter Naturlehrpfad.

Die meistbesuchte Attraktion des Naturparks ist jedoch das **„NSG Damerower Werder"** mit seinem Wisentgehege.

● **Info:** *Naturpark Nossentiner/Schwinzer Heide,* Ziegenhorn 1, 19395 Karow, Tel. (038738) 70292, Fax 73841, Internet: www.naturpark-nossentiner-schwinzer-heide.de, E-mail: np.nsh@t-online.de (Juni-Sept. tägl. 10-18 Uhr, Okt.-Mai Mo.-Fr. 10-16 Uhr)

● **Unterkunft:** *Waldseecamp Diana,* bei Wooster Teerofen, Köhlerweg 7, Anmeldung Tel. (038736) 40770, Fax 84166 (Ostern-Okt., baumbestandener Wiesenplatz am Ostufer des Langhagensees); *Naturpark-Residenz,* Am Drewitzer See 1, in Drewitz, Tel. (039927) 7670, Fax 76719 (4-Sterne-Anlage im ehem.Honecker-Anwesen am See)

● *Teerschwälergehöft Sparow,* bei Sparow, Tel./Fax (038202) 30826 (Mai-Okt. Mo.-Fr. 9-17 Uhr, Sa./So. 11.30-17 Uhr, Nov.-April Mo.-Do. 9-14.30 Uhr, Fr. 9-12 Uhr, mit Picknickplatz, Teich, Streichelzoo)

Neustrelitz

Neustrelitz ist eine vergleichsweise junge Stadt. Als 1712 das Schloss der Herzöge von Mecklenburg-Strelitz im benachbarten Strelitz (-Alt) abbrannte, planten die Herrscher des Zwergenreichs, sich von italienischen Baumeistern an gleicher Stelle eine nagelneue prunkvolle Residenz errichten zu lassen. Da die hochfliegenden Pläne jedoch das schmale Staatssäckel bei weitem überschritten, begnügte man sich mit dem Ausbau des bereits vorhandenen Jagdschlösschens Glienicke am Zierker See. 1733 entstand die kleine Barockstadt Neustrelitz.

Auch wenn die „Vossesche Zeitung" in den 20er Jahren das kleine **Residenzstädtchen** als „die gute Stube von Mecklenburg" beschreibt, die „strotzt vor Appetitlichkeit und den Eindruck macht, als wären ihre öffentlichen Anlagen mit gehäkelten Schutzdecken versehen", ist von dem vornehm repräsentativen Flair der alten Residenzstadt noch nicht allzuviel zu spüren. Als große Garnisonsstadt, in der von 1945 bis 1993 starke sowjetische Truppen stationiert waren, war sie nun von riesigen Kasernen umzingelt und der Marktplatz vom Durchgangsverkehr überflutet. Nun werden die verrotteten Militäranlagen saniert oder abgerissen und der Verkehr fließt über Umgehungsstraßen. Die **historische Innenstadt** wurde 1991 auf über 80 ha zum Stadtdenkmal erklärt und die Sanierungs- und Restaurierungsarbeiten haben sichtbare Erfolge zu verzeichnen.

Auch wenn das allerschönste Stück von Neustrelitz das zauberhafte Naturjuwel **Neustrelitzer Kleinseenplatte** mit ihren rund 320 Seen ist, die ohne Zweifel das bezauberndste Fleckchen der ganzen Seenplatte ist, hat auch die einstige Residenzstadt selbst einige lohnenswerte Sehenswürdigkeiten zu bieten.

Das herausragende Ausflugsziel der Stadt ist aber der idyllische **Schlossgarten** am Zierker See. Zahlreiche Skulpturen und Wasserspiele zieren den sanft zum See hin abfallenden herr-

Neustrelitz

1 Schlosskoppel
2 Weiße Brücke/Schifffahrt
3 Gedächtnishalle für Königin Luise
4 Marstall
5 Weißes Herrenhaus mit Hobe-Saal
6 Landestheater
7 Hirschportal
8 Schlosskirche
9 Orangerie
10 Hebetempel
11 Stadtkirche
12 Museum der Stadt
13 Rathaus mit Stadtinformation
14 Deutsche Tanzkompanie
15 Strelitzhalle
16 Eingang Tiergarten und Nationalparkinformationszentrum

Neustrelitz

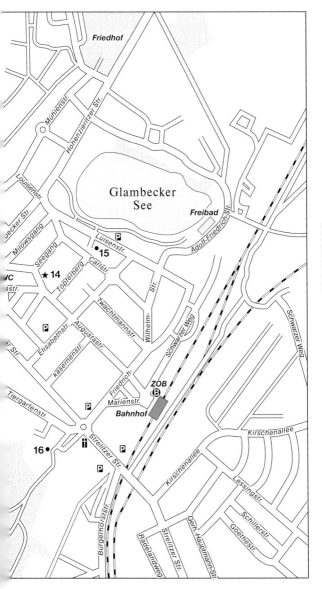

Neustrelitz

Schlosspark

schaftlichen Garten. Die einst im barocken Stil angelegte und später wahrscheinlich vom berühmten Gartenbaumeister *Lenné* nach englischem Vorbild als Landschaftspark umgestaltete Parkanlage ist eine stillromantische Oase, in der es sich beim geruhsamen Spazieren allerhand Historisches entdecken lässt. Das herzogliche Residenzschloss wird man jedoch leider nicht mehr finden. Es wurde 1945 von der SS in Brand gesteckt und 1950 dann völlig abgetragen.

Die um 1755 erbaute und 1840-42 klassizistisch umgestaltete **Orangerie** galt in den 20er Jahren des 20. Jahrhunderts als eines der schönsten Gartenlokale des Landes. Heute dient der neu restaurierte Prachtbau als Ausstellungsraum.

Beim Rundgang durch den Schlossgarten begegnet man dem etwa 1825 erbauten, verspielten ionischen **Hebetempel,** dem **Weißen Herrenhaus** mit dem **Hobe-Saal** und dem **Marstall** von 1872.

Die 1855-59 erbaute **Schlosskirche,** ein kleines neugotisches Gotteshaus mit 12 verspielten, schlanken Türmchen und reich gegliederter Westfassade, beherbergt nun eine Plastiken-Galerie.

Ein besonderer Anziehungspunkt im Schlossgarten ist der **Luisentempel,** den man im nordwestlichen Parkbereich findet. Die Gedächtnishalle wurde zu Ehren der beim Volk sehr beliebten Königin *Luise von Preußen* (siehe Exkurs „Königin Luise von Preußen") errichtet.

Nur wenige Schritte von der Schlosskirche entfernt liegt der **Tiergarten,** der bereits 1721 als herzogliches Wildgehege angelegt wurde. Eintritt in das rund 50 ha große Gelände gewährt das 1824 erbaute Hirschportal.

Am Marktplatz, auf den strahlenförmig von allen Richtungen Straßen zulaufen, steht das 1841-43 errichtete klassizistische **Rathaus,** in dem auch die Tourist-Information untergebracht ist. Ihm gegenüber erhebt sich die 1768-78 erbaute **Stadtkirche.** Der Sakralbau mit seinem außergewöhnlichen erst 50 Jahre später im toskanischen Stil angebauten, im Volksmund „Bodderfat", „Butterfass" genannten, viergeschossigen Turm ist ein Entwurf des herzoglichen Leibmedikus *Verpoorten*. Bemerkenswert ist auch das prachtvolle Orgelprospekt von 1893 und die von 1789 stammende Orgel der Kirche.

Wer sich genauer über die Geschichte des Herzogtums Mecklenburg-Strelitz und der Residenzstadt informieren will, spaziert vom Markt die Schloßstraße hinein zum interessanten **Stadtmuseum.**

Ein schöner etwa 15minütiger Spaziergang führt vom Markt durch den Schlossgarten zu der neuesten Attraktion der Stadt – dem **Slawendorf** am Ufer des Zierker Sees. Das museale Dorf stellt die erlebnisorientierte Darstellung von Arbeit, Wohnen und Alltag der Menschen dar, die vom 7. bis 13. Jh. das Land besiedelten. Neben der Vorführung alter Handwerke wie Teergewinnung, Schmiede, Flechten, Weben, Filzen, Färben u. a., ist die Fahrt mit einem orginalgetreu nachgebauten Slawenschiff auf dem Zierker See ein besonderes Erlebnis.

Info

● *Stadt-Information,* Burgplatz 4, 17235 Neusterlitz, Tel. (03981) 253119, Fax 205443, Internet: www.neustrelitz.de, E-mail: stadtinformation@neustrelitz.de

● *Müritz-Nationalpark-Infozentrum,* Am Tiergarten, Tel. 203284 (mit Ausstellung „Landschaft im Wandel", Mai-Okt. tägl. 10-17 Uhr)

Neustrelitz, Umgebung

Unterkunft
- *Park Hotel Fasanerie,* Karbe-Wagner-Str. 59, Tel. 48900, Fax 443553 (zentral, aber ruhig in der Fasanerie am Teich gelegener Neubau)
- *Hotel Schloßgarten,* Tiergartenstr. 15, Tel. 24500, Fax 245050 (Neubau in zentraler Lage)
- *Landhotel Café Prälank,* Prälank/Kalkofen 4, Tel. 200910, Fax 203285 (ca. 5 km westl. reizvoll im Grünen an kleinem See gelegen)
- *Inselhotel Brückentinsee,* in Dabelow/Brückentin, Tel. (039825) 20274 (idyllisch und abgeschieden am Dabelower See gelegen)
- *Pension Seeblick,* in Klein Trebbow, Dorfstr. 20, Tel. 447135 (preiswerte Pension am Kluger See)

Gastronomie
- *Blauer Kiesel,* Adolf-Friedrich-Str. 11, Tel. 205363 (direkt am Glambecker See mit toller Seeterrasse)
- *Helgoland,* Am Hafen, Tel. 200430 (direkt am Zierker See, mit schöner Seeterrasse)
- *Schloßkeller,* Schloßstr. 1, Tel. 206711

Kultur
- *Stadtmuseum,* Schloßstr. 3, Tel. 205874 (Mai-Sept. Di.-So. 11-17 Uhr, Okt.-April Di.-Fr. 10-17 Uhr, So. 13-17 Uhr)
- *Landestheater,* F.-L.-Jahn-Str. 14, Tel. 277-0, Service-Tel. 206400
- *Stadtkirche,* Tel. 205542 (Turmbesteigung möglich, Juli/Aug. Mo.-Fr. 10-12 u. 15-17 Uhr)
- *Basiskulturfabrik,* Sandberg 3a, Tel. 203145 (soziokulturelles Zentrum mit Kino, Galerie)
- *Tiergarten,* Am Tiergarten 14, Tel. 204489 (Juni-Aug. tägl. 9-19 Uhr, Mai/Sept. tägl. 9-18, Okt.-April tägl. 9-16 Uhr)
- *Schlosskirche,* Plastik-Galerie (Mai-Sept. tägl. 10-18 Uhr)
- *Slawendorf am Zierker See,* Tel. 273135 (April-Okt. tägl. 10-18 Uhr)
- *Orangerie,* im Schlosspark (Mai-Sept. tägl. 10-18 Uhr)

Umgebung

Müritz-Nationalpark (Ostteil)

Das Territorium des Müritz-Nationalparks ist geteilt. Östlich von Neustrelitz liegt der kleinere Teil, der jedoch dem großen Bereich an der Müritz in nichts nachsteht. Zwischen den Orten Fürstensee und Carpin erstreckt sich eine unglaublich schöne Natur. Fast die ganze Region bedeckt herrlicher Wald, in den eingestreut große und kleine Seen liegen. Gänzlich unbewohnt ist das riesige **Serrahner Waldgebiet,** das gleich mehreren Adlerarten einen intakten Lebensraum

bietet. Durch das streng geschützte Gebiet bei Serrahn, in dessen Mitte malerisch die ehemalige Försterei Serrahn liegt, führen zwei Lehrpfade, die nicht verlassen werden dürfen. Beobachtungstürme und -plattformen bieten hier die Möglichkeit zur Natur- und Tierbeobachtung.

Eingangstore, an denen Schautafeln über die markierten Routen durch den Ostteil des Nationalparks informieren, gibt es bei Carpin, Grünow, Herzwolde und Fürstensee.

Info
- *NLP-Information Serrahn,* Tel. (039821) 40343 (mit Ausstellung „Serrahner Waldgeschichten", Mai-Okt. tägl. 10-17 Uhr)
- *NLP-Information Bergfelder Schmiede,* Tel. (039821) 40343 (in hist. Schmiede mit Originaleinrichtung, geöffnet auf Anmeldung)

Königin Luise von Preußen

„Ein biegsamer Hals, auf dem das Haupt edel ruhte, die Schultern und die Arme waren von schöner Form und ihre Farbe blendend frisch; das Haar war blond, die Gestalt von tadellosem Ebenmaß, obwohl ihre Hände und die Füße etwas stark erschienen. Aus den großen seelenvollen Augen strahlte ein Blick von gewinnendem Liebreiz. Die Schönheit der Gestalt zeigte sich besonders in den elastischen Bewegungen ihres Ganges und wenn sie ritt und tanzte." So beschrieb ihr Biograph *Paul Bailleu* die vom Volke tief verehrte und fast zur Legende stilisierte Königin.

Geboren wird *Luise* als Prinzessin von Mecklenburg-Strelitz 1776 in Hannover. Aufgewachsen ist das temperamentvolle und heitere Mädchen zwar in bester lutherischer Frömmigkeit, jedoch fast gänzlich ohne Bildung.

1793 wird sie im Alter von 17 Jahren mit dem Kronprinzen *Friedrich Wilhelm III.* verheiratet. Ihr Gatte, der 1797 den preussischen Thron besteigt, ist ein schüchterner, in sich gekehrter Herrscher, der zwar sehr fromm und von stattlicher Erscheinung ist, aber als Regent unsicher, tatenlos und ohne Fortüne. Zeitlebens bildet *Luise* den zupackenden, aktiven Part in der Ehe. Die zehnfache Mutter begleitet ihren Mann auf sämtlichen Inspektionsreisen durch das Land und erwirbt durch ihre freundliche Art, ihre reizvolle Erscheinung und harmonische Ausstrahlung schnell die Liebe ihrer Untertanen. Eifrig bemüht sich die treue Gattin und wissbegierige Landesmutter um ihre Bildung. Sie pflegt Kontakt zu den literarischen Kreisen um Frau *von Berg* und zu den fortschrittlichen, reformerischen Kräften um Freiherr *von Stein, Scharnhorst und Hardenberg*.

Die glühende Patriotin, obwohl eigentlich unpolitisch veranlagt und ohne tieferes Verständnis für Staatsangelegenheiten, steigt mit ihrer berühmten Reise nach Tilsit, wo sie 1807 den ihr persönlich zutiefst verhassten *Napoleon* nach der Niederlage Preußens – vergeblich – um mildere Friedensbedingungen bittet, zur Symbolfigur des nationalen Widerstandes auf. Obwohl nach 10 Geburten chronisch kränkelnd und durch die lange Reise geschwächt, kämpft sie verbissen und zäh gegen die napoleonische Fremdherrschaft weiter. Die anmutige Idealistin bleibt bis zu ihrem Tode und darüber hinaus für ihr Volk die Verkörperung der Hoffnung auf Freiheit und Selbstbestimmung. Am 19.7.1810 verstirbt sie im Alter von 34 Jahren auf dem elterlichen Sommersitz in Hohenzieritz. Unter großer Anteilnahme des Volkes wird sie in einem Mausoleum in Berlin-Charlottenburg beigesetzt.

Karte Seite 177 **Neustrelitz, Umgebung**

Seenland- Zwischen dem Serrahner Teil des Müritz-Natio-
schaft nalparks, dem Naturpark Tollense und dem
Serrahn- Naturpark Feldberger Seenlandschaft liegt die
Wanzka Seenlandschaft Serrahn-Wanzka. Auf dem
knapp 200 qkm großen Gebiet leben gerade
3.800 Menschen. Eingestreut in die hügelige
Endmoränenlandschaft liegen kleine, kaum von
der Außenwelt berührte Dörfchen. Die unberührten Moore, sauberen Seen und stillen Wälder
bieten noch Adler, Weiß- und Schwarzstorch,
Kranich, Eisvogel und Fischotter Lebensraum.
Kernstück der Seenlandschaft sind die durch
Feuchtwiesen miteinander in Verbindung stehenden Seen **Rödliner See** und **Wanzkaer See.** Im
Dorf Wanzka gründete 1283 der Zisterzienserorden ein Kloster. Von der Klosteranlage sind
noch ein Klostertor und die **Klosterkirche,** ein
langgestreckter, einschiffiger Bau, erhalten.

●*Info: Fremdenverkehrsverein „Seenlandschaft Serrahn-Wanzka",* Bahnhof 82, 17237 Blankensee, Tel. (039826)
12315 (Mo.-Fr. 9-12 u. 13-16 Uhr)

Hohen- In dem kleinen Bauerndorf liegt ein von einem
zieritz Landschaftspark im englischen Stil umgebenes
8 km N **Barockschloss.** In dem 1746-51 erbauten
Schloss, starb 1810 im Alter von 34 Jahren die
Königin *Luise von Preußen.* Im vom englischen Gartenarchitekten *Thompson* gestalteten Schlosspark
stehen eine **Rundkirche** (1806) und der **Luisentempel,** ein Rundtempel im dorischen Stil. Im neu
restaurierten Schloss hat nun das Müritz-National-
parkamt seinen Sitz. In drei Räumen ist die „Luisen-Gedenkstätte" untergebracht, die auch *Luises*
Sterbezimmer zeigt. In der alten, direkt an der
Durchgangsstraße gelegenen Dorfschmiede von
1825 hat sich ein kleines **Dorfmuseum** eingerichtet, das sich neben der Ortsgeschichte auch
dem Leben und Wirken der Königin *Luise* widmet.

●***Museum:*** *Luisen-Gedenkstätte,* im Schloss, Tel. (039824)
20020 (Di.-Fr. 10-11 u. 14-15 Uhr, Sa./So. 14-17 Uhr);
Dorfmuseum Alte Schmiede, an der Hauptstr. (Besichtigung
über Frau *Lau,* gegenüber Haus Nr. 15 klingeln oder Tel.
(039824) 20513)

Neustrelitz, Umgebung

Penzlin
16 km N

Die kleine Stadt (2700 Einw.) an der Straße von Neustrelitz nach Neubrandenburg gelangte im 15. Jh. in den Besitz der Familie *von Maltzahn*. Die Gutsherren errichteten sich eine Burg, auf der sie bis 1945 saßen. Von dieser **Alten Burg** haben sich neben einem Torhaus zwei aneinanderstoßende Gebäude erhalten. Nach umfangreichen Restaurationsarbeiten zeigt sie sich nun wieder als geschlossene Anlage mit Burg, Burghof, Burggarten und Teilen der alten Stadtmauer.

In der Burg ist das **Museum Alte Burg** beheimatet. Neben historischen Räumlichkeiten wie dem Rittersaal und der Burgküche, in der dem Besucher Proben diverser Liebestränke und anderer Kräutergebräue gereicht werden, lockt es vor allem mit dem **Hexenkeller.** Eine Falltür führt in die unterirdischen Verliese und Folterkammern, in denen bis Ende des 17. Jh. sog. Hexen gequält wurden. „Betreffend Tortur sind mir die Daumenschrauben und die Beinschrauben angelegt und selbige weiter zugeschroben worden. Dieser Folterakt mit den dazu gehörenden Ermahnungen hat fast eine Stunde gewähret", berichtet laut alten Prozessakten die Penzliner „Hexe" *Benigna Schulzen,* die 1699 hier eingesperrt war.

Neben dem gruseligen Hexenzauber widmet sich das Museum auch dem in Penzlin aufgewachsenen Dichter *Johann Heinrich Voß* (1751-1826). Berühmt wurde der radikale Demokrat und überzeugte Kämpfer gegen den Feudalabsolutismus durch seine Übersetzungen der Märchen „Tausendundeine Nacht" sowie der „Ilias" und der „Odyssee", die die Hinwendung des Bürgertums zur Antike und deren idealisierte Verherrlichung maßgeblich mit auslösten.

Auf dem Friedhof der über dem Städtchen thronenden **Marien-Kirche** (13. Jh.) steht die hübsche, neugotische **Grabkapelle** der *Maltzahns.* Auf dem Mühlberg beim Badesee erinnert ein Obelisk an die Aufhebung der Leibeigenschaft 1816. Ein Spaziergang am Seeufer führt nach Werder und dem **Grabhügel** von *Joseph von Maltzahn,* den eine Pyramide krönt.

Karte Seite 177 **Neustrelitz, Umgebung**

- **Info:** *Tourist-Information,* Alte Burg, 19399 Penzlin , Tel. (03962) 210064, Fax 210515, Internet: www.penzlin.de (Mai-Okt. Mo.-Fr. 9-17 Uhr, Sa./So. 10-14 Uhr, Nov.-April Mo-Fr 9-17 Uhr)
- **Gastronomie:** *Burgrestaurant in der Alten Burg,* Tel. 211630 (Mecklenb. Küche im rustikalen Ambiente)
- **Museum:** *Alte Burg,* Burgstraße, Tel. 210494, (Mai-Okt. Di.-Fr. 9-17 Uhr, Sa./So. 10-17 Uhr; Nov.-April Di./Mi. 10-13 Uhr, Sa./So. 13-16 Uhr)

Wesenberg
15 km SW

Die um 1250 gegründete Ackerbürgerstadt am Woblitzsee hat neben einer **Heimatstube** im Burgturm in der schmucken Villa Pusteblume das überaus sehenswerte, von einem Privatmann aufgebaute **Museum für Blechspielzeuge** und mechanische Musikinstrumente zu bieten, dessen einzelne Exponate nicht nur Liebhabern das Herz höher schlagen lassen werden. Besonders anziehend an Wesenberg ist aber seine einmalige Lage inmitten der herrlichsten Seenlandschaft, die sie zum idealen Ausgangspunkt für Wasserwanderer, Radfahrer sowie Wanderer macht. Da der Woblitzsee durch die **Wasserstraße Obere Havel** Verbindung zu den anderen Seen hat, kann man von hier aus mit dem Boot in alle Himmelsrichtungen sagenhaft schöne Touren unternehmen. Eine Fülle von Campingplätzen, teils spartanisch ausgestattete, aber traumhaft schön gelegene Naturplätze, machen die fantastisch verflochtene Wald- und Wasserlandschaft um Wesenberg zum Traumziel für nach Ruhe und stiller Natur sich Sehnende und Wassersportler aller Couleur.

M. Seenplatte

- **Info:** *Informationsbüro,* Burgweg, 17255 Wesenberg, Tel. (039832) 20621, Fax 20383, Internet: www.wesenberg-mecklenburg.de, E-mail: info@wesenberg-mecklenburg.de (Okt.-April Mo-Fr 10-16 Uhr; Mai/Sept. täg. 10-17 Uhr, Juni-Aug. tägl. 10-18 Uhr)
- **Unterkunft:** *Seehotel Borchard's Rookhus,* Am Gr. Labussee, Tel. 500, Fax 50100 (idyll. Lage im Müritz-NLP direkt am See, mit Badestrand)
Waldhotel Johannesruh, bei Wustrow, Tel./Fax (039828) 20226 (still und einsam im Wald gelegen)
Hotel Zum Löwen, in Strasen, Dorfstr. 41, Tel. (039828) 20285, Fax 20391 (direkt an Kanalschleuse gelegen, im Restaurant/Sonnenterrasse Mecklenburger Spezialitäten

Pension Havelbrücke, in Priepert, Tel. (039828) 20448 (kleine Pension an der Wasserstraße)
Pension Zur Schleuse, in Canow, Canower Allee 8a, Tel. (039828) 20392, Fax 20138 (in Ortsmitte direkt an der Kanalschleuse gelegen, mit Landgasthof)
Camping am Labussee, bei Canow, Tel. 20272, Fax 20644, (ganzjährig, direkt am See)
Camping am Kl. Pälitzsee, bei Canow, Tel. 20657 (April-Okt., einfach ausgestatteter Platz direkt am See)
Camping am Gobenowsee, bei Drosedow, Tel./Fax 20355 (Ostern-Okt., sehr schön am Südufer zwischen See und Wald gelegen)
9 *Campingplätze* in der Region, davon 2 FKK-Plätze, betreibt Haveltourist: Info/Buchung: Haveltourist, 17237 Groß Quassow, Campingpark Havelberge am Woblitzsee, Tel. (03981) 24790, Fax 247999, Internet: www.haveltourist.de

●*Museum: Heimatstube,* im Burgturm, Tel. 20621 (tägl. Mai 10-18 Uhr, Juni/Juli/Aug.10-19 Uhr, Sept. 10-17 Uhr, Okt. 10-16 Uhr); *Museum für Blechspielzeuge und mechanische Musikinstrumente,* Burgweg 1, Tel. 21362 (Ostern-Okt. Mo./Mi./Do./Fr. 10-18 Uhr, Sa./So. 13-18 Uhr, Nov.-Ostern Mo./Mi./Do./Fr. 10-16 Uhr)

Schleuse Müritz-Havel-Wasserstraße

Karte Seite 177 **Neustrelitz, Umgebung**

Mirow
28 km SW

Die Kleinstadt Mirow (5.000 Einw.) liegt inmitten der Kleinseenlandschaft am Ufer des Mirower Sees. Sie wurde 1227 vom Johanniter-Ritterorden als Komturei gegründet. Ihr Name leitet sich vom slawischen Wort „miru" ab, was soviel wie „Frieden" bedeutet. Nach der Reformation übernahm Herzog *Christoph von Mecklenburg* 1552 die Ordensbesitzungen. Mirow wird eine beliebte Sommerresidenz der Mecklenburger Herzöge. Nach der Landesteilung von 1701 kommt Mirow zur Linie Mecklenburg-Strelitz, die unter *Adolf Friedrich II.* ihr Erbbegräbnis hierher verlegt. Nach seinem Tod 1708 nimmt seine Frau *Emilie Antoinie von Schwarzburg-Sonderhausen* in Mirow ihren Witwensitz. Dafür wird das alte Ordenshaus abgerissen und ein barockes Schloss errichtet.

Das **Mirower Schloss,** ein Nachfolgebau von 1749, ist die Sehenswürdigkeit der betulichen Provinzstadt. Es liegt sehr reizvoll auf der in den Mirower See hinausragenden **Schlossinsel.** Durch ein Torhaus, das vom herzoglichen Wappen geschmückt wird, gelangt man in den Schlossbereich. Die gotische **Schlosskirche** ist einer der ältesten Kirchenbauten in Mecklenburg. Sie wurde im 14. Jh. von den Ordensrittern errichtet. An der Nordseite liegen die Herzogsgrüfte. Hinter dem Schloss führt eine kleine Brücke auf die **Liebesinsel.** Auf dem romantischen Eiland wurde der letzte Großherzog von Mecklenburg-Strelitz, *Adolf Friedrich VI.*, begraben. Er hatte sich 1918, als die revolutionären Unruhen die Monarchie wegfegten, das Leben genommen.

Mirow liegt an der **Müritz-Havel-Wasserstraße** und ist deshalb als Ausgangspunkt für Wasserwanderungen sehr geeignet.

●**Info:** *Tourist-Information,* Torhaus Schlossinsel 17252 Mirow, Tel./Fax (039833) 28022 (Mai-Aug. Mo.-Fr. 9-18 Uhr, Sa. 9-13 Uhr, Sept.-15. Okt. u. April Mo.-Fr. 9-17 Uhr, 15. Okt.-März Mo./Mi. 9-12 Uhr, Di./Do./Fr. 9-16 Uhr)
●**Unterkunft:** *Hotel an der Seepromenade,* R.-Breitscheid-Str. 49, Tel. 2820, Fax 28282 (kleines neues Hotel, Zi. teilw. mit Seeblick, Boots-, Fahrradverleih);
Seehotel, Schlossinsel 3, Tel. 20346, Fax 22180 (stille, idyllische. Lage am See, Boots-, Fahrradverleih)

Hotel Oase, in Mirow-Fleeth, Dorfstr. 8, Tel. 22194, Fax 20342 (an der Wasserstraße in von Seen umgebenem Dorfidyll, mit Badestrand, Boots-, Fahrradverleih)

Pension Fischerhaus, in Blankenförde, Tel. (039829) 20212 (still gelegene Herberge im Müritz-NLP, mit Badestrand, Boots-, Fahrradverleih, Restaurant)

Borchard's Rookhus, in Zwenzow, Am Gr. Labussee, Tel. 500, Fax 50100 (schönes Reetdachhaus in romantischer Lage, im Restaurant hervorragende Küche)

Ferienpark Granzow, in Granzow, Dorfstr., Tel. 600, Fax 60110 (Ferienhäuser am See, Badestrand, Boots-, Fahrradverleih, Reitmöglichkeit, uriges Café am See)

JH An der Clön, Retzower Str., Tel. 26100, Fax 261030 (mit Zeltplatz)

Camping Mössensee, bei Fleeth, Tel. (039833) 22030 (ganzjährig, gut ausgestatteter Platz am See, Boots-, Fahrradverleih)

Camping Rätzperle, bei Fleether Mühle, Tel. (039833) 22095 (April-Okt., großer, einfach ausgestatteter Naturplatz, FKK, Hundeverbot!)

● **Gastronomie:**

Strandrestaurant, Strandstr. 20, Tel. 22019 (Fisch-, Wildgerichte der Region, mit Sonnenterrasse, Bootsverleih, Strandbad, Zeltplatz, Pension)

Alte Schmiede, in Leussow, Dorfstr. 27, Tel. 20743 (Landgasthof mit Wild-, Fischgerichten, Mecklenburger Spezialitäten, mit Hotel)

Galeriecafé Ginko, in Zempow, Tel. 70303 (Nichtrauchercafé mit Terrasse und Ausstellungen; im Haus auch Kurse in freier Malerei und Gestaltung)

Wappen am Torhaus von Schloss Müritz

Karte Seite 177 **Neustrelitz, Umgebung**

Feldberg
28 km O

„Eine der schönst gelegenen Sommerfrischen Norddeutschlands" nannte der berühmte Arzt *Rudolf Virchow* das kleine Grenzstädtchen Feldberg. Es liegt unmittelbar an der Landesgrenze zu Brandenburg. 1236, als es unter dem Namen „Veltberge" zum ersten Mal erwähnt wurde, verhielt es sich noch anders herum. Da war die Burg auf einer Insel im Haussee noch die Grenzfeste der brandenburgischen Markgrafen gegen die Herzöge von Pommern. Zu einer der „schönst gelegenen Sommerfrischen" macht das gerade 3.000 Einwohner zählende Städtchen die Kette von miteinander verbundenen Seen, die nicht nur optisch zu den schönsten Mecklenburgs gehören, sondern auch mit das klarste Wasser haben. Der Breite Luzin ist mit 58,5 m Tiefe auch noch der zweittiefste See des Bundeslandes.

Untrennbar mit Feldberg verbunden ist der Autor von „Kleiner Mann, was nun?", der Schriftsteller *Rudolf Ditzen*, der sich *Hans Fallada* nannte. Der unstete und morphiumsüchtige Schriftsteller zog sich nach der Machtergreifung der Nazis nach Carwitz, einem Ortsteil von Feldberg, zurück, wo er auch begraben liegt.

Die beschauliche Kleinstadt wird vom 53 m hohen Turm der Backsteinkirche überragt. Die

Kirche von Carwitz mit freistehendem Glockenturm

Neustrelitz, Umgebung

1872-75 errichtete neugotische **Backsteinbasilika** ist Feldbergs einzige bauliche Sehenswürdigkeit. Über die Geschichte der Stadt von der ehemaligen Grenzburg bis heute informiert die im alten Spritzenhaus untergebrachte **Heimatstube.**

Der **Ortsteil Carwitz** liegt, etwa 3 km von der Stadt entfernt, atemberaubend bezaubernd auf einer schmalen Landzunge zwischen drei Seen. „Von allen Fenstern aus sehen wir Wasser, lebendiges Wasser, das Schönste auf Erden. Es blitzt auf zwischen den Wipfeln uralter Linden; es verliert sich in der Ferne, begleitet von schmächtigen Ellern" beschreibt *Fallada* in „Bei uns zu Haus" die phantastische Aussicht von dem Höhenrücken über die verworren-verwobene Wasserlandschaft.

Der 1893 in Greifswald geborene Autor, der nach einem Duell mit 18 Jahren erst im Gefängnis und danach in einer Nervenheilanstalt landete, wurde 1945 von den Sowjets als Bürgermeister von Feldberg eingesetzt. Seit der Zeit in der Nervenklinik morphiumsüchtig und stark alkoholgefährdet, war *Fallada* der Aufgabe jedoch nicht gewachsen und mussten erneut in die Nervenklinik eingeliefert werden. Nach Vollendung seines letzten Werkes „Jeder stirbt für sich allein" starb er am 5.2.1947 in der Berliner Charité. Am 13. 11. 1981 wurden seine sterblichen Überreste von Berlin nach Carwitz überführt und auf dem Dorffriedhof beigesetzt.

Eingang Fallada-Park

Neustrelitz, Umgebung

Der Besuch des **Fallada-Grabes** lohnt nicht nur aus Gründen der Verehrung für den großen Schriftsteller, sondern auch der Aussicht wegen, die sich von dem am Hang gelegenen **Fallada-Park** über die Wasser des Schmalen Luzin eröffnet. In seinem Wohnhaus erinnert die **Hans-Fallada-Gedenkstätte** an den Verfasser solch vielgelesener Romane wie „Wer einmal aus dem Blechnapf frisst" oder „Bauern, Bonzen und Bomben". Interessierten bietet das **Fallada-Archiv** (Eichholz 3) Einblick in originale Handschriften und Manuskripte Falladas.

Wer in Carwitz weilt, sollte es keinesfalls versäumen, über den **Hullerbusch,** den schmalen Höhenrücken zwischen dem Schmalen Luzin und dem Carwitzer See, zu wandern oder zu radeln. Durch herrliches Heideland führt der Weg zum 119 m hohen **Hauptmannsberg** mit toller Aussicht und zum romantisch im Wald gelegenen Ausflugsrestaurant „Hullerbusch". Von hier verkehrt im Sommer eine handbetriebene und vom Fährmann *Karzikowski* selbst konstruierte **Personenfähre** zum auf der anderen Uferseite gelegenen Feldberg.

● **Info:** *Kurverwaltung Feldberger Seenlandschaft,* Haus des Gastes, Strelitzer Str. 42, 17258 Feldberg, Tel. (03 98 31) 2700, Fax 27027 (Jan.-Sept. Mo.-Fr. 9-18 Uhr, Sa. 9-12.30 Uhr, Juli/Aug. Mo.-Fr. 9-18 Uhr, Sa. 9-16 Uhr, So. 9-12.30 Uhr)

● **Unterkunft:** *Hotel Hullerbusch,* auf dem Hullerbusch, Tel. 20243, Fax 20866 (herrliche Einzellage im NSG, mit Boots-, Fahrradverleih);
Hotel Forsthaus St. Hubertus, in Lichtenberg, Tel. 20344, Fax 20946 (paradiesisch in den Lichtenberger Tannen auf einer Halbinsel im Schmalen Luzin gelegen, mit Seeterrasse, Boots-, Fahrradverleih);
Hotel Deutsches Haus, Strelitzer Str. 15a, Tel. 20340, Fax 20972 (direkt am Haussee, mit Bootsanleger, Gartenlokal am See);
Pension Zum Schulzensee, in Waldsee, Waldsee 8, Tel. (039820) 30276, Fax 30278 (schöne Lage im Wald am See mit Restaurant);
JH, Robert-Kahn-Weg 1, Tel. 20520, Fax 22178;
Camping, Am Dreetzsee bei Thomsdorf, Tel. 746, Fax 55106 (Ostern-Okt., direkt am kristallklaren See gelegen);

Camping Carwitzer See, Dorfstr. 19, Tel. 21160 (Ostern-6. Okt., direkt am See bei Carwitz);

Camping Am Bauernhof, Tel. 21084, Fax 21534 (ganzjährig, tolle Lage auf Landzunge im Breiten Luzin)

● **Gastronomie:** *Altes Zollhaus,* Erddamm 31, Tel. 500 (idyllisch am Luzinsee gelegen, mit Hotel, Seeterrasse, Boots-, Fahrradverleih);

Hullerbusch, auf dem Hullerbusch, Tel. 20243 (romantische Lage, von Feldberg mit der handbetriebenen Personenfähre über den Schm. Luzin zu erreichen);

Stieglitzenkrug, Schlichter Damm 10, Tel. 20375 (Waldrestaurant am Haussee, Liegewiese, Boots-, Fahrradverleih, Pension);

Fischerhütte, Auf dem Amtswerder, Tel. 20205 (Fischspezialitäten,-räucherei mit Fisch aus den Feldberger Seen, mit Verkauf)

● **Museum:** *Heimatstube,* Am Amtsplatz 13 (Mai-Sept. Mi./Fr./Sa. 14-16 Uhr);

Hans-Fallada-Haus, in Carwitz, Zum Bohnenwerder 2, Tel. 20359 (Mai-Okt. Di.-So. 10-17.00 Uhr, Nov.-April Di.-So. 14-16 Uhr);

Waldmuseum „Lütt Holthus", bei Lüttenhagen, Tel. 59125, (Mai- Sept Di.-So. 10-18 Uhr; Okt.-April Di.-Sa. 13-16 Uhr) riechen, fühlen, hören des Waldes und seiner Bewohner

● **Fähre:** *Luzinfähre,* Luzinhalle, Tel. 20814 (handbetriebene Seilfähre, Juni/Sept Mo.-Fr. 10-17 Uhr, Sa./So. 9-18 Uhr, Juli/Aug. Mo.-Fr. 9-18 Uhr, Sa./So. 9-19 Uhr, bei Schönwetter auch länger)

Wanderweg im NSG

Naturparks Feldberger/ Uckermärkische Seenlandschaft

Landeszugehörigkeit

Mit einer Gesamtgröße von 1.100 km² gehören die beiden aneinandergrenzenden **Naturparks Feldberger Seenlandschaft** und **Uckermärkische Seen** zum größten Großschutzgebiet der Region. Dabei liegt jedoch nur der NP Feldberger Seenlandschaft in Mecklenburg-Vorpommern. Der NP Uckermärkische Seen, der mit 895 km² etwa zwei Drittel der Fläche einnimmt, liegt bereits im Land Brandenburg. Aus praktischen Reisegründen wollen wir jedoch hier die politischen Grenzen beiseite lassen und, um die wunderschöne Seenlandschaft nicht zu zerreißen, wenigstens kurz auf den Brandenburger Teil eingehen.

Touristische Tradition

Sind andere Großschutzgebiete des Landes erst seit der Maueröffnung zum touristischen Ziel geworden oder verdanken ihr Entstehen überhaupt der Teilung Deutschlands, verhält es sich bei der Feldberger/Uckermärkische Seenlandschaft anders. Das herrliche Wald- und Seenrefugium gilt nicht zu Unrecht als eines der schönsten Erholungsgebiete Norddeutschlands und zieht seit langem schon Sommerfrischler und Naturfreunde an. Die kleinen Städtchen Feldberg, Lychen, Templin und Fürstenberg haben eine *lange Vergangenheit als Ausflugsziele* und eine dementsprechende Ausstattung an traditionsreichen touristischen Einrichtungen und herrlich gelegenen Ausflugsgaststätten.

Lage und Naturräume

Die Naturparks erstrecken sich ungefähr zwischen der Linie Neustrelitz – Fürstenberg – Templin – Boitzenburg – Woldegk. Ihre von eiszeitlichen Gletschern modellierte Oberflächengestalt ist besonders im Feldberger Raum ausgesprochen belebt und abwechslungsreich. Hier treffen zwei Endmoränenbögen zusammen, die quer

Feldberger/Uckermärkische Seenlandschaft

durch den nördlichen Teil des Naturparks verlaufen. Die aufgeschobenen Hügel erheben sich hier bis knapp zur 150-m-Marke. In den Senken zwischen den Hügeln blinken langgestreckte, kristallklare Rinnenseen, die mit einer Tiefe bis 58 m die tiefsten des Landes sind.

Gut 15 % der Gesamtfläche, die auch den Serrahner Teil des Müritz-Nationalparks umfasst, nehmen die 29 ausgewiesenen Naturschutzgebiete ein. Etwa die Hälfte der Naturparkfläche ist bewaldet. Während die Moränenhügel noch mit ausgedehnten Laubwäldern, insbesondere Perlgras-Buchenwald, bestockt sind, dehnen sich in den großen Sandergebieten im südlichen Teil große Kiefernwälder aus.

NSG Heilige Hallen

Besonders erwähnenswert ist das NSG Heilige Hallen unweit vom Dorf Lüttenhagen. Die „Heiligen Hallen" sind **Deutschlands ältester Buchenwald.** Das unberührte Waldgebiet mit jahrhundertealten Buchen zeigt, wie einmal der Urwald aussah, der einst die ganze Region bedeckte. Die mächtigen Laubbäume bilden mit ihren ausladenden Kronen im wahrsten Sinne des Wortes grüne Dome und Hallen. Viele der Baummethusalems haben ihr Höchstalter erreicht, sterben ab und machen jungen Buchen Platz. Ein intakter, natürlicher Kreislauf, wie er in unseren forstwirtschaftlich genutzten Wäldern kaum noch anzutreffen ist.

Flora und Fauna

Wie gesund die Natur der nur dünn besiedelten Region noch ist, zeigen ihre Flora und Fauna. Über 1.000 Pflanzenarten hat man gezählt, wovon mehr als 20 % vom Aussterben bedroht sind. Und etwa 10 % des deutschen Gesamtbestandes an Fisch-, See- und Schreiadlern nisten im Bereich der Naturparks. Auch der ebenso seltene wie scheue Fischotter, der als Lebensraum großräumige und fischreiche Gewässer braucht, jagt und spielt hier noch in relativ großer Zahl.

Auch die Sumpfschildkröte findet hier noch eines ihrer letzten Rückzugsgebiete. Und in den Mooren krabbelt die Listspinne, eine der größten

Feldberger/Uckermärkische Seenlandschaft

Spinnenarten unseres Landes, und quakt der bedrohte Moorfrosch.

Lychen Neben Feldberg ist Lychen der bekannteste und meistbesuchte Erholungsort im Großschutzgebiet Uckermärkische Seenlandschaft. Das herrlich inmitten des Naturparks und eines aus sieben Seen bestehenden Seenkreuzes gelegene Städtchen wird oft als das „märkische Interlaken" bezeichnet und ist ein idealer Ausgangspunkt für Exkursionen zu Fuß, Fahrrad oder Boot.

Fürstenberg Das von der Havel durchflossene Fürstenberg gehörte bis 1950 zu Mecklenburg. Sein historischer Kern liegt auf drei Inseln verteilt. Zu seinen Sehenswürdigkeiten zählt die Stadtkirche, die 1845/48 im neubyzantinischen Stil errichtet wurde. Vor den Toren der Kleinstadt liegt Ravensbrück. Hier stand einmal das größte Frauenkonzentrationslager, in dem 130.000 Frauen aus 23 Nationen unter ihren Folterknechten litten. Zehntausende fanden den Tod. Ihre Leichen wurden verbrannt und die Asche in den angrenzenden Schwedtsee geschüttet. Auf dem Gelände ist die **Mahn- und Gedenkstätte Ravensbrück** mit Lagermuseum eingerichtet.

Templin Die kleine Stadt Templin besitzt noch eine fast vollständig erhaltene mittelalterliche Stadtbefestigung mit Türmen, Toren und Wieckhäusern. Im Prenzlauer Tor ist ein kleines Volkskundemuseum untergebracht und im Berliner Tor eine informative Ausstellung über das Biosphärenreservat „Schorfheide", das sich östlich der Stadt erstreckt.

● Ein besonderer Spaß für die ganze Familie ist die Fahrt mit einer Draisine, die man auf einer stillgelegten, 30 km langen Bahnstrecke zwischen Templin und Fürstenberg durch die stille Wald-, Wiesen- und Seenlandschaft machen kann. Unterwegs bieten mehrere Rastplätze Picknickgelegenheiten. In Lychen lädt das Restaurant „Orient-Express" zum Draisinenschmaus. Die Draisinen sind leicht zu fahren und bieten für 2 Erwachsene, 2 Kinder und Gepäck Platz. Start ab Templin od. Fürstenberg, Fahrzeit ca. 6 Std, Preis Mo.-Fr. 46 €, Sa./So. 49 €, Ausgabe 9-12 Uhr, Rückgabe bis 18 Uhr. Vorbestellung unbedingt empfehlenswert, da oft ausgebucht!!

Feldberger/Uckermärkische Seenlandschaft

Schloss Boitzenburg, seit 1528 Sitz des Geschlechts von Arnim, Landvogt von Uckermark

● *Info/ Reservierung:* in Fürstenberg, Draisinenbüro im Bahnhof, Tel. (033093) 37111, Fax 37277, in Templin, über Templin-Information, s. unten

Boitzenburg

Besonders reizvoll ist Boitzenburg. Das winzige Städtlein besitzt einen hübschen Ortskern aus Fachwerkhäusern, darüber hinaus aber auch ein riesiges Schloss mit weitläufigem Schlosspark, einst Sitz der Familie *von Arnim*. Im Park liegen verschiedene Bauten wie der Apollotempel und das Arnimsche Erbbegräbnis. Besonders schön ist auch das Ensemble der Klostermühle. Die wunderschön restaurierten Fachwerkgebäude beherbergen nun das Technische Museum Klostermühle und die Klosterschänke, in der es sich gut speisen lässt. Unmittelbar dahinter leuchten ziegelrot die malerischen Ruinen des ehemaligen Zisterzienserklosters aus dem Grün.

Info

● *Naturpark Feldberger Seenlandschaft,* Haus des Gastes/ Strelitzer Straße 42, 17258 Feldberg, Tel. (039831) 52780, Fax 52789, Internet: www.naturpark-feldberger-seenlandschaft.de, E-mail: naturpark@feldberg.de
● *Naturpark Uckermärkische Seen,* Zehdenicker Str. 1, 17247 Lychen, Tel. (039888) 64530, Fax 64555
● *Tourist-Information,* Am Bahnhof, 16798 Fürstenberg, Tel. (033093)32254, Fax 39233
● *Fremdenverkehrsverband Uckermark,* Am Markt 12, 17268 Templin, Tel. (03987) 52115, Fax 2549
● *Fremdenverkehrsverein Lychen,* Stargarder Str. 1, 17279 Lychen, Tel. (039888) 2255, Fax 4178
● *Fremdenverkehrsverein Templin,* Obere Mühlenstr. 11, 17268 Templin, Tel. (03987) 2631, Fax 53833

Neubrandenburg

Die Vier-Tore-Stadt

"De parl von dat mecklenborg-strelitzsche Reich" nannte der Dichter *Fritz Reuter* einmal die 750-jährige Stadt. Neubrandenburg (73.000 Einw.) liegt auf halbem Weg zwischen Berlin und der Ostsee am Nordufer des großen Tollensesees und am nordöstlichen Rand der Mecklenburger Seenplatte. Die Legende berichtet, dass der brandenburgische Markgraf dem Erbauer der Stadt *Herbord von Raven* zum Dank für seine unverbrüchliche Treue erlaubt hätte, ein neues Brandenburg zu errichten.

Bekannt ist die Sadt durch ihre kreisrunde, von einer Stadtmauer umschlossene Anlage, durch die vier prachtvolle Tore Einlass gewähren. Wie durch ein Wunder blieb die Stadtbefestigung mit ihren Toren fast unbeschädigt, als die Altstadt 1945 nach der sowjetischen Besetzung durch verheerende Brände fast vollständig ausradiert wurde. Obwohl anstelle der historischen Gebäude heute viele moderne Großbauten das Gesicht des historischen Zentrums bestimmen, gibt die von einem grünen Gürtel gesäumte Stadtmauer mit ihren in sie eingefügten, reizenden Wiekhäuschen doch eine sympathisch-angenehme Atmosphäre.

Der Mundartdichter *Fritz Reuter,* so etwas wie der Nationaldichter von Mecklenburg-Vorpommern, hat die Stadt Neubrandenburg, in der er 1856-63 Hauslehrer war, in seinem Roman „Dörchläuchting" ausführlich beschrieben und ihr ein literarisches Denkmal gesetzt.

Geschichte

Neubrandenburg wird im Auftrag des Markgrafen *Johann von Brandenburg* 1248 vom Ritter *Herbord von Raven* planmäßig angelegt. Als vorgeschobene Bastion soll es die im Zuge der deutschen Ostexpansion eroberten Gebiete gegen die Slawen absichern. Hauptzweck der festungsartig

Neubrandenburg

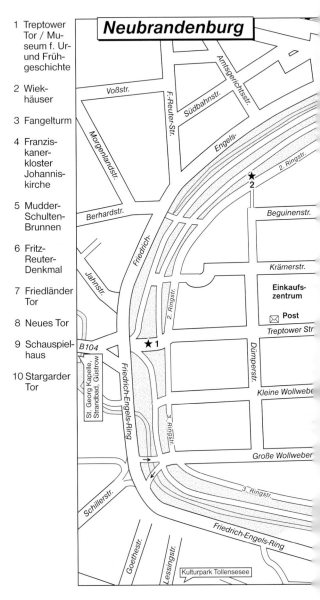

1 Treptower Tor / Museum f. Ur- und Frühgeschichte

2 Wiekhäuser

3 Fangelturm

4 Franziskanerkloster Johanniskirche

5 Mudder-Schulten-Brunnen

6 Fritz-Reuter-Denkmal

7 Friedländer Tor

8 Neues Tor

9 Schauspielhaus

10 Stargarder Tor

Neubrandenburg

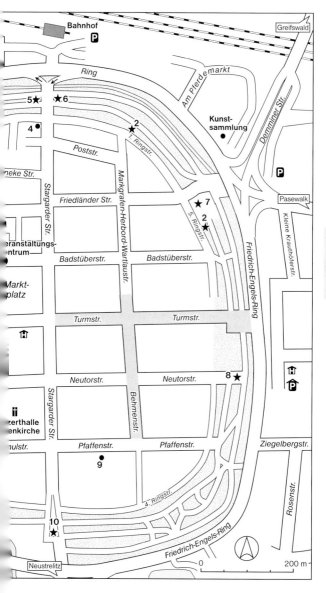

Neubrandenburg

angelegten Stadt ist es, den Handelsweg, der an dieser Stelle das 50 km lange Tollensetal überquert, zu bewachen. Wie der Name schon sagt, gehört die Stadt erst zum Brandenburgischen. Nachdem 1292 durch die Heirat von *Beatrix,* der Tochter des Markgrafen *Albrecht* mit dem Fürst *Heinrich II.* (der Löwe) von Mecklenburg bereits familiäre Bande hergestellt sind, gehen die Stadt Neubrandenburg und das Land Stargard 1298 in den Besitz des Fürstentums Mecklenburg über. Um 1400 ist aus der einstigen Grenzsiedlung eine blühende, einflussreiche Handelsstadt geworden. Zum Schutz gegen „Straßenräuber, Pferde- und Kuhdiebe, Nachtpocher, Mordbrenner und andere Friedensstörer und somit auch gegen den Herzog", so eine alte Überlieferung, schließt sie sich mit anderen Städten der Umgebung zusammen.

Die Blütezeit endet mit dem 30-jährigen Krieg. 1627 wird sie von *Wallensteins* Truppen besetzt. 1631 müssen diese den Schweden weichen, um gleich darauf wieder von den kaiserlichen unter General *Tilly* erobert zu werden. 1665 ist Neubrandenburg völlig ausgeblutet, muss Konkurs anmelden und seine sämtlichen Besitzungen abtreten. 1701 entsteht durch die Landesteilung das selbstständige Fürstentum Mecklenburg-Strelitz. 1775 lässt ihr „Dörchläuchting" *Adolf Friedrich IV.* seine Sommerresidenz in der Stadt errichten.

Nachdem die wegen ihrer Anlage und Stadtbefestigung weithin bekannte Stadt viele Kriege überstanden hat, wird sie in den letzten Kriegsmonaten schwer bombardiert. Was nicht bereits durch den Beschuss der heranrückenden Roten Armee zerstört wird, fällt den großen Bränden zum Opfer, die nach der Besetzung in der Stadt fast 80 % der Altstadt völlig vernichten.

Sehenswert

Stadtbefestigung

Wie schon erwähnt, überstand die Stadtbefestigung relativ unbeschadet das Kriegsinferno, und Neubrandenburg darf sich mit der Auszeichnung, **die vollständigste Stadtmauer Norddeutschlands** zu besitzen, rühmen. Deshalb muss man in Neubrandenburg unbedingt die herrliche Stadtmauer und ihre vier Tore anschauen.

Der anfängliche hölzerne Palisadenzaun wurde ab 1300 durch eine bis zu 7,5 m hohe und 2.500 m lange Feldsteinmauer ersetzt. In die Mauer eingelassen wurden dabei 56 so genannte **Wiekhäuser,** die wie Schwalbennester hoch oben an der Mauer kleben. Sie dienten wie die beiden Fangeltürme als Beobachtungs- und Verteidigungsanlagen, aus denen man bis zur Mauer vorgedrungene Angreifer aus sicherer Deckung heraus unter Beschuss nehmen konnte. Heute schmücken 25 dieser niedlichen, liebevoll rekonstruierten Minihäuschen die Mauer.

Eintritt gewähren die vier imposanten Stadttore, die alle hervorragende Beispiele der gotischen Backsteinkunst sind. Das *Friedländer Tor* ist das älteste und am vollständigsten erhaltene Tor. Es besteht aus Vor- und Haupttor sowie aus dem Zingel, einem vorgelagerten, halbrunden Kampfturm. Heute sind in der Toranlage aus dem 15. Jh. ein gemütliches Café und ein Zentrum für Bildende Kunst untergebracht. Das Zentrum veranstaltet in seiner Galerie regelmäßig künstlerische und kunsthandwerkliche Ausstellungen.

Wiekhaus

Geht man im Uhrzeigersinn an der Stadtmauer entlang, gelangt man als nächstes zum jüngsten Stadttor, dem **Neuen Tor.** Es wurde im 15. Jh. in die Stadtmauer eingefügt. In den stadtseitigen Nischen stehen acht lebensgroße Frauenfiguren, die in einer Geste, als wollten sie sagen „wissen wir auch nicht", die Hände heben. Tatsächlich weiß man auch nicht, warum sie da stehen. Ihre Bedeutung ist nicht geklärt. Heute ist das Neue Tor Sitz der Fritz-Reuter-Gesellschaft.

Das am aufwendigsten verzierte Tor ist das **Stargarder Tor,** das man als nächstes erreicht. Es ist eines der schönsten Stadttore ganz Deutschlands. Es besteht aus Vor- und Haupttor und aus einem Wächterhäuschen. In den Nischen des reich gegliederten und durch verschiedenfarbige Ziegel verzierten Tores stehen neun lebensgroße weibliche Figuren, die ihre Arme ähnlich halten wie die im Neuen Tor.

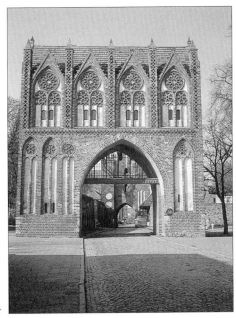

Stargarder Tor

Das vierte Stadttor ist das **Treptower Tor.** Das Ende des 14. Jh. erbaute Haupttor ist mit 32 m das höchste Tor Neubrandenburgs. Es beherbergt das **Museum für Ur- und Frühgeschichte**. Zu seinen Schätzen zählen **Grabungsfunde vom „Delphi des Nordens",** wie man die heilige slawische Tempelstadt Rethra auch nennt. Lange Zeit war die genaue Lage des höchsten Heiligtums des in der Tolleseregion siedelnden Slawenstamms der Lutizen unbekannt. Bereits seit dem 14. Jh. versuchten Gelehrte, das im Zuge der deutschen Kolonisation zerstörte und in den Lutizen-Chroniken geschilderte Tempelzentrum ausfindig zu machen. An insgesamt 35 verschiedenen Örtlichkeiten vermutete man die verschollene, heilige Stadt. Schließlich entdeckten Mitglieder des Regionalmuseums im Sumpfgebiet am südlichen Ende des Tollensesees eine weitläufige slawische Stadtanlage, die auf drei Inseln im See verteilt war. Es gilt als sehr wahrscheinlich, dass die um 1270 durch das Ansteigen des Seespiegels im wahrsten Sinne des Wortes untergegangene Stadt das lange gesuchte Rethra ist.

Altstadt Zu den wenigen Bauwerken in der Altstadt, die den letzten Krieg wenigstens als Ruine überstanden, gehört die 1298 geweihte **Marienkirche.** Sie gilt als eines der bedeutendsten Bauwerke der Backsteingotik. Der schwer zerstörte Sakralbau wurde aufwendig rekonstruiert und ist nun Deutschlands wohl aufregendste Konzerthalle. Der finnische Architekt *Prof. Pekka Salminen* integrierte in die altehrwürdige Backsteinhülle einen hochmodernen Konzertsaal. Die Konzertkirche ist seit ihrer Eröffnung im Jahre 2001 zur einer der Hauptattraktion der Stadt geworden. Programm/Führungen über Stadt-Information. Neubrandenburgs zweiter Sakralbau ist die gotische **Klosterkirche St. Johannis** gegenüber vom Bahnhof. Sie gehörte einmal zu dem Franziskanerkloster, das sich 1260 in der Stadt ansiedelte. Von der alten Klosteranlage sind nur Teile des Dormitoriums und der Nordflügel mit Kreuzgang

Neubrandenburg

erhalten. Nahe der Kirche ragt an der Stadtmauer der **Fangelturm** auf. Der 25 m hohe Turm war einer von zwei Verteidigungstürmen der Stadt. Der zweite an der Turmstraße stürzte 1899 ein.

Tollensesee
Vom Stargarder Tor führt ein kleiner Spaziergang durch den Kulturpark zum Tollensesee. Links und rechts der Anlegestelle für Ausflugsboote liegen Badestrände. Der 11 km lange und bis 3 km breite See liegt zwischen bewaldeten Moränenhügeln. Viele Rad- und Wanderwege führen entlang der Ufer und durch das LSG Tollensebecken.

Modellpark Mecklenburgische Seenplatte
Geht man vom Stargarder Tor über die Neustrelitzer Straße durch den Weidenweg, erreicht man Neubrandenburgs jüngste Attraktion, den 2000 eröffneten **Modellpark Mecklenburgische Seenplatte.** In der 1,4 ha großen Parkanlage kann man zahlreiche, eigentlich in der Seenplatte verstreut liegende Baudenkmäler auf einmal besichtigen. Denn hier stehen orginalgetreu im Maßstab 1:10 nachgebildete Modelle vom Anklamer Tor, Schloss Stavenhagen, der Zentralkirche von Tarnow, der Burg Klepenow, dem Bahnhof Penzlin und anderen kulturhistorisch besonders interessanten Gebäuden.

Info
● *Stadt-Information,* Turmstraße/Glaspavillon vor dem Kaufhof, 17033 Neubrandenburg, Tel. (0395) 19433, Fax 5667661; Internet: www.neubrandenburg.de, E-mail: nb-info@vznb.de (Mo-Fr 10-18 Uhr, Sa 10-14 Uhr)

Unterkunft
● *Radisson SAS Hotel,* Treptower Str. 1, Tel. 55860, Fax 5586625 (großer klotziger Bau in der Altstadt, aber mit im Gault Millau erwähnter „Küche mit famoser Leistung" und „vorzüglich arbeitendem Service")
● *Hotel Badehaus,* Parkstr. 3, Tel. 5719240, Fax 57192422 (in zauberhafter Parklage direkt am See, mit einladendem Biergarten, abwechslungsreiche Küche, insbes. Fisch)
● *Hotel St. Georg,* St. Georg 6, Tel. 5443788, Fax 5607050 (Hotel in ruhiger Lage 7 min. vom Zentrum und See, im Rest. mecklenb. Küche, schöne Gartenterrasse)
● *Seehotel Heidehof,* in Klein-Nemerow, Seestr. 1, Tel. (039605) 2600, Fax 26066 (idyllische Lage im Grünen direkt am Tollensesee, mit Schiffsanleger)
● *Camping Gatsch Eck,* Am Westufer des Tollensesees, bei Neuendorf, Tel./Fax 5665152 (April-Okt.)

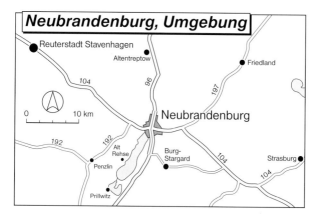

- *Caravanstellplatz,* Lindenstr., Tel. 5442318 (10 Wohnmobilstellplätze in schöner Seelage)

Gastronomie
- *Mudder-Schulten-Stuben,* 4. Ringstr. 524, Tel. 5823766 (Traditionsrestaurant, gutbürgerliche Küche)
- *Wiekhaus 45,* 4. Ringstr., Tel. 5667762 (Traditionsgaststätte in der alten Stadtbefestigung, Mecklenburger Gerichte)
- *Zur Lohmühle,* Am Stargarder Tor 4, Tel. 5442843 (gehobene Küche im hist. Ambiente)
- *Café am Tor,* Am Friedländer Tor, Tel. 5841132 (romantisch gelegenes, gemütliches Café an der Stadtmauer)

Museum/ Kultur
- *Regionalmuseum Ur- und Frühgeschichte,* im Treptower Tor, Tel. 5551271 (tägl. 10-17 Uhr)
- *Zentrum Bildende Kunst* (Galerie), im Friedländer Tor, Tel. 5822695 (Di.-Fr. 10-18 Uhr, Sa. 9-12 Uhr)
- *Neubrandenburger Philharmonie,* Pfaffenstraße 22, Tel. 5699811
- *Neubrandenburger Kunstsammlung,* Am Pferdemarkt 11, Tel. 5 82 62 29 (So.-Do. 10-17 Uhr)
- *Schauspielhaus,* Pfaffenstraße 22, Tel. 5699811
- *Ticket-Service,* Marktplatz, Tel. 5595127 (Mo.-Fr. 10-18 Uhr, Sa. 10-14 Uhr)
- *Modellpark Mecklenburgische Seenplatte,* Weidenweg 6, Tel. 5706440 (April-Mai/Okt 10-18 Uhr, Juni-Sept. 10-20 Uhr)

Umgebung

Burg Stargard
9 km SO

Das hübsche 4.000 Seelen-Städtchen Stargard liegt in eine sanfte, von Laubwald bestandene Moränenhügellandschaft eingebettet. Sein Name kommt vom slawischen „stari gard", was „Al-

Rethra, das slawische Delphi

Vor der deutschen Ostexpansion, die etwa um das Jahr 1000 begann, siedelten in den Gebieten zwischen Elbe und Oder slawische Stämme. Sie waren ab dem 6. Jh. von Osten her in das durch die germanische Völkerwanderung frei gewordene Gebiet eingewandert.

Einer der ersten, der aus dem Slawenland schriftlich berichtete, war der Handelsreisende *Ibrahim Ibn Jakub*, der 965 eine islamische Delegation zu Kaiser *Otto I.* begleitete und dabei die wendischen Siedlungsgebiete durchreiste. "Das Land des Naqun ist billig und reich an Pferden, so dass solche von dort exportiert werden. So bauen die Slawen die meisten ihrer Burgen: Sie gehen zu Wiesen, reich an Wasser und Gestrüpp, stecken dort einen runden oder viereckigen Platz ab nach Form und Umfang der Burggraben ringsherum und schütten die ausgehobene Erde auf, wobei sie mit Planken und Pfählen nach Weise der Bastionen gefestigt wird, bis die Mauer die beabsichtigte Höhe erreicht. Auch ein Tor wird abgemessen – und man geht auf einer hölzernen Brücke ein und aus", so *Jakubs* Bericht.

Weniger sachlich berichtete dann der erste christliche Chronist, *Thietmar von Merseburg*, der sich 1005 einem Feldzug ins Heidenland anschloss. „Über sie zu berichten ist mir ein Greuel; doch musst Du, lieber Leser, den eitlen Aberglauben und noch sinnloseren Kult dieses Volkes kennen. Im Redariergau liegt eine dreieckige und dreitorige Burg Riedegast, rings umgeben von einem großen, für die Anwohner unverletzlich heiligen Walde. Zwei ihrer Tore sind dem Zutritt alle geöffnet. Das dritte und kleinste Osttor mündet in einen Pfad, der zu einem nahegelegenen, sehr düsteren See führt. In der Burg befindet sich nur ein kunstfertiges, hölzernes Heiligtum, das auf einem Fundament aus Hörnern verschiedenartiger Tiere steht. Außen schmücken seine Wände verschiedene prächtig geschnitzte Bilder von Göttern und Göttinnen. Innen aber stehen von Menschenhand gemachte Götter, jeder mit eingeschnitztem Namen; furchterregend sind sie mit Helmen und Panzern bekleidet; der höchste heißt Swarozyc, und alle Heiden achten und verehren ihn besonders. Für die sorgfältige Wartung dieses Heiligtums haben die Einwohner besondere Priester eingesetzt. Jeder Gau dieses Landes hat einen Tempel und sein besonderes, von den Ungläubigen verehrtes Götzenbild, doch genießt jene Burg einen besonderen Vorrang."

Alle großen deutschen Chronisten des Mittelalters, von *Adam von Bremen* über *Helmond von Bosau* bis *Thietmar von Merseburg*, schilderten in ihren Berichten jene berühmte Slawenstadt, die das politisch-gesellschaftliche Zentrum und das **zentrale Heiligtum der Lutizen,** die Nordostdeutschland besiedelt hatten, war. *Adam von Bremen* beschrieb sie 1074: „Unter den slawischen Stämmen sind die im Zentrum siedelnden Redarier am mächtigsten von allen; ihr weithin bekannter Hauptort ist Rethre, die Stätte ihres Irrglaubens. Dort steht der große Tempel für ihre Götzen, deren oberster Radegast ist. Sein

Rethra, das slawische Delphi

Bild ist aus Gold, sein Lager aus Purpur gefertigt. Die Burg wird ringsherum von einem tiefen See umgeben; eine hölzerne Brücke gewährt den Zugang."

Aus den Berichten ist bekannt, dass Rethra im Zuge der deutschen Ostexpansion erstmals 1068 durch den Halberstädter Bischof *Burchard II.* erobert und zerstört wurde. Nach seinem Wiederaufbau wurde es wieder zum Zentrum des Widerstandes gegen die deutschen Eroberer. 1124 wurde Rethra vom Sachsenherzog und späterem König *Lothar I.* endgültig erobert.

Danach verlor sich die Spur des slawischen Zentrums im Dunkel der Geschichte. Sicher war nur, so die übereinstimmenden Schilderungen der Chronisten, dass die große Stadt am Ufer eines großen Sees gelegen hatte. Schnell rankten sich Sagen und Legenden um die untergegangene Stadt. Die **Suche nach dem sagenhaften Rethra** begann. Schon 1378 behauptete der Chronist *Ernst von Kirchberg*, Rethra habe bei Demmin gelegen. Über Jahrhunderte suchte man vergeblich nach dem heiligen Zentrum. An 35 verschiedenen Stellen wurde es dabei angeblich lokalisiert.

Als man 1887 Reste einer Brücke zur Fischerinsel fand, konzentrierte sich die Suche auf die Insel. Doch erst die jahrzehntelangen Forschungen und Grabungen des Neubrandenburger Regionalmuseums brachten Licht in das Dunkel. An der Lieps, einem kleinen, am Südende des Tollensesees gelegenen See, fand man bei Grabungen die Reste einer großen slawischen Siedlung. Sie verteilte sich auf die drei durch Holzbrücken verbundenen Liepsinseln Binsenwerder, Hanfwerder und Kietzwerder sowie auf die im Tollensesee gelegene Fischerinsel.

Die zahlreichen Funde ergaben, dass auf dem Hanfwerder der hohe Adel wohnte und das von den Chronisten beschriebene zentrale Heiligtum stand. Auf der Fischerinsel wohnten die Handwerker und Kaufleute. Hier fand man auch 1969 eine doppelköpfige hölzerne Götterstatue, die nun als Symbol für Rethra viele Rethra-Veröffentlichungen illustriert. Der Kietzwerder diente überwiegend zur Verteidigung.

Es gilt als sehr wahrscheinlich, dass es sich bei der entdeckten Slawenstadt um das sagenhafte, untergegangene Rethra handelt. Untergegangen war es im wahrsten Sinne des Wortes. Durch den Anstau des Sees um 1270 stieg der Wasserspiegel um etwa 1,5 m, wodurch die Inseln gänzlich oder großteils überflutet wurden.

Heute ist die Lieps Teil des 700 ha großen NSG „Nonnenhof". In dem seit 1937 unter Schutz gestellten Gebiet brüten mehr als 80 Vogelarten, darunter Eisvogel, Seeadler und Kranich. Auch der Fischotter ist hier noch heimisch. Von der Ausflugsgaststätte „Nonnenhof" führt ein Wanderweg durch das Naturreservat.

te Burg" bedeutet. Und Reste einer alten germanischen Höhenburg fanden die slawischen Stämme auf einem der Hügel vor, die im 5./6. Jh. das von den Germanen verlassene Land besiedelten.

Mit der deutschen Ostexpansion wurde Stargard ein strategisch wichtiger Punkt. Anstelle der von den Slawen gebauten Fluchtburg errichteten die brandenburgischen Markgrafen und Brüder *Johann I.* und *Otto II.* 1236-58 eine wehrhafte Burg. Nachdem Stargard durch Heirat 1299 zu Mecklenburg kam, wurde die Burg nach der Landesteilung 1352 Residenz der Herzöge von Mecklenburg-Strelitz. Herzog *Heinrich VII.,* auch der Schöne genannt, ließ am Burgberg 1508 gar Weinberge anlegen. 1701 fand in den Mauern der Burg der letzte Hexenprozess im Herzogtum statt.

Die **Burg Stargard** ist die älteste noch erhaltene Höhenburg Norddeutschlands. Sie liegt wie ein Adlerhorst unmittelbar über dem verträumten Städtchen. In der gut erhaltenen Anlage ist heute neben der rustikalen Burg-Gaststätte auch das **Burgmuseum** untergebracht. Vom 38 m hohen **Burgfried** reicht der Blick über 30 km weit über das umliegende Land. Am Burgberg erwartet Sie auch die Sommer-Rodelbahn, die in 8 Steilkurven, einem Sprung und über zwei Brücken 500 Meter lang zu Tal führt. Hinauf geht's mit dem Lift.

Unten im Städtchen erinnert das in einer Jugendstilvilla beheimatete **Marie-Hager-Haus** an die bekannte Künstlerin, die bis zu ihrem Tod 1947 in Stargard lebte und arbeitete. Am Mühlenteich liegt der 10 ha große **Tierpark** Klüschenberg, der 300 Tiere von 45 Arten, darunter Einheimische wie Luchs und Weißstorch, aber auch Exoten wie Leopard oder Emu beheimatet.

●**Info:** *Tourist-Information,* Am Markt 3, 17094 Burg Stargard, Tel./Fax: (039603) 20895, Internet: www.burg-stargard.de, E-mail: ti@burg-stargard.de (Mai-Sept. Mo.-Fr. 9-17 Uhr, So. 12-17 Uhr, Okt.-April Mo.-Fr. 9-16 Uhr)
●**Unterkunft:** *Hotel Marienhof,* Marie-Hager-Str. 1, Tel. 2550, Fax 25531 (mit den 2 Restaurants „Kornkammer" und „Bauernstube", Mecklenburger Küche); *JH,* Dewitzer Chaussee 3, Tel. 20207; *Hotel Zur Burg,* Markt 10, Tel. 2650, Fax 26555 (neue 24 Zi-Herberge am Marktplatz)

Karte Seite 201 **Neubrandenburg, Umgebung**

- **Gastronomie:** *Burggastof Zur Alten Münze,* Tel. 2700 (rustikales Restaurant im Hotel in der Höhenburg mit Wappen-, Rittersaal, Weinstube)
- **Museum & Aktivitäten:** *Burg-Museum,* in der Höhenburg, Tel. 22852 (Mai-Sept. Di.-So. 10-17 Uhr, Okt.-April Di.-Do. 10-16 Uhr, Sa./So. 13-16 Uhr); *Marie-Hager-Haus,* Dewitzer Chaussee 17, Tel. 21152 (Di.-Fr. 10-16 Uhr, Sa./So. 13-16 Uhr); *Tierpark,* am Mühlenteich, Tel. 20226 (Mai-Sept. Mo.-Fr. 8-16.30 Uhr, Sa./ So. 8-18 Uhr, Okt-April tägl. 8-16 Uhr); *Sommer-Rodelbahn,* Dewitzer Chausse 5, Tel. 23226 (April-Sept. tägl. ab 10 Uhr)

Prillwitz
17 km S

Am südlichen Ende des Tollense-Sees liegt das einstige Gut Prillwitz. Das seit dem 14. Jh. nachgewiesene Gut gelangte 1795 in Besitz des Herzogs von Mecklenburg-Schwerin. Die Landesfamilie erkor sich das herrschaftliche Gut zum Sommersitz aus und ließ einen großen englischen **Landschaftspark mit Jagdschloss,** Teehaus und Turm anlegen. Das schön am See gelegene Jagdschloss dient nun als Hotel.

- **Unterkunft:** *Jagdschloss Prillwitz,* 17237 Prillwitz, Tel. (039824) 20345, Fax 20346 (Barockschloss in traumhafter Lage mitten im NSG Nonnenhof; mit Badestelle, toller Terrasse, Weinstube, Fisch- und Wildspezialitäten)

Alt-Rehse
10 km SW

Das winzige Dörflein **Alt-Rehse** liegt abseits der großen Straßen malerisch am Westufer des Tollensesees. Wie im Bilderbuch schmiegen sich 22 entzückende, reetgedeckte Fachwerkhäuschen in die Landschaft ein. Schattenspendende Lindenalleen säumen die Wege, und auf dem

Alt-Rehse

Alt-Rehse – ein deutsches Musterdorf

"Liebes Muttchen, wenn der Krieg zu Ende ist, denke ich, wird uns der Führer Alt-Rehse schenken und dann ziehen wir dort hin", schreibt der "Sekretär des Führers" und Hauptkriegsverbrecher *Martin Bormann* 1943 an seine Frau. Mit seinen 8 Kindern will sich *Hitlers* Stellvertreter, der nach dem 1. Weltkrieg auf mecklenburgischen Gütern tätig war und sich mit Blankensee, Möllenbeck und Stolpe bereits drei große Güter in der Region angeeignet hat, in das ländliche Idyll am Tollensesee zurückziehen.

Begonnen hat das dunkle Kapitel Alt-Rehses 1933, als Freifrau *Ingeborg von Hauff* ihren Familienbesitz, das 487 ha große Gut Alt-Rehse, zum Verkauf anbietet. Erster Kaufinteressent ist die Siedlungsgesellschaft "Pflug und Egge". Auch der Vorsitzende des NS-Ärztebundes und SS-Oberführer *Dr. Deuschel* will Alt-Rehse erwerben, weil er in der reizvollen Abgeschiedenheit eine ideale Stätte zur Umsetzung seines Planes zur Einrichtung einer "Schule für politische Führer der deutschen Ärzteschaft" sieht. Als überraschend der Bruder *Ingeborg von Hauffs* Anspruch auf das Gut erhebt und sich gegen den Verkauf an den "Hartmannbund" sperrt, wird auf Befehl *Bormanns* das Gut 1934 auf Grundlage der eigens dafür geschaffenen "Lex Alt-Rehse" enteignet.

Unter Leitung von *Deuschel* und dem Schutz der SS beginnt im August der Aufbau der "Führerschule für Deutsche Ärzte". Ausführender Architekt für die Führerschule und das Musterdorf ist *Hans Haedenkamp*. Um das alte Gutsschloss werden Schulungshäuser, Laboratorien, Sportstätten und andere Einrichtungen geschaffen. Am Ufer des Tollensesees wird ein Segelhafen gebaut. Der Bau des Musterdorfes beginnt 1935 mit der Errichtung des Hauses "Hamburg". In einer Mischung aus deutschromantischer Gemütlichkeit und der Blut-und-Boden-Ideologie der Nazis soll die Ärzteschaft jedes deutschen Gaus eines der rietgedeckten und mit rotem Backstein ausgeklinkerten Fachwerkhäuser finanzieren. Als "Musterstück deutschen Bauens" und "Inbegriff harmonischen und naturverbundenen Wohnens" preist der Rostocker Anzeiger 1935 das Projekt.

Am 1.6.1935 wird die Ärzteschule durch *Rudolf Heß* eingeweiht. Der Staatsakt wird über Rundfunk direkt übertragen. Wozu die Einrichtung dienen soll, wird schon in den Eröffnungsreden offensichtlich. "Wir Ärzte wollen die Vorkämpfer sein für neue biologische Grundsätze", so *Deuschel* in seiner Rede, und *Heß* spricht vom "Streben nach rassischer Sauberkeit". Noch deutlicher wird Oberstarzt *Dr. Peltret* in seinem Einführungsvortrag: "Nahe liegt ein Vergleich der Juden mit den Tuberkelbazillen. Der Tuberkulose erliegen schwache Menschen eher als kräftige, die jüdische Infektion befällt nur rassisch schwache Völker." Über 40.000 ausgesuchte Ärzte, Hebammen, Apotheker und andere "Rassehygieniker" werden in Alt-Rehse in Erblehre und Euthanasie unterwiesen, die "Endlösung" der Judenfrage

Karte Seite 201 **Alt-Rehse**

systematisch vorbereitet. „Wir schreiben nicht lange Rezepte, / das können die anderen auch, / wir heilen des Volkes Seele / das ist Alt-Rehser Brauch", lautet unmissverständlich die Hymne der Ärzte-Führerschule. Zu der Lehrerschaft Alt-Rehses zählen u. a. Nazi-Ideologe *Alfred Rosenberg*, der Mitverfasser der Nürnberger Gesetze *Prof. Alois Böhm* oder *Himmlers* Leibarzt *Prof. Gebhardt*.

Am 30.4.1945 fällt Alt-Rehse der Roten Armee kampflos in die Hände. Kurz darauf taucht der Oberkommandierende der sowjetischen Streitkräfte, General *Schukow*, persönlich in Alt-Rehse auf. Er lässt das Dorf evakuieren, die Labors und Forschungsinstitute sowie alle aufgefundenen Dokumente und Materialien abtransportieren. Als *Schukow* wieder abreist, befiehlt er, Alt-Rehse insgesamt zu sprengen. Dazu kommt es jedoch nicht.

1948 wird in der Ärzteschule ein Kinderheim für Kriegswaisen eingerichtet. Doch schon 1952 ist die friedliche Nutzung der Anlage wieder vorbei. Nun wird das Ministerium für Staatssicherheit Hausherr und drillt auf dem Gelände kasernierte Polizei. 1958 übernimmt die NVA den Komplex und trainiert auf den alten NS-Anlagen ihre Armeesportler. Schloss und Park werden Gästesitz des Militärbezirkschefs. Viele Alt-Rehser dienen nun wieder wie zu „Führerschule"-Zeiten als Bedienstete.

Zu Beginn der 70er Jahre beginnen auf dem Gelände hochgeheime Bauarbeiten. Bunker entstehen, und das gesamte Areal wird durch einen Elektrozaun gesichert. Um die strengbewachte Anlage ranken sich allerhand Gerüchte. So hat die NVA die Unwahrheit verbreitet, Alt-Rehse sei als Olympisches Dorf für die deutsche Rudermannschaft erbaut worden. Offensichtlich war den Hausherren doch zu peinlich, ihren Gästen die Wahrheit über Dorf und Schloss zu erzählen.

Im Januar 1991 erdreistet sich der Hartmannbund, „unser Dorf Alt-Rehse", so wörtlich, mitsamt Park, Acker- und Wiesenflächen als Alteigentümer zurückzuverlangen. Nach Protesten zog der Ärztebund zwar 1993 seinen Rückerstattungsanspruch zurück. Dafür glaubte nun die Kassenärztliche Vereinigung, Restitutionsanspruch auf Alt-Rehse und die Ärzteschule zu haben und versucht, sich auf dem Gerichtswege das Anwesen anzueignen. Erstes Opfer der Ansprüche war der alte Dorfkrug, der 1993 schließen musste. Heute dient der neu renovierte Dorfkrug den gut 300 Bewohnern Alt-Rehses als Dorfgemeinschaftshaus. 1997 verzichtete die KVV zwar auf das Dorf, erhebt jedoch nach wie vor Anspruch auf den Schlosspark, für den auch der damalige Bürgermeister Köpp einen Käufer und Nutzer suchte. Alle Versuche, so das Angebot an Franz Beckenbauer, das Anwesen zum Trainingslager für die Deutsche Fußball-Nationalmannschaft zu machen, schlugen bislang fehl. Nun hat das Bundesvermögensamt den Park zum Kauf ausgeschrieben.

Neubrandenburg, Umgebung

Dorfanger und am Dorfteich spielen Kinder. Sofort fällt auf, dass alle 22 Häuschen den gleichen Baustil haben und Namen tragen. „Haus Hamburg errichtet im 3. Jahre", „Haus Bayern errichtet im 4. Jahre" ist in den Querbalken eingekerbt. Man wundert sich über das Baujahr und geht weiter. Hin zum Tollenseseeufer stößt man auf ein abgeriegeltes und bewachtes Gelände. Man fragt sich neugierig, was wohl dahinter sei. Alles Eigentümliche erklärt sich, wenn man einen Blick in die Geschichte von Alt-Rehse wirft. Das Dorf wurde 1935 vom „Hartmann-Bund" als deutsches Musterdorf systematisch angelegt und im alten Gutsschloss die „Führerschule für Deutsche Ärz-

Haus Leipzig, Alt-Rehse

te", Kaderschmiede und Eliteschule des faschistischen Rassenwahns, eingerichtet. Und da die Nazis 1933 eine neue Zeitrechnung begannen, ist das Jahr 3 mit 1935 zu übersetzen. 1996 wurde das Deutsche Musterdorf Alt-Rehse im 18. Bundeswettbewerb „Unser Dorf soll schöner werden" zum 3. Landessieger gekürt. Eine Auszeichnung, die den Bewohnern von Herzen gegönnt sei und dem Dorfbild durchaus gerecht wird, die aber sicherlich einer gewissen politischen Pikanterie nicht ganz entbehrt.

●*Unterkunft:* Pension Altes Pfarrhaus, Pfarrhaus 8, 17217 Alt-Rehse, Tel. (03962) 210243, Fax 257288 (im 200 Jahre alten Pfarrhaus, mit Grillplatz, Fahrradverleih)

Karte Seite 201 ## **Neubrandenburg, Umgebung**

Alten-
treptow
16 km N

Die kleine Kreisstadt (7.200 Einw.) liegt auf einer leichten Anhöhe in der Tollenseniederung. Die unspektakuläre Ackerbürgerstadt wurde erstmals 1245 als Stadt erwähnt. Der ovale Grundriss der Altstadt mit ihrem gitterförmigen Straßenverlauf zeigt eine planmäßige Anlage. Von der mittelalterlichen Stadtbefestigung haben sich zwei Tore erhalten. Das **Demminer Tor** wurde im 19. Jh. baulich verändert, während das **Neubrandenburger Tor,** ein fünfgeschossiger Turm mit Staffelgiebel und Blendengliederung, noch so erhalten ist, wie es 1450 erbaut wurde.

Die **St.-Petri-Kirche** wurde im 14. Jh. als dreischiffiger Hallenbau errichtet. Während ihr Äußeres weitgehend original erhalten ist, wurde ihr Innenraum 1865 im neogotischen Stil umgebaut. Wertvollstes Ausstattungsstück ist der prachtvoll geschnitzte, figurenreiche Flügelaltar (15. Jh.).

Am Klosterberg liegt der **Große Stein.** Der gewaltige Felsblock aus Granit mit einem Umfang von 23 m ist der größte Findling auf dem Festland Deutschlands. Sein Alter wird auf ca. 100.000 Jahre geschätzt. Er ist 5,20 m hoch, 6 m breit, 8,20 m lang und wiegt 360 Tonnen!

Die nördlich von Altentreptow gelegene, 1240 erbaute **Burg Klempenow** ist eines der ältesten Baudenkmäler Vorpommerns. Die dem Verfall preisgegebene Burg verdankt ihre Auferstehung dem Verein „Kultur-Transit-96 e.V.", der die Anlage restauriert und mit Leben erfüllt. Den Besucher erwartet ein breites Kulturangebot von Galerie, Konzerte, Kino, ein Bauern- und Kräutergarten, ein Burg-Café, ein herrlicher Ausblick und anderes mehr.

●**Info:** *Rathaus,* Rathausstr. 1, 17087 Altentreptow, Tel. (03961) 21510, Fax 215150, E-mail: altentreptow@t-online.de (Mo.-Do. 8-15.30 Uhr, Fr. 8-12 Uhr)
●**Unterkunft/Gastronomie:**
Hotel am Markt, Markt 1, Tel. 25820, Fax 258599; *Burg-Café,* Tel. (03965) 211332 (Mi.-So. 11-18 Uhr, Do. „Jazz in der Burg" bis 1 Uhr)
●**Museum:** *Burg Klempenow,* Tel./Fax (03965) 211331, Internet: www.burg-klempenow.de, E-mail: verein@burg-klempenow.de

Mecklenburgische Seenplatte

Mecklenburgische Schweiz

Überblick

„Seine Umgebungen sind sehr malerisch, und nicht mit Unrecht nennt man diese Gegend Mecklenburger Schweiz", notierte 1829 *Gustav Hempel* in seinen „Geographischen Beschreibungen der mecklenburgischen Herzogtümer". Wie ein Balkon erhebt sich die **kuppige Hügellandschaft** aus der von den eiszeitlichen Gletschern flachgehobelten Ebene. Ihre **Entstehung** verdankt die „kleine Schweiz" den Launen des Klimas. Eigentlich hatte es sich entschlossen, die Eiszeit zu beenden. Die Gletscher schmolzen ab und zogen sich nach Norden zurück. Dann legte der Wettergott doch noch einmal eine Kältephase ein, die Gletscher schoben sich wieder ins Landesinnere vor und vor sich mächtige Geröllberge her. Bis zu 130 m hoch, was für Mecklenburg-Vorpommerns Verhältnisse geradezu alpin ist, ragen die Moränenkuppen auf. In den Senken bildeten sich nach dem endgültigen Abschmelzen der Eismassen große und kleine Seen, die teilweise zu Mooren verlandeten.

Die Region ist nicht nur sozusagen der geologische Höhepunkt des Landes (auch wenn der höchste „Berg", die 179 m hohen Helpter Berge, bei Woldegk liegt), sondern auch der **geografische Mittelpunkt Mecklenburg-Vorpommerns.** Eingebettet zwischen der Wasserwelt der Seenplatte und dem Badeparadies Ostseeküste, zwischen der Landeshauptstadt Schwerin im Westen und Vorpommern im Osten, liegt das Mecklenburgische Hochland zentral in der Mitte. Es umfasst etwa die Gegend zwischen der Barlachstadt Güstrow und der Reuterstadt Stavenhagen.

Namensgeber war übrigens der vom Lande der Eidgenossen überaus eingenommene Erbprinz *Georg von Mecklenburg-Strelitz*. Der Erbprinz, anno 1811 zu Gast bei Graf *Schlitz* und überwältigt von den berückenden Ausblicken, die sich von den Gipfeln der Hügel über die umliegenden

Wälder, Wiesen und Seen eröffnen, taufte bei dieser Gelegenheit diesen Teil seines kleinen Reiches spontan mit dem Namen „Mecklenburgische Schweiz".

Vielleicht ist es kein Zufall, dass hier im Herzen Mecklenburgs derjenige das Licht der Welt erblickte, der wie kein zweiter in seinem mundartlichen Werk den Charakter der Mecklenburgischen Landschaft und ihrer Bewohner einfing und verewigte: der verehrte „Nationaldichter" *Fritz Reuter.* Ein Mann wie sein Heimatland: knorrig und schweigsam, langsam und bedächtig, tief verwurzelt in der heimischen Scholle und mit herbem, doch humorvollen Charme. „Dr. Fritz Reuter, morgens nicht zu sprechen!" stand auf der Tür seines Arbeitszimmers.

Und nicht von ungefähr zog sich hierher der bedeutendste deutsche Bildhauer der Moderne, *Ernst Barlach,* zurück, in dessen Werken wir die Wesenszüge des mecklenburgischen Zentrallandes wiederzuerkennen glauben. Schlicht und unprätentiös, erdig und klar, natürlich, einfach und bescheiden und doch von selten eindrucksvoller Ausdruckskraft.

Güstrow

„Güstrow kann sich sehr wohl neben eine toskanische Stadt stellen", meinte *Ernst Barlach.* Auch wenn uns die manchmal zu lesende Erhöhung zum „Paris des Nordens" doch etwas zu hoch gegriffen erscheint, ein **Schmuckstück** ist die alte Residenzstadt Güstrow dennoch. Wer auf der Anreise die kleinen, betulichen Provinzstädtchen Mecklenburgs kennengelernt hat und dann Güstrows Altstadt betritt, der wird überrascht sein vom einnehmenden Charme der kleinen Perle. Einerseits ist sie in ihrem Wesen durchaus städtisch und dennoch nicht hektisch und aufgeregt. Einfach, freundlich und ohne Übertreibungen. Und hat dennoch Platz für Kunstschätze von internationalem Rang.

Güstrow

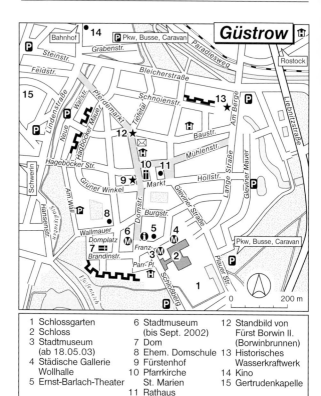

1 Schlossgarten
2 Schloss
3 Stadtmuseum (ab 18.05.03)
4 Städische Gallerie Wollhalle
5 Ernst-Barlach-Theater
6 Stadtmuseum (bis Sept. 2002)
7 Dom
8 Ehem. Domschule
9 Fürstenhof
10 Pfarrkirche St. Marien
11 Rathaus
12 Standbild von Fürst Borwin II. (Borwinbrunnen)
13 Historisches Wasserkraftwerk
14 Kino
15 Gertrudenkapelle

Es war insbesondere der **Bildhauer Ernst Barlach,** der Güstrow in der ganzen Welt bekannt machte. Hier arbeitete der große Meister zurückgezogen 28 Jahre lang. Hier verwaltet und pflegt die Barlach-Stiftung das Erbe und Andenken an den berühmten Wahlgüstrower. Hier ist die größte und geschlossenste Barlach-Sammlung zu bewundern.

Doch *Barlachs* Lebenswerk ist zwar ein überragender, wenngleich nicht der einzige Anlass, die Stadt zu besuchen. Der Güstrower Dom und das imposante Residenzschloss sind nicht weniger sehenswert. Und dann sind da noch „die paar Linien und Flächen, darüber der ungeheure Himmel, auf dem die kleinen und großen Launen des Ungeheuren sich darstellen können" *(Barlach),* die Landschaft der Mecklenburgischen Schweiz, die sich vor den Toren der Stadt erstreckt.

Geschichte

„Guztrowe", „Krähennest", nannten die Slawen ihre Wallburg, die sie im Schutz bietenden Moorgebiet des Flüsschens Nebel errichteten. Nachdem die deutschen Christenheere sich der Region bemächtigt haben, befiehlt 1226 der christlich bekehrte Slawenfürst *Borwin II.,* ein Urenkel des Obotritenherrschers *Niklot,* auf seinem Sterbebett den Bau eines Kollegiatstiftes an ebendieser Stelle.

Schnell und planmäßig wächst die Siedlung dank ihrer Lage an den wichtigen Handelsrouten von Brandenburg zu den Hafenstädten Stettin, Rostock und Wismar. Bereits 1228 wird dem aufstrebenden Handelsplatz das Stadtrecht verliehen. Im 14. und 15. Jh. gelangt Güstrow durch Tuchherstellung und den Handel mit Wolle, Fisch und Getreide, aber auch durch den Verkauf seines begehrten Bieres, des dunklen, malzhaltigen „Kniesenack", zu Wohlstand. Das „Fürstenbier" wird bis nach Russland exportiert. „Fürstenbier" deshalb, weil 1555 der mecklenburgische Herzog *Ulrich III.* Güstrow zu seiner Residenzstadt macht und sich 1558 ein standesgemäßes Schloss errichten lässt. Von dem repräsentativen Renaissancebau regiert nach der Vertreibung der Landesfürsten der siegreiche *Wallenstein* als neuer Herzog von Mecklenburg 1628-29 seine Eroberung. Mit dem Tode von Herzog *Gustav Adolf* erlischt 1695 das Fürstengeschlecht Mecklenburg-Güstrow. Das Herzogtum fällt an die Schweriner Herzöge.

Obwohl sie mehrfach bei Feuersbrünsten fast vollständig eingeäschert wird, kann sich die Residenzstadt immer wieder erholen. Sie wird zu einem geistigen und kulturellen Zentrum, das Künstler und Gelehrte anzieht und illustre Persönlichkeiten wie den Sachsenherrscher *August den Starken* oder Zar *Peter I.* zu Gast hat. 1806 wird Güstrow von *Napoleons* Truppen erobert. Der liberale Geist der Stadt macht sie zu einem wichtigen Zentrum der antinapoleonischen Befreiungsbestrebungen. 1813 formieren sich vor dem Schloss die Mecklenburger Jäger. In den Revolutionswochen von 1848 versammeln sich die Reformvereine, zu deren Deputierten die Mecklenburger Schriftsteller *Fritz Reuter* und *John Brinkman* gehören, in Güstrow.

Dank der kampflosen Übergabe an die vorrückende sowjetische Armee 1945 wird die alte Residenzstadt von Zerstörungen verschont und kann sich nun mit ihrer mittelalterlichen Stadtanlage schmücken.

Güstrow

Schloss Güstrow

Sehenswert

Die engen Pflasterstraßen in der Güstrower Altstadt bieten kaum Parkmöglichkeiten. Deshalb sollte man das Auto am Rande des historischen Zentrums abstellen. Sehr günstig für einen Rundgang durch das alte Güstrow liegt der große Parkplatz am Schlossberg zu Füßen des Schlosses.

Schloss Das Güstrower Schloss ist nicht nur das schönste Gebäude der Stadt, sondern auch einer der kulturgeschichtlich bedeutsamsten Profanbauten Norddeutschlands. Trotz seiner beachtlichen Dimensionen wirkt es keinesfalls wuchtig und kolossal, sondern leicht und verspielt. Die imposante, dreiflüglige Anlage vereint in sich europäische Schlossbaukunst. Elemente englischer, niederländischer und französischer Bauweisen harmonieren ohne Stilbruch miteinander.

Die **Baugeschichte** des Schlosses beginnt im Jahre 1558, als der Landesherr Herzog *Ulrich III.* sich vom italienischen Meister *Franz Parr* eine neue Residenz errichten ließ. Sein bisheriger Sitz, eine zugige und feuchtkalte mittelalterliche Burg, die an diesem Platz stand, war niedergebrannt. *Parr* baute bis 1566 den West- und Südflügel im Stile der italienischen Renaissance. Der Ost- und Nordflügel wurden 1588-94 unter der Leitung der Architekten *Claus Midow* bzw. *Phillip Brandin* angefügt. Nach dem Tod des letzten Stammhalters der Fürstenlinie, Herzog *Gustav Adolf,* 1695 und der damit verbundenen Auflösung der Güstrower Residenz verfiel die Schlossanlage. 1795 wurde der Nordflügel gänzlich abgetragen.

Heute ist in dem Schloss das **Schlossmuseum** untergebracht. Auf drei Etagen zeigt es historische Räume wie den schmuckbeladenen Festsaal, aber auch Kunstsammlungen und eine Ausstellung zur Jagdgeschichte Mecklenburgs u. a. Südlich vom Schloss erstreckt sich der rekonstruierte **Schlossgarten** im Renaissancestil.

Franz-Parr-Platz

Mitten auf der alten Schlossfreiheit vor dem Schloss, dem heutigen Franz-Parr-Platz, erinnert vor dem spätklassizistischen **Gerichtsgebäude** das große gusseiserne **Denkmal der Befreiungskriege** an die Freiwilligen, die sich hier 1813 versammelten, um gegen die napoleonische Fremdherrschaft ins Feld zu ziehen. Dem Gericht gegenüber erblickt man eine auffällig helle klassizistische Fassade – das 1828 nach einem Entwurf des Schweriner Hofbaumeisters *Demmler* errichtete **Ernst-Barlach-Theater.** An der Westseite der Schlossfreiheit hat in einem alten Barockhaus aus dem 17. Jh. das **Stadtmuseum** seine Heimat gefunden. Es informiert über die Geschichte der Region Güstrow und erinnert an den Mecklenburger Mundartdichter *John Brinkman,* der in Güstrow als Lehrer tätig war.

Dom

Nur wenige Schritte von der Schlossfreiheit entfernt liegt Güstrows ältestes Gebäude. Die Brandinstraße führt in ein stilles Viertel, in dessen Mitte der Dom aufragt. Äußerlich ist der Backsteinbau fast unauffällig. Deshalb wird die Marienkirche auf dem Markt fälschlicherweise oft für den Dom gehalten. Doch die Schätze verbergen sich im Inneren der dreischiffigen Basilika. Besonders der goldglänzende, figurengeschmückte **Hochaltar** (15. Jh.), die **Apostelfiguren** (um 1530)

Güstrow

Dom

des Lübecker Schnitzmeisters *Claus Berg* und die reich verzierten **Wandgräber** von *Borwin II.*, Herzog *Ulrich III.* und seiner beiden Frauen *Elisabeth von Dänemark* und *Anna von Pommern* erregen die Aufmerksamkeit.

Das berühmteste Kleinod des Doms ist jedoch zweifelsohne **Barlachs „Schwebender Engel".** Das Güstrower Ehrenmal, 1927 zum Gedenken an die Gefallenen des 1. Weltkrieges angebracht, wurde von den dumpfen Nazipropagandisten als pazifistisch und entartet bekämpft und schließlich 1937 eingeschmolzen. Der heutige Engel ist ein 1953 gefertigter Zweitguss.

An der Ecke Wallmauer/Schulstraße sieht man die alte **Domschule.** Die 1579 von *Ulrich III.* errichtete höhere Schule trug wesentlich zum Ruf Güstrows als Zentrum für Geist und Kultur bei.

Markt

Vom Domplatz sind es nur wenige Schritte bis zum belebten Herz Güstrows. Der malerisch von alten, schön restaurierten Gebäuden gesäumte Markt gilt als einer der schönsten des Landes.

Unter den Gebäuden am Markt sticht der 1804 errichtete Fürstenhof hervor, der zu den bedeutendsten klassizistischen Bauwerken Güstrows zählt und nach seiner Restaurierung nun wieder im alten Glanz erstrahlt. Majestätisch ragt auf dem denkmalgeschützten Geviert die **Marienkirche** in den Himmel. Ihre heutige Gestalt erhielt die dreischiffige Stadtkirche durch Umbauten 1880-83. Der 1308 errichtete gotische Vorgängerbau wurde bei Stadtbränden schwer in Mitleidenschaft gezogen. Zu den Schätzen der Marienkirche, deren Ausstattung zu den umfangreichsten in Mecklenburg zählt, gehört vor allem der reich verzierte, fünfflüglige Schnitzaltar. Er ist ein Werk des Brüssler Meisters *Jan Bormann*. Der mit 181 goldüberzogenen Holzfiguren geschmückte Altar gilt als eines der herausragenden Werke der europäischen Kunst im Mittelalter. Auch die Marienkirche hat ihren Barlach, den „Engel der Hoffnung". Ganz anderer Natur, ist der herrliche Rundumblick, den man vom 53 m hohen Turm der Kirche über die Stadt und die umliegenden Seen hat. Doch erst müssen 197 Stufen erklommen werden.

Rücken an Rücken steht die Marienkirche mit dem Güstrower **Rathaus.** Der 1793 anstelle des niedergebrannten alten Rathauses errichtete frühklassizistische Bau besitzt eine eindrucksvolle Empirefassade. Vom gleichen Baumeister, *D.*

Marktplatz, historisches Häuserensemble

Güstrow

A. Kufahl, stammen auch die beiden prächtigen **Bürgerhäuser** (Haus-Nr. 17 und 33) am Markt, die sich ebenfalls mit Empiregiebeln schmücken.

Pferdemarkt
Die **Bummel- und Einkaufsmeile** der Stadt ist der Pferdemarkt, der vom Markt die Altstadt Richtung Bahnhof quert. In der Mitte weitet sich der Boulevard zu einem kleinen Platz, in dessen Mitte ein 1889 errichteter Brunnen mit dem **Standbild von Fürst Borwin II.** an die Stadtgründung im Jahre 1228 erinnert.

Gertrudenkapelle
Eine der reizvollsten Sehenswürdigkeiten Güstrows liegt außerhalb der Altstadt. Jenseits des alten Stadtgrabens und der verkehrsreichen Lindenstraße liegt inmitten einer ruhigen Parkanlage die Gertrudenkapelle. „Hier ließe sich wohl arbeiten. Das wäre wohl eine Situation für einen Bildhauer meiner Beschaffenheit. Meinen Arbeiten fehlt eben doch der sakrale Raum", äußerte einst *Ernst Barlach* über die kleine Grabkapelle, zu der er oft Spaziergänge unternahm. 1953 wurde *Barlachs* Wunsch Wirklichkeit. In dem von *Barlachs* Peinigern, den Nazis, als so genannte Ahnenhalle missbrauchten Sakralbau wurde auf Initiative seiner Lebensgefährtin Marga Böhmer die **Barlach-Gedenkstätte** eingerichtet. Hier ist nun eine Sammlung von 30 bedeutenden Plastiken des Bildhauers zu bewundern.

Barlach-Atelier
Die Hauptsammlung der von der Barlachstiftung betreuten und verwalteten großen Werke des ausdrucksstarken Meisters befindet sich im Barlach-Atelier am Heidberg und dem danebenliegenden Ausstellungsforum. Das Haus, in dem der Bildhauer von 1910 bis 1938 fast wie ein Eremit arbeitete, liegt außerhalb der Stadt am Inselsee. Man erreicht es über die B 104 Richtung Teterow. Nach etwa 4 km rechts ab und am Waldrand Richtung Bölkow.

Info
●*Güstrow-Information,* Domstr. 9, 18273 Güstrow, Tel. (03843) 681023, Fax 682079, Internet: www.guestrow.de, E-mail: stadtinfo@guestrow.de (Mo.-Fr. 9-19 Uhr, Sa. 9.30-13 Uhr, Mai-Sept. auch So. 9.30-13 Uhr)

Karte Seite 214 **Güstrow**

Unterkunft
- *Hotel Stadt Güstrow,* Pferdemarkt 58, Tel. 780-0, Fax 780100 (gehobene 4-Sterne-Herberge mit guter Küche)
- *Hotel Kurhaus am Inselsee,* Heidberg 1, Tel. 8500, Fax 850100 (4-Sterne-Haus in ruhiger Lage nahe Barlach-Atelier direkt am Inselsee, mit Seeterrasse)
- *Gutshotel Groß Breesen,* in Groß Breesen, Tel. (038458) 500, Fax 50234, Internet: www.gutshotel.de (In dem Lesehotel mit Lesestube am Park, Lesesalon und Denkhaus erwarten Sie über 70.000 Bücher. Mit Tauschbörse. Regel: 2 bringen, 1 mitnehmen. Einladender Gewölbekeller mit sehr guter Küche, großer Weinkeller)
- *Hotel Schloss Vietgest,* in Vietgest, Tel. (038452) 20425, Fax 20429 (prächtiges altes Schloss im Park, in schöner Lage nahe See)
- *Herrenhaus Friedrichshof,* in Friedrichshof, Kastanienallee 7, Tel. (038454) 20841, Fax 20882 (idyll. Alleinlage am See, mit Restaurant u. Café)
- *JH,* OT Schabernack, Heidberg 33, Tel. 840044
- *Hotel Am Güstrower Schloß,* Schloßberg 1, Tel. 7670, Fax 767100 (Hotel im ehem. Gefängnis in ruhiger Lage)

Gastronomie
- *Barlach Stuben,* Plauer Str. 7, Tel. 684881 (Mecklenburger Küche vom Feinsten!)
- *Wallensteins Hofgericht,* Schloßberg 1, Tel. 7670 (frische Küche mit reichhaltigem Fisch- und Wildangebot)
- *Schloss-Café,* im Schloss, Tel. 767333 (angenehmes Ambiente bei Kerzenschein in hist. Kulisse)
- *Wiener Café,* Gleviner Str. 29, Tel. 686733 (eig. Konditorei)

Museum/ Kultur
- *Schlossmuseum,* im Schloss, Tel. 7520 (Di.-So. 9-17 Uhr)
- *Stadtmuseum,* Franz-Parr-Platz 10, Tel. 7690 (zurzeit geschlossen, Neueröffnung Mai 2003)
- *Gertrudenkapelle,* Gertrudenplatz 1, Tel. 683001 (April-Okt. Di.-So. 10-17 Uhr, Nov.-März Di.-So. 11-16 Uhr)
- *Barlach-Atelierhaus* am Inselsee, Heidberg 15, Tel. 82299 (April-Okt. Di.-So. 10-17 Uhr, Nov.-März Di.-So. 11-16 Uhr)
- *Dom,* Ph.-Brandin-Str. 5, Tel. 682433 (Mai-Okt. Mo.-Sa. 10-17 Uhr, So. nach d. Gottesdienst bis 12 Uhr, Nov.-April Di.-So. 11-12 u. 14-15 Uhr)
- *Barlach-Theater,* Franz-Parr-Platz 6, Tel. 684146 (Info, VVK)
- *Malmström-Museum,* Zu den Wiesen 17, Tel. 8257583 (Mo-Sa 10-11 u. 14-16 Uhr; eindrucksvolles Zirkusmuseum, aus den Requisiten und Beständen der seit 1916 in Güstrow ansässigen Artistenfamilie Kolter-Malmström)
- *Marien-Kirche,* Markt 32, Tel. 682077 (Öffn.zeit wie Dom)
- *Städt. Galerie Wollhalle,* Franz-Parr-Platz 9, Tel. 769361 (tägl. 11-17 Uhr)
- *Hist. Wasserkraftwerk,* Am Berge, Tel. 681023 (nach Vereinbarung)
- *Natur- und Umweltpark,* Verbindungschaussee 6, Tel. 24680, Fax 246820, Internet: www.nup-guestrow.de, E-mail: info@nup-guestrow.de (tägl. 9-19 Uhr, Nov.-März bis

Ernst Barlach

„Ich bin zufrieden, wenn ich schweigen darf, nur zu lauschen, zu sehen brauche." (*E. Barlach,* Güstrower Tagebuch)

Künstler, nichts als Künstler wollte er sein. Allein, es war ihm selten vergönnt. Plagte ihn in den Anfangsjahren materielle Not, geriet der erfolgreiche Künstler, von Natur aus gänzlich unpolitisch, menschenscheu und wortkarg, ins Visier der nationalsozialistischen Hetzpropaganda, die in seinen Werken „Ostisches" und „Bolschewistisches" zu erkennen glaubte.

Am 2.1.1870 in Wedel bei Hamurg geboren, besucht der 23-jährige die Dresdener Kunstakademie, wo er heftig gegen die klassische Ausbildung opponiert: „Das Leben" will er erfassen, „dort wo es am vollsten, am leidenschaftlichsten quillt", „nicht klassische Herrlichkeit, die mit mir nichts zu tun hat."

Als Gewerbeschüler in Hamburg bekam er zum ersten Mal Ton in die Hände, „und ich ging los wie ein Gaul, der die Trompete hört". Er entdeckt seine Vorliebe für die Plastik,„denn hier fällt alle Künstelei weg". Doch er beschränkt sich nicht aufs Modellieren, er zeichnet und schreibt. Zeitweilig wohnt er in verschiedenen Metropolen (Berlin, Florenz, Paris), flieht jedoch regelmäßig wieder nach Hause zu seiner Mutter. Das hektische Treiben der Städte irritiert ihn, er leidet darunter, dauernd angesprochen zu werden.

1906 unternimmt er mit seinem Bruder eine Russlandreise, die sein weiteres Leben und somit auch sein Werk prägen sollte. Die unendlichen Weiten des Landes und die verheerende soziale Lage seiner Bevölkerung beeindrucken ihn zutiefst und veranlassen ihn, sich zum Sprecher der Entrechteten zu machen. Die Würde der elenden Kreatur wird sein zentrales Thema. Genau diese Thematisierung bringt ihm die nicht enden wollenden Konflikte und Hetzkampagnen der nationalsozialistischen Propaganda, die strahlende Helden und stählerne Bauern sehen will. Im Besonderen seine Ehrenmale (Ehrentafel mit *Schmerzensmutter* an der Nicolaikirche in Kiel 1921, der *Schwebende Engel* für den Dom in Güstrow 1927, der *Geistkämpfer* für die Universitätskirche in Kiel 1928, das *Magdeburger Totenmal* 1929 und das Relief für das Hamburger Gefallenendenkmal 1931) lösen in den Gazetten von *Alfred Rosenbergs* „Kampfbund für Deutsche Kultur" wahre Empörungsstürme aus.

Die vehementesten Attacken werden gegen sein Magdeburger Ehrenmal geritten, an Heftigkeit nur vergleichbar mit den geifernden Ausfällen, die *Erich Maria Remarques* „Im Westen nichts Neues" hervorruft, das im selben Jahr erscheint. Selbst kirchliche Kreise scheuen sich nicht, *Barlach* Pazifismus vorzuwerfen. Der Künstler selbst steht diesem Treiben hilf- und verständnislos gegenüber. Völlig zurückgezogen in sein Atelier auf dem Heidberg bei Güstrow, vernichtet er alle Briefe und Unterlagen aus Angst vor Hausdurchsuchung, Berufsverbot und Verhaftung. Seine Werke werden entfernt, Ausstellungen und Aufführun-

Ernst Barlach

gen seiner Arbeiten verboten. Ein Berufsverbot, wie es gegen *Nolde* und andere Kollegen ausgesprochen wird, erhält er aber nicht. (*Goebbels* hatte sogar einen „Barlach" zu Hause stehen.)

In dieser dunklen Zeit wird er von Freunden wie dem Kunsthändler *Böhmer* oder dem Zigarettenfabrikanten *Reemtsma* mit Aufträgen und Geldzuwendungen unterstützt. Am 24.11.1938 erliegt *Ernst Barlach* in seinem Atelier auf dem Heidberg einem Herzschlag und wird in Ratzeburg neben seinem Vater beigesetzt.

1951 findet die erste große Barlach-Ausstellung in der DDR statt, die große Aufmerksamkeit erregte. Richtig populär ist *Barlach* jedoch nie geworden. Dennoch ist der Expressionist unumstritten zu den Meistern der Klassischen Moderne zu rechnen.

Güstrow, Umgebung

Dämmerung). Highlight ist der Bereich Aqua, in dem man in einem Glastunnel unter Wasser spaziert und die Vielfalt der heimischen Unterwasserflora und -fauna bestaunen kann.

●*Badeparadies Oase,* Plauer Chaussee 7, Tel. 85580 (tägl. 10-22 Uhr)

Umgebung

Boitin
15 km SW

Von den zahlreichen Bodendenkmälern aus prähistorischer Zeit, die sich überall in Mecklenburg in großer Zahl finden, sind die so genannten **Boitiner Steintänze** besonders bemerkenswert. Es handelt sich dabei um drei dicht beieinanderliegende Steinkreise, die aus mannshohen Felsblöcken errichtet wurden. Die genaue Bedeutung der Steinkreise ist unklar. Vermutlich dienten sie kultischen Zwecken. Klar ist, dass sie vor etwa 3.000 Jahren errichtet wurden und sie im Tarnower Forst zu finden sind. Man erreicht sie, wenn man von der Straße nach Bützow in Tarnow an der Kirche von der Hauptstraße abbiegt. Der Sandweg bis zum Parkplatz ist dann ausgeschildert. Vom Parkplatz sind es dann noch rund 2 km Fußmarsch durch schönen Buchenwald.

●**Unterkunft:** *Das Nest,* Dorfstr. 38, Tel. (038450) 30614, Fax 30613 (sehr preiswerte Pension mit Biogarten, Wellness, Haustiere, 5 min vom See)

Bützow
16 km NW

Manchem Freund der Literatur wird die Kleinstadt Bützow im Tal der Warnow durch *Wilhelm Raabes* Erzählung „Die Gänse von Bützow" bekannt sein, in der es heißt: „Wo die Fluten der Warnow das liebliche und nahrhafte Land (...) durchströmen, liegt im Arm der Nixe die Stadt Bützow, jener Winkel der Erden, welcher mir vor allem lacht". Ursprung des „Gänsekriegs" war der Magistratserlass von 1794, der freilaufende Gänse verbot und sie einfangen ließ, worauf es am 28.12. zum heftigen Aufruhr kam, an dem sich über 800 Bützower beteiligten.

So bescheiden beschaulich das Provinzstädtchen sich heute dem Besucher präsentiert, so bedeutende Zeiten hatte es in seiner **Geschichte.** Erstmals erwähnt wird der Ort, damals eine

Güstrow, Umgebung

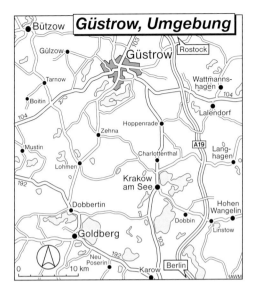

auf der Halbinsel Hopfelwall gelegene Slawenburg, 1171 als „Butissowe". Als von deutschen Siedlern an einer günstigen Furt durch die Warnow angelegten Stadt wird 1229 berichtet. 1236 verlegen die Schweriner Bischöfe ihre Residenz nach Bützow, errichten ein herrschaftliches Schloss und erheben so die Stadt zum geistlichen Zentrum des Bistums.

Man will es angesichts des betulichen Provinzstädtchens nicht so recht glauben, aber Bützow war einst gar Universitätsstadt. 1760 gründete die Rostocker Universität eine Außenstelle mit vier Fakultäten. Nur 30 Jahre durfte sich Bützow mit dem Titel Universitätsstadt schmücken. 1789 wurde die Alma mater aus Kostengründen geschlossen und die akademischen Räumlichkeiten von einem Kriminalkollegium belegt.

Bedeutend für die wirtschaftliche Entwicklung Bützows war die Ansiedlung französischer Hugenotten im Jahre 1703, die neben neuen Handwerken wie der Wollweberei auch die Kunst des Tabakpflanzens mitbrachten.

Von der bischöflichen Epoche zeugt das älteste Gebäude der Stadt, die frühgotische **Stiftskirche.** 74 m hoch ragt der Turm der dreischiffigen Backsteinhallenkirche auf. Nach dem Vorbild des Lübecker Doms erhielt sie einen Kapellenkranz. Zur Ausstattung der äußerlich eher schlichten Kirche zählten neben einer Tauffünfte (1474) die aus der Werkstatt des Schnitzers *Hans Peper* stammende Renaissancekanzel (1617) und der üppige spätgotische Hochaltar (1503).

Vom ehemaligen bischöflichen Renaissance-Schloss am südwestlichen Altstadtrand ist nicht mehr viel übriggeblieben. In der erhalten gebliebenen gotischen **Schlosskapelle** hat nun das **Heimatmuseum** seinen Sitz. Im so genannten „Krummen Haus", einem ehemaligen Wirtschaftsgebäude des Schlosses, ist eine **NS-Gedenkstätte** untergebracht, die der Opfer gedenkt, die im nationalsozialistischen Gefängnis Dreibergen (Ortsteil von Bützow) litten und starben.

Am Markt fällt das neu restaurierte **Rathaus** auf, das 1848 im Stile der Tudorgotik erbaut wur-

Rathaus Bützow

Güstrow, Umgebung

de. Vor dem Rathaus schnattern die legendären „Gänse von Bützow". Der 1981 von dem Warener Künstler *W. Preik* geschaffene **Gänsebrunnen** erinnert an den in *Raabes* Novelle geschilderten Gänsekrieg von Bützow.

● **Info:** *Stadtinformation,* Am Markt 1 18246 Bützow, Tel./Fax (038461) 50120, Internet: www.buetzow.de, E-mail: info@buetzow.de (Mo./Mi./Do. 7.30-12 u. 12.30-16 Uhr, Di. 7-30-12 u. 12.30-17.30 Uhr, Fr. 7.30-13 Uhr)
● **Unterkunft:** *Hotel Am Markt,* Am Markt 11, Tel. 56000, Fax 56030; *Pension Seehof,* in Rühn, Pustohl 2a, Tel. 52872 (ruhige Lage zw. Warnow und See, Kanu-, Fahrradverleih); *Camping Sandgarten,* ca. 15 km nördlich in Schwaan, Tel. (03844) 813716, Fax 814051 (ganzjährig geöffnet, großer Wiesenplatz an der Warnow); *Camping Wasserwanderrastplatz,* am Bützower See, Tel. 2859 (Mai-Okt., kleiner, schön und still am See gelegener, ebener Wiesenplatz mit 60 Stellplätzen)
● **Gastronomie:** *Alte Badeanstalt,* An der Bleiche 8, Tel. 2859 (idyllisch am See gelegen, gute Fischküche, Boots-, Fahrradverleih, Wohnmobil-Stellplätze, Zimmer)
● **Museum:** *Heimatmuseum Krummes Haus,* Schloßplatz 2, Tel. 66915 (Mo. 13-17, Di. 9-17, Mi./Fr. 9-16, Do. 9-12 Uhr)

Rund um Krakow am See
20 km S

Der kleine Luftkurort Krakow am See (3.400 Einw.) liegt im Grenzbereich zwischen der Mecklenburgischen Seenplatte und der Mecklenburgischen Schweiz. Das verschafft seiner Landschaft ein ganz besonderes Gepräge. Einerseits blinken rings um den buchtenreichen, 11 km langen Krakower See viele kleinere Seen aus dem waldreichen Gelände, das andererseits durch seine bewegten Moränenhügel ein lebendiges Relief zeichnet. Diese besonders anmutige Mecklenburger Mischung war es, die Krakow zu *Fritz Reuters* Lieblingssommerfrische machte. Hier, „recht middwarts in Mecklenborg", in der „lieblichen Krakowschen Gegend" sei „die Urgeschicht Mecklenborgs" abzulesen, nur so wie sie könne er sich das Paradies vorstellen. Wer an einem milden Sommertag durch die Krakowsche Gegend streift, wird dies unschwer nachvollziehen können. In dem stillen Bauernland liegen steinzeitliche Hügelgräber, kleine Dörfchen mit rotleuchtenden Backsteinkirchen, aber auch

prächtige alte Herrenhäuser, Landschlösschen und romantisch gelegene Ausflugsgaststätten.

Eine ideale Gegend für denjenigen, der Ruhe und intakte Natur sucht, aber auch auf kulturelle Genüsse nicht verzichten will.

In Krakow selbst sind dies die 1866 errichtete Krakower Synagoge, die ab 1920 als Turnhalle genutzt wurde und so die Jahre der Nazibarbarei unbeschadet überstand. Heute wird der Betsaal der sanierten Synagoge für Ausstellungen genutzt. Gegenüber der Synagoge ist in der alten Schule neben der Heimatstube das **Buchdruck-Museum** mit Schauwerkstatt untergebracht, das sich den historischen Wurzeln der Schwarzen Kunst widmet.

Ein sehr schöner Spazierweg unmittelbar entlang des Krakower Stadtsees ist die Seepromenade, die an vielen reetgedeckten Bootshäusern und Fischereihütten zu der 1938 erbauten, unter Denkmalschutz stehenden Badeanstalt führt.

In der näheren Umgebung der Stadt liegen zahlreiche lohnende Ausflugsziele. Dazu gehört das **Herrenhaus Charlottental,** ein herrschaftliches Landschloss im tudorgotischen Stil. Auch die Dörfchen **Alt Sammit, Marienhof** und **Bellin** besitzen sehenswerte Junkersitze. Besonders schön sind die Dorfkirchen von Bellin, ein spätromanischer Bau von 1240, und die in **Dobbin.** Die Dobbiner Dorfkirche besitzt einen wertvollen spätgotischen Flügelaltar.

Güstrow, Umgebung

Eines der idyllischsten Dörfchen ganz Mecklenburgs ist **Serrahn** am Nordufer des Krakower Sees. Die alte Poststation ist eine der ältesten des Landes. Bei Serrahn verlässt die Nebel den Krakower See und hat bei ihrem Durchbruch durch die Endmoränen ein ungemein reizvolles Tal geschaffen. Das urwüchsige Flüsschen ist das artenreichste und sauberste Fließgewässer des Landes. Durch das **NSG Nebeltal** mit dem anmutigen Nebel-Durchbruchstal führt ein Naturlehrpfad. Ein beliebtes Ziel für Nebelwanderer ist die ***historische Wassermühle in Kuchelmiß.*** Die 1296 erstmals erwähnte Mühle zeigt neben der rekonstruierten Mühlentechnik und Modellen auch eine Ausstellung zur Mühlengeschichte.

- **Info:**

Touristinformation, Lange Straße 2, 18292 Krakow am See, Tel. (038457) 22258, Fax 23613, Internet: www.krakow-am-see.de, E-mail: info1@krakow-am-see.de (Jan.-April u. Nov./Dez. Mo.-Fr. 9-17 Uhr, Mai-Okt. Mo.-Fr. 9-18 Uhr, Sa./So. 10-13 Uhr)

- **Unterkunft:**

Hotel an der Seepromenade, Goetheallee 2, Tel. 23609 (direkt an See u. Strandpromenade gelegene hübsche Herberge);
Hotel „Ich weiß ein Haus am See", OT Seegrube, Altes Forsthaus 2, Tel. 23273, Fax 23274 (ruhige Wald-/Seelage, eigener Strand und Bootsanleger, Restaurant mit Terrasse);
Hotel Zum Forsthof Blechernkrug, Güstrower Chaussee 31, Tel. 23520 (mit schwimmendem Biergarten, Wildrestaurant);
Pension Alte Poststation, in Linstow/Bornkrug, Forststr. 14, Tel. 22735, Fax 23640 (mitten im Naturpark gelegen, mit Galerie, Boots- und Fahrradverleih, Biergarten);
Naturcamping Krakow am See, Am Windfang 1, Tel. 50774, Fax 50775 (ganzjährig, baumbestandener Wiesenplatz direkt am See);
Camping Am Garder See, ca. 10 km westl. in Lohmen, Tel. (038458) 20722, Fax 8059 (Ostern-Okt., sehr ruhiger, von Wald umgebener Platz im LSG am Nordufer des Sees)

- **Gastronomie:**

„Ich weiß ein Haus am See", Adresse s. Unterkunft, (von Feinschmeckern vielfach gelobt. Das Credo des Küchenchefs Laumen: „Regional orientierte Frischküche")
Am Jörnberg, Jörnbergweg 16, Tel. 22224 (schön am See gelegen, Fisch- und Wildspezialitäten, Gästezimmer);
Gutshaus Zietlitz, in Zietlitz, Serrahner Str. 2, Tel. 22243 (gute, abwechslungsreiche Küche von Wild bis vegetarisch, mit preiswerten Zimmern)

Güstrow, Umgebung

●**Museum:**
Alte Synagoge, Schulplatz 1, Tel. 22258;
Buchdruck-Museum, Schulplatz 2, 23872 (Mai-Okt. Di.-Sa. 10-12 u. 13-17 Uhr, Nov.-April Di.-Fr. 10-12 u. 13-16 Uhr)
Heimatstube, Schulplatz 2, Tel. 24613 (wie Buchdruck-M.)
Hist. Wassermühle, in Kuchelmiß, Tel. 60666 (April-Okt. tägl. 9–17 Uhr)

Linstow
30 km SO

In Linstow erwartet Sie das **Wolhynier Umsiedler-Museum.** Die Wolhynier waren Deutsche, die im Gebiet Wolhynien zwischen Brest Litowsk und Berditschew in der heutigen Ukraine siedelten. Die ersten Siedler, Handwerker und Kaufleute kamen bereits im 13. Jh. nach Wolhynien. Neben Mennoniten aus dem Danziger Raum zählte zu den Siedlern auch die große Zahl deutscher Bauern und Handwerker, die 1762 von Zarin *Katharina II.* mit dem Versprechen der Militärdienstbefreiung, Religionsfreiheit und kulturellen Eigenständigkeit ins Land geholt wurden.

1930 betrug die Zahl der Wolhynierdeutschen im russischen Teil 51.000, im polnischen Teil 48.000. Nach dem Hitler-Stalin-Pakt 1941 wurde die deutschstämmige Bevölkerung von der NS-Verwaltung planmäßig auf Höfe im Warthegau in Polen umgesiedelt, von denen die polnischen Bauern vertrieben worden waren. Der Aufenthalt der Wolhynierdeutschen im Warthegau dauerte jedoch nicht lange. Als die Front zurückrollte, flohen sie vor der heranrückenden Roten Armee nach Westen. Eine kleine Gruppe der Wolhynier fand in Linstow ihre neue Heimat. Bei der Bodenreform von 1945 wurden jeder Familie 10 ha Land zum Siedeln zugesprochen. Die Wolhynier begannen, in ihrer traditionellen Bauweise Höfe zu errichten. So entstanden insgesamt 73 reetgedeckte Holzhäuschen, die unter einem Dach Platz für Mensch, Vieh und Ernte boten.

Eines der malerischen Gehöfte wurde nun zum Museum umfunktioniert, das auch als Gedenk- und Begegnungsstätte dienen soll.

●**Museum:** *Wolhynier Umsiedler-Museum,* in Linstow, Hofstr. 6, Tel. (038457) 51963 (Mai-Okt., Di.-Fr. 13-16 Uhr)

Teterow

Das Schilda Mecklenburgs

„Weck Lüd sünd klauk / Un weck sünd daesig / Un weck dei sünd / Wat aewernäsig / Lat't ehr spijöken / Kinnings, lat't! / Dei Klock hae't lürrt / De hekt is fat't". lautet die Inschrift am **Hechtbrunnen,** in dem die Teterower ihrem Ruf als etwas eigentümlich Denkende und Handelnde ein Denkmal gesetzt haben. Das „Schilda Mecklenburgs" wird sie auch genannt, die kleine Stadt Teterow im Herzen der Mecklenburgischen Schweiz. Als üble Nachrede scheinen dies die Teterower jedoch nicht zu empfinden. Immerhin haben sie einen der ihnen nachgesagten Streiche zu ihrem Wahrzeichen gemacht. Der Hechtbrunnen vor dem Rathaus erinnert an ihre besondere Gewitztheit. Das war nämlich so: Einmal haben Fischer ein selten großes Prachtexemplar von Hecht aus dem Wasser gezogen. Ein wahrer Festschmaus, freuten sie sich so bei sich. Da es jedoch bis zum jährlichen Königsschuss-Fest noch zwei Wochen hin war, so überlegten die klugen Teterower Fischermannen, müsse man den tollen Hecht eben solange aufbewahren. Um ihn frisch zu halten, banden sie ihm also eine Glocke um den Hals und warfen ihn in den See zurück. Das Glockenklingeln, so dachten sie bei sich, stelle ja unfehlbar sicher, dass man den Schmaus zum Fest auch wiederfinde. Sicherheitshalber – weil sicher ist sicher – machten die gescheiten Männer an der Stelle, wo sie den Hecht provisorisch ins Wasser entlassen hatten, eine dicke Kerbe in ihr Boot.

Teterow liegt im schönsten Teil der Mecklenburgischen Schweiz. Rings um die Stadt steigen die von duftender Heide überzogenen Hügel bis über die 100-m-Marke an. Die höchste Erhebung, der Hardtberg bei Hohen-Mistorf, bringt es auf schwindelerregende 124 m.

Seit 1930 finden alljährlich auf dem **Teterower Bergring,** Europas schönster und größter Grasrennbahn, die legendären Pfingstrennen statt.

Teterow

Zehntausende pilgern dann zum Ring, um das Kräftemessen der internationalen Crosselite zu beobachten.

„Tertra Urogallus" heißt fachlich richtig der Vogel, der der Stadt den Namen gab. Die Slawen nannten das Urhuhn, den Auerhahn, „teter". Die Geschichte der Stadt begann, als die Slawen im nahen Teterower See auf einer Insel eine Wallburg errichteten. In den Rang einer Stadt wurde der Ort um 1235 durch Fürst *Nikolaus von Werle* erhoben. Die runde Stadtanlage wurde 1361 mit einer Stadtmauer geschützt, durch die drei Tore Einlass gewährten.

Sehenswert

Zwei der Stadttore haben die Stürme der Zeit überstanden. Am nördl. Ende der Rostocker Straße, die schnurgerade die Altstadt durchzieht, steht das

Teterower Bergring

Rostocker Tor. Im Süden führt der Weg ins historische Zentrum durch das ***Malchiner Tor.*** Beide Tore wurden zu Beginn des 15. Jh. errichtet. Im Malchiner Tor und im danebenliegenden ehemaligen Ratsdienerhaus ist das ***Stadtmuseum*** mit zwei Dauerausstellungen zur Ur- und Frühgeschichte wie zur Stadtgeschichte untergebracht. In der frühgeschichtlichen Abteilung nimmt die slawische Burgwallanlage auf der Burgwallinsel im Teterower See eine zentrale Stellung ein. Außenstellen des Stadtmuseums sind das ***Bergring-Museum*** und das ***Museum für Eisenbahngeschichte,*** die sich beide auf dem Schulkamp befinden. Am Mühlenteich findet man das ***Feuerwehr-Museum.***

Mitten in der gut erhaltenen mittelalterlichen Altstadt liegt der Marktplatz. Dort erhebt sich die ***Peter-Pauls-Kirche.*** Der um 1215 begonnene dreischiffige Sakralbau ist teils spätromanisch, teils gotisch. Wertvoll ist der in der 1. Hälfte des 15. Jh. gefertigte hochromanische Flügelaltar. Das schön renovierte ***Rathaus*** am Markt ist ein Gebäude aus dem 20. Jahrhundert (1910) und weniger interessant. Vor ihm plätschert das Wahrzeichen der Stadt, der ***Hechtbrunnen.***

Die ***Burgwallinsel,*** Teterows interessanteste Sehenswürdigkeit, liegt etwas außerhalb. Von der Altstadt führt ein Spaziergang die Rostocker Straße entlang, dann durch die Reuter- in die Otimarstraße und dann immer geradeaus. Eine kleine ***Fähre*** setzt zur Insel über, auf der die wunderhübsche ***Ausflugsgaststätte Wendenkrug*** lockt.

„So bauen die Slawen ihre Burgen: Sie gehen zu Wiesen reich an Wasser und Gestrüpp, stecken dort einen runden oder viereckigen Platz ab nach der Form und dem Umfang der Burg, graben ringsum und schichten die ausgehobene Erde auf, wobei sie mit Planken und Pfählen nach Weise der Bastionen gefestigt wird. Man geht auf einer hölzernen Brücke aus und ein", berichtet der arabische Händler *Ibrahim Ibn Jakub* in seinem Reisebericht aus dem 10. Jh. Die 750 m lange und ohne einen einzigen Nagel gefertige

Teterow

Brücke fanden Archäologen 1953 gut konserviert im Sumpf des Sees.

Ein kleiner Spaziergang führt durch lichten Wald bis zum Wendenkrug. Die malerische Gaststätte mit ihrem Reetdach liegt inmitten der alten Wallburg. Fisch und natürlich Hecht aus dem See steht auf der Speisekarte. Ein großer Biergarten und ein in Form einer Slawenburg errichteter Spielplatz, dazu ein Badestrand mit Bootsverleih machen den Ausflug auf die Insel für Eltern und Kinder gleichermaßen zum Erlebnis.

Info
- *Tourist-Information,* Mühlenstr 1, 17166 Teterow, Tel. (03996) 172028, Fax 187795, Internet: www.teterow.de, E-mail: tourist-info@teterow.de (Mo.-Do. 9-18 Uhr, Fr. 9-16 Uhr)

Unterkunft
- *Golf- und Wellnesshotel Schloss Teschow,* im OT Teschow, Gutshofallee 1, Tel. 1400, Fax 140100 (5-Sterne-Haus in klassiz. Herrenhaus in 8 ha großem Park. Mit 100 ha großer Golfanlage und weitläufigem Wellnessbereich. Gehobene Gastronomie)
- *Wendenkrug,* Burgwallinsel, Tel. 12840, Fax 128411 (sehr reizvolle Insellage, nur mit der Fähre zu erreichen)
- *Gutshaus Gottin,* in Gottin, Tel. (039976) 50251, Fax 50912 (preiswerte Zi. in denkmalgeschützten Gutshaus, stille Lage; mit Weinkeller, Wintergartencafé, Terrasse, Fahrradverleih)
- *Landhaus Levitzow,* 6 km nördl. in Levitzow, Dorfstr. 7, Tel. (039975) 70257 (mit Dorfgaststätte, regionale Küche)
- *JH,* Am Seebahnhof 7, Tel./Fax 172668
- *JH,* in Dahmen, Dorfstr. 17, Tel. (039933) 70552, Fax 70650
- *Camping Dahmen,* in Dahmen am Malchiner See, Tel. (039933) 70379 (ganzjährig, schön direkt am See gelegener Wiesenplatz)

Gastronomie
- *Wendenkrug,* s. Unterkunft (gute Fischgerichte, besonders Hecht; im Haus auch die „Slawenschänke", in der alles von den Möbeln über das Geschirr bis zur Speisekarte „typisch slawisch" ist)
- *Bauernmarkt,* im OT Teschow, Alte Dorfstr. 13, Tel. 140860 (frische Köstlichkeiten in rustikaler Scheune aus Naturprodukten vom eigenen Landgut, die man auch im Hofladen kaufen kann)
- *Uns Hüsung,* Lärchenweg 1 , Tel. 187819 (schön gelegene Ausflugsgaststätte in den Heidbergen, mit Pension)

Museum
- *Stadtmuseum,* Am Südring 1 (Malchiner Tor), Tel. 172827 (Di.-Fr. 10-12 Uhr u. 13-17 Uhr, Sa./So. 14-17 Uhr)
- *Bergringmuseum/Eisenbahnmuseum,* Auf dem Schulkamp, Tel. 173095 (geöffnet wie Stadtmuseum)

Teterow, Umgebung

- *Feuerwehrmuseum*, Am Mühlenteich, Tel. (0171) 1454104 (Sa. 14-17 Uhr)
- *Ziddorfer Mühle*, in Ziddorf an der B 108 zw. Teterow und Waren, Tel. (039933) 70221 (in der restaurierten Wassermühle bietet eine Frauenwerkstatt nach alten Techniken handgefertigte, typische mecklenburgische Gebrauchsgegenstände und in der Mühlenschenke ebensolche Gerichte)

Umgebung

Tellow
9 km N

Das unscheinbare Dörfchen war 40 Jahre lang Wirkungsstätte des Agrarwissenschaftlers *Johann Heinrich von Thünen* (1783-1870). 1810 hatte der Ökonom, der seine Experimente und Erfahrungen später publizierte, das Gut Tellow gekauft.

Sein für die damalige Zeit musterhafter Gutshof wurde zu einem sehr interessanten **Thünen-Museum** umgestaltet, das Einblick in das Werk *Thünens* und die Entwicklung der Agrartechnik gibt. Neben *Thünen* selbst wird in der Museumsanlage das Wirken anderer richtungsweisender mecklenburgischer Landwirte und Gutsbesitzer wie Graf *Schlitz* oder *Pogge* gewürdigt. In den verschiedenen Gebäuden der denkmalgeschützten Gutsanlage sind mehrere Ausstellungen wie z. B. die Keramiksammlung im Weinkeller zu besichtigen. Regelmäßig finden auf dem Thünengut neben Tagungen auch traditionelle Feste wie Scheunenfest, Bauernmarkt oder Parkfest statt.

Dem Gehöft schließt sich der **Thünenpark** an. Durch die landschaftlich sehr reizvolle Parkanlage, in deren Gewässer noch solch seltene Bewohner wie Krabbentaucher, Edelkrebs und Sumpfschildkröte tauchen, krebsen und kröten, führt ein gut ausgeschilderter Wanderweg.

- **Gastronomie:** *Thünenstall,* Tel. 50395 (Wildgerichte, hausgemachter Kuchen im ehem. Stall, idyllische Waldlage)
- **Museum:** *Thünen-Museum,* 17168 Tellow, Tel. (039976) 5410, Fax 54116, (tägl. 9-16 Uhr, Mai-Sept. bis 17 Uhr)

Lelkendorf
14 km NW

Am Rande der mecklenburgischen Schweiz hat ein Förderverein in der reizvollen Landschaft um die Schnursteinquelle bei Lelkendorf einen 20 ha großen **Naturerlebnispark** geschaffen. Sein Kern ist ein großer **Tierrassenpark,** der 60 Exemplare von vom Aussterben bedrohter Haustierrassen zeigt.

- **Info:** *Naturerlebnispark Schnursteinquelle,* Dorfstr. 5, 17168 Lelkendorf, Tel. (039956) 20388, (Haustierpark tägl. 9-18 Uhr, Hofladen Sa./So. 12-18 Uh)
- **Unterkunft:** *Schloss Lelkendorf,* Schloßweg 8, Tel. 20014 (fantasievolle Fewo in prächtiger Schlossanlage in herrlicher Lage im großen Park, vom Turm tolle Fernsicht!)

Dargun
30 km NO

Die Mecklenburger bezeichnen es manchmal als ihr „kleines Mekka". Damit meinen sie nicht den verschlafenen Flecken an der Straße von Teterow nach Demmin, sondern die gewaltigen **Ruinen des ehemaligen Zisterzienserklosters und Schlosses,** die weithin sichtbar das 4.000 Seelen-Städtchen dominieren. Ihre Dimensionen sind beeindruckend!

Keimzelle der Ruine war ein 1172 gegründetes Zisterzienserkloster. Nach seiner Aufhebung 1552 wurde die Anlage von den Mecklenburger Herzögen zum Schloss um- und ausgebaut. Die vierflüglige Anlage war mit das bedeutendste

Teterow, Umgebung

Schloss im Lande. Die Anlage wurde in den letzten Tagen des Krieges 1945 durch Brandstiftung zerstört. Doch auch die imposanten Ruinen vom Schloss und der Klosterkirche strahlen noch magische Anziehungskraft aus und dienen als Kulisse für kulturelle Veranstaltungen. Wer sich für die Geschichte der 1979 unter Denkmalschutz gestellten Kolossalruine näher interessiert, der besuche „Uns lütt Museum". Wer sich davor, danach oder anstatt lieber die Kunst des Bierbrauens näherbringen möchte, dem bietet (nach Anmeldung unter Tel. 3010) die **Klosterbrauerei Dargun** dafür Gelegenheit.

- **Info:** *Stadt-Information,* Kloster-/Schlossanlage, 17159 Dargun, Tel. (039959) 22381, Fax 21389, Internet: www.stadt-dargun.de, E-mail: stadt.dargun@t-online.de (Mai-Sept. Mo.-Fr. 10-18 Uhr, Sa./So. 14-16 Uhr)
- **Unterkunft:** *Hotel Am Klostersee,* Am Klosterdamm, Tel. 2520, Fax 25288 (mit Kamin-, Jagd-, Klosterstube, Biergarten, Boote)
- **Museum:** *Uns lütt Museum,* Kloster-/Schlossanlage, Tel. 20381 (April-Okt. Sa./So. 13.30-16.30 Uhr.
- **Kloster-/Schloss:** Ausstellung im Mittelrisalit (Mo.-Fr. 10-18 Uhr, Sa./So. 14-16 Uhr); Führung jeden Mi. 10 Uhr ab „Gelbes Tor", Anm. bei Stadt-Information

Burg und Park Schlitz
10 km S

Unweit der Straße von Teterow nach Waren liegt die **Burg Schlitz.** Von der malerischen **Alten Schmiede** an der Straße, in deren musealen Mauern nun ein Heimatverein Informationsmaterial und handwerkliche Erzeugnisse anbietet, führt eine schnurgerade Allee hinauf zur Burg.

Alte Schmiede

Teterow, Umgebung

Über dem herrschaftlichen Anwesen der dreiflügligen klassizistischen Burg weht jetzt die Fahne des Kräuterschnapsherstellers Jägermeister.

Nach aufwendiger Restaurierung durch die Firma ist Schlitz ein prachtvolles Schlosshotel der gehobenen Kategorie mit Restaurant im historischen Rittersaal. Eingebettet ist das elegante Ensemble in einen großartigen, 80 ha großen Landschaftspark.

Wer wie anno 1811 Erbprinz *Georg von Mecklenburg-Strelitz* auf lauschigen Pfaden durch das Parkidyll schlendert, wird leicht nachvollziehen, warum. Der Erbprinz, zu Gast bei Graf *Schlitz* und überwältigt von Park und den berückenden Ausblicken, die sich von den Gipfeln der Hügel über die umliegenden Wälder, Wiesen und Seen eröffnen, taufte übrigens bei dieser Gelegenheit diesen Teil seines kleinen Reiches spontan mit dem Namen „Mecklenburgische Schweiz".

● **Unterkunft:** *Schlosshotel Burg Schlitz,* 17166 Hohen Demzin, Tel. (03996) 12700, Fax 127070
● **Gastronomie:** *Zum Goldenen Frieden,* am Parkplatz zur Burg Schlitz, Tel. (03996) 172603 (Wild- und Fischgerichte, regionale Hausmannskost)

Schloss Basedow

Basedow
23 km SO

Von der Burg Schlitz führt eine sehr reizvolle Straße am Ufer des Malchiner Sees Richtung Malchin. Etwa auf halber Strecke biegt rechts ein schmaler Holperweg ab zum Dorf Basedow. In

Kunstgut Schorrentin

An der Straße von Neukalen nach Gnoien liegt, inmitten schönster und stiller Natur, das außergewöhnliche Kunstgut Schorrentin. Das um 1840 von der Familie *Viereck* im klassizistischen Stil erbaute Gut liegt in einem großen, wunderschönen Park mit herrlichem Blick über die Hügel der Mecklenburger Schweiz. Nach dem das Gut nach 1945 als Flüchtlingslager, Schule, Kindergarten, Konsum und Wohnraum für sozial extrem Schwache genutzt wurde, ist es unter seiner neuen Besitzerin, der Goldschmiedin *Friederike Antony* als das **Kunstgut Patapaya** wiederauferstanden, das sich als forum für Kunst und Kultur versteht. Ihr Motto „kreative Symbiose von Alt und Neu" hat aus dem Gutshof eine ganz besondere Adresse gemacht, die „elle bistro" veranlasste, es mit der Auszeichnung „Trendhotel 2002" zu bedenken. Warum, das zeigt sich schon an den außergewöhnlichen Zimmern, die nach dem Motto „mit der Kunst schlafen" ebenso stilsicher wie individuell und kunstvoll gestaltet sind. Hergestellt wurden die Möbel und Accessoires im hauseigenen Atelier mit Golschmiede, Schlosserei und Tischlerei. Nicht weniger kreativ ist auch die Küche des Hauses. Für Selbstversorger steht eine große Wohnküche bereit.

Auf dem Gutsgelände findet man eine Galerie, einen Streichelzoo, eine Feuerstelle mit Grill, einen Teich zum Rudern und Angeln sowie einige kleine Überraschungen. Am nahen Kummerower See, dem zweitgrößten See Mecklenburgs, liegt für die Gäste ein Ruderboot bereit. Doch besonders die überaus gastfreundliche und hilfsbereite Art der Betreiber machen das Kunstgut, auf dem regelmäßig Konzerte, Vernisagen und andere kulturelle Veranstaltungen stattfinden, zu einem echten Tipp und den Aufenthalt für Groß und Klein zu einem Erlebnis.

● *Kunstgut Schorrentin,* 17154 Neukalen, Tel. (039956) 21390, Fax 21391, Internet: www.patapaya.de, e-mail: kunstgut@patapaya.de (preiswerte 1-, 2- ,3-Bettzimmer)

---

dem abgeschiedenen Bauerndorf wartet das **Basedower Schloss** samt großem **Landschaftspark.** Das restaurierte Schloss erstrahlt wieder in alter Pracht und Herrlichkeit. Dass sein Erbauer mehr als nur wohlhabend war, ist unschwer auszumachen. Der herrschaftliche Junkersitz erinnert mit seinen vielen Türmchen und Erkern an das bekannte Schweriner Märchenschloss.

Es war die mächtigste und vermögendste Mecklenburger Großgrundbesitzerfamilie, das ritterschaftliche Geschlecht obotritischen Ursprungs derer *von Hahn,* die von 1337 bis 1945 über 13.000 Morgen Land herrschten.

Burg und Park Schlitz

„Burg Schlitz ist eine Krone dieser Landschaft. Prachtvolle Monumente mit Sinnsprüchen. Meisterhaft ist der Park angelegt unter Benutzung eines Berges mit Buchenbestand, Teichen und alten Eichen", schreibt 1928 der Kunsthistoriker *Udo von Alvensleben*.

Zu verdanken haben wir dieses außergewöhnlich anmutige Reiseziel einem frühen **adeligen Aussteiger**, dem Baron *Hans von Labens* (1763-1831). Von Jugend an das Ziel vor Augen, einmal ein großer Staatsmann werden zu wollen, stand er als Legationsrat im diplomatischen Dienst des preußischen Hofes. Schnell wurde der empfindsame Baron jedoch des oberflächlichen und sinnentleerten gesellschaftlichen Treibens seines Standes mit seinem falschen „Flittern und Flirren" überdrüssig. Er sehnte sich nach einem sinnerfüllten, tätigen Leben. „Wirken und Genuss", so seine Erkenntnis, müsse aus einer festen Wurzel wachsen und mit der Achtung vor der Schöpfung in Einheit und Gleichklang stehen.

So entschied er sich für die Landwirtschaft und erwarb 1791 das Gut Karsdorf im rückständigen Mecklenburg. Gemeinsam mit dem Rostocker Professor *Carstens* gründete er die „Mecklenburgische Landwirtschaftsgesellschaft", deren fortschrittliche Ideen er auf seinem Gut beispielhaft verwirklichen wollte. Der praktische ökonomische Nutzen, so sein zentrales Anliegen, müsse im harmonischen Einklang mit der Schönheit der Natur stehen. **Natur schonen statt ausbeuten** war seine Devise.

Früh schon hatte er die verheerenden Folgen für die natürliche Landschaft und die Qualität der Ackerkrume erkannt, die der großflächige Kahlschlag der Wälder in Mecklenburg für die holzfressenden Glashütten verursacht hatte. So ließ er auf seinem **Gut Karsdorf**, das im Laufe der Zeit durch Zukauf der Güter Hohen Demzin, Thürkow und Groß Köthel erweitert wurde, an Wiesen- und Wegesrändern Strauch- und Baumpflanzungen anlegen, die die Erosion durch Wind und Wasser verhindern sollten. Doch seine umfangreichen Pflanzungen im freien Landschaftsraum sollten nicht nur praktischen Nutzen haben, sondern auch die ästhetischen Sinne erfreuen.

1793 heiratete Baron *von Labens* die Tochter des preußischen Grafen *von Schlitz-Görtz*. Zusammen mit seiner Frau und Tochter *Adele* richtete er sich im alten Schafstall des Gutshofes ein, der 20 Jahre sein Wohnsitz bleiben sollte. Der Bau des angemessenen Familiensitzes verzögerte sich immer wieder, u. a. durch die napoleonische Besetzung Mecklenburgs. Erst 1811 konnte der Grundstein für die **Burg Schlitz** gelegt werden.

Um die Residenz legte er nach eigenen Plänen einen **weitläufigen Landschaftspark** an, der sozusagen sein Lebensbekenntnis offenbaren sollte. Der Park, so seine Idee, sollte das Schloss und die landwirtschaftlichen Nutzflächen harmonisch miteinander verbinden. Die behutsam gestaltete Landschaft sollte bei dem Besucher durch ihre Gestaltung unterschiedlichste Stimmungen und Empfindungen auslösen, ohne dass dabei die vorhandene Natur gestört oder gar vergewaltigt wird. Als „Einstimmungshilfe" für die verschiedenen Stimmungsräume sollten dem Wanderer dabei Steinsetzungen, Obelisken, Denkmale und Gebäude dienen. Über 40 verschiedene Objekte finden sich an den Wegen in der über 80 ha großen Parklandschaft. Der unmittelbare Bereich um die Burg wurde gezielt repräsentativ gestaltet.

Der ebenso entzückende wie bekannte **Nymphenbrunnen** nahe der Burg stammt jedoch nicht vom Aussteigergrafen selbst, sondern wurde erst 1932 durch *E. von Strauß* hinzugefügt, der im Jahr zuvor das Gut erworben hatte.

Die Wanderung auf den Pfaden durch die Parklandschaft lohnt sich unbedingt. Mindestens 3 Stunden sollte man sich dabei Zeit nehmen.

Schloss Schlitz

Um das malerische Schloss erstreckt sich ein großer, von *Lenné* gestalteter Park. Im Park liegen zwei gut erhaltene steinzeitliche **Großsteingräber.**

Auch die **Kirche** von Basedow ist eine Besonderheit. Der gotische Sakralbau steht auf der UNESCO-Liste der schützenswerten Bauten. Ein Rundgang durch die reich geschmückte Kirche ist wie ein Rundgang durch die Ahnengalerie der Adelsfamilie *von Hahn*. Ihr schönstes Stück ist die 1683 fertiggestellte prachtvolle Barockorgel. Im Sommer finden in dem außergewöhnlichen Kirchlein Konzerte statt.

Remplin
12 km O

„Des Abends aß ich bei dem Landmarschall Hahn auf Remplin, welches ein großes und sehr prächtiges Gut ist und (...) eine Menge großer von Grund auf gemauerter Häuser hat, so dass man eher in einer Stadt, als auf einem Edelhofe zu seyn glaubt", notierte 1786 *Freiherr von Buchenwald*. Von 1405 bis 1816, mehr als 400 Jahre lang, war Remplin im Besitz „der ohne Zweifel reichsten Gutsbesitzer in seiner Majestät Landen", der Familie *von Hahn*. Neben einer prachtvollen dreiflügligen Schlossanlage und einem ausgedehnten Landschaftspark gehörten u. a. auch ein Theater und eine Sternwarte, die erste in Mecklenburg überhaupt, zu der imposanten Anlage. Unter der Herrschaft des der Aufklärung zugewandten Grafen *Friedrich von Hahn* verkehrten in Remplin namhafte Dichter wie *Herder* und Wissenschaftler.

Große Teile der Anlagen, darunter auch das Schloss, das zu den prunkvollsten Mecklenburgs zählte, fielen 1940 einer Brandstiftung zum Opfer,

Naive Bauernkunst am Wegesrand

Malchin, Steintor

die die Nazi-Gauleitung angeordnet haben soll. Dennoch lohnt sich der Besuch von Remplin. An Gebäuden erhalten geblieben ist der **Nordflügel des Schlosses,** die barocke **Fachwerkkirche,** der kirchturmhohe **Torturm** des Gutes und die **Sternwarte,** die zurzeit rekonstruiert wird. Besonders lohnend ist aber der große, im holländischen Barock gestaltete **Landschaftspark.** Die von Lindenalleen und Kanälen durchzogene Gartenlandschaft wurde 1851 von *Lenné* gestaltet.

● *Info: Naturpark Mecklenburgische Schweiz/Kummerower See,* Schloßstr. 6, 17139 Remplin, Tel. (039 94) 210603, Fax 210613, E-mail: naturpark.meckl.schweiz@t-online.de
● *Unterkunft: Hotel Taegerhof,* Wendischhägener Str. 20, Tel./Fax 632803 (ruhige Lage, mit Tennisplatz, Sauna, Reiten, Fahrradverleih)

Malchin
15 km O

Einst war die von *Nikolaus von Werle* 1236 mit dem Stadtrecht ausgestattete Ortschaft auf einer Landzunge zwischen dem Malchiner und Kummerower See eine der bedeutendsten Landstädte Mecklenburgs. Hier tagte, im wechselnden Turnus mit Sternberg, fast 300 Jahre lang zwischen 1621 und 1916 der Mecklenburger Landtag. Davon ist der heutigen Stadt mit 9.000 Einwohnern nichts geblieben. Ihre mittelalterliche Stadtanlage fiel in den letzten Kriegstagen im April 1945 praktisch vollständig in Schutt und Asche.

Teterow, Umgebung

Nur noch wenige Gebäude im von wenig anheimelnder DDR-Architektur geprägten Ortsbild erinnern an die goldene Vergangenheit Malchins. Davon das Wichtigste ist die 1440 geweihte **St.-Johannis-Kirche,** die sich zentral auf dem weiten Geviert des Marktplatzes erhebt. Die jedoch ist es wert, in Malchin einen Halt einzulegen. Von ihrem 65 m hohen Turm genießt man einen wunderschönen Blick über die beiden großen Seen der Mecklenburgischen Schweiz und das Hügelland. Auch ihre bedeutsame Ausstattung, zu der neben einem 500 Jahre alten gotischen Flügelaltar auch eine zwar nicht mehr funktionstüchtige, aber dennoch bemerkenswerte Astronomische Uhr von 1596 zählt, ist sehenswert.

Von der Stadtbefestigung sind noch das schöne **Steintor** von 1341 und das beim Bahnhof gelegene **Kalensche Tor** aus dem 15. Jh. erhalten.

●**Info:** *Stadtinformation,* Am Markt 1, 17139 Malchin, Tel. (03994) 640111, Fax 640123, Internet: www.malchin.de, E-mail: stadtmalchin@t-online.de (Mai-Sept. Mo.-Fr. 10-13 u. 14-18 Uhr, Sa. 13-16 Uhr, Okt.-April Mo.-Fr. 10-12 u. 13-16 Uhr)

●**Unterkunft:** *Hotel Jägerhof,* Jägerhof 1, Tel. 20530, Fax 211349 (ruhige Waldlage, Fahrradverleih, reg. Küche)
Camping Sommersdorf, am Kummerower See, Tel. (039952) 2973, Fax 2974 (April-Okt., großer, ebener Wiesenplatz beim See)

Reuterstadt Stavenhagen
27 km O

„Allens bliewt bi'n Ollen. Ännert wart nicks." Dieser Grundsatz der „Mecklenborgschen Verfassung" könnte der Wahlspruch von *Fritz Reuters* Geburtsstadt sein. „Uns Fritzing", wie die Mecklenburger ihren verehrten Nationaldichter liebevoll nennen, erblickte hier in diesem ungestörten Kleinstadtidyll am 7.11.1810 als Sohn des Bürgermeisters und Stadtrichters das Licht des Mecklenburger Universums. Wie kein Zweiter verstand es der knorrige, humoristische Schriftsteller, in seinen Werken die Seele seiner Heimat und seiner Landsleute einzufangen.

Wer sich dem spezifischen Charakter des Landes und seinen Bewohnern nähern und ihre Besonderheiten verstehen will, der sollte sich einen

Teterow, Umgebung

Rathaus in Stavenhagen

von *Reuters* unterhaltsamen Romanen als Reiselektüre einpacken. „Männer, Frauen und Kinder trieben damals ungefähr dasselbe wie jetzt", stellt *Reuter* in „Meine Vaterstadt Stavenhagen" fest. Und weiter: „Die Männer bestellten und düngten ihren Acker selbst (…) Die Weiber klagten (…) über die Verschwendung der Männer (…) und strickten Strümpfe in wünschenswerter Anzahl. Wer einmal ein Kunde von einem Gewerbetreibenden geworden war, blieb sein Kunde ein Leben lang. Wehe dem, der eine Änderung hätte treffen wollen." Stavenhagen ist so wie *Reuter*. Unauffällig, unspektakulär, zurückhaltend, still und freundlich. Fast ist man überrascht, dass die Rathausuhr nicht steht, sondern geht. Natürlich dreht sich in der Stadt alles um ihren „Fritz". Nicht nur die Apotheke, das Kino, eine Eiche und ein Restaurant tragen seinen Namen, auch die Ratsherren haben ihr schönes barockes **Rathaus** am Markt für „Fritzing" geräumt.

Im Geburtshaus des Dichters ist nun das **Fritz-Reuter-Literatur-Museum** untergebracht, das umfassend über *Reuter* und sein Lebenswerk informiert. *Fritz Reuter* war nicht nur Schriftsteller, sondern auch engagierter Sozialkritiker, wofür er verhaftet und verurteilt wurde. Verurteilt wurde der Dichter wegen Teilnahme an burschenschaftlichen Umtrieben in Jena 1833 wegen Hochver-

Fritz Reuter – der Nationaldichter Mecklenburgs

„Dr. Fritz Reuter, morgens nicht zu sprechen!", steht auf dem Schild, das an der Tür seines Arbeitszimmers hing. Ein Fotodokument im Reutermuseum hat es überliefert. Der Mundartdichter *Reuter* war **ein Mann wie seine mecklenburgische Heimat.** Knorrig und schweigsam, langsam und bedächtig, tief verwurzelt in der heimischen Scholle und mit herbem, doch humorvollen Charme. Seit nunmehr 130 Jahren halten „de Meckelnbörger" ihrem Fritze die Treue, verehren ihn, und vor allem, sie lesen ihn. *Reuter* sprach nicht nur die Sprache der „kleinen Leute", er dachte, litt, lachte, empfand wie sie und schrieb von ihnen und für sie.

„Ich habe sehr kämpfen und streiten müssen, und wenn einer Augen hat zu sehen, so wird er zwischen den Zeilen meiner Schreibereien herauslesen müssen, dass ich immer Farbe behalten habe und dass die Ideen, die den jungen Kopf beinahe unter das Beil gebracht hätten, noch in dem alten fortspuken", schrieb *Reuter* 1861, zehn Jahre vor seinem Tode.

Fritz Reuter

Der ewig unruhige Geist erblickt als erster von zwei Söhnen des Bürgermeisters und Amtsrichters von Stavenhagen 1810, exakt 9 Monate nach der Hochzeit seiner Eltern, das Licht der Welt. Die unbeschwerte **Kindheit** verbringt er in Stavenhagen. „Wir Kinder waren göttlich vergnügt, liefen die Stiefel ab, zerrissen die Hosen, balgten uns, vertrugen uns wieder, spielten Ball, Kreller und Knull …" notiert er in „Meine Vaterstadt Stavenhagen".

Erst von Hauslehrern, dann im Friedländer Gymnasium unterrichtet, entdeckt er schnell seine Liebe zum Zeichnen und eröffnet mit 17 seinem Vater, dass er nun von Beruf Maler werden wolle. Der Vater aber besteht auf einem anständigen Beruf und schickt den widerstrebenden Jüngling auf das neueröffnete Gymnasium Parchim, wo er das Abitur ablegt. Auch über die Studienrichtung entscheidet der Vater. 1831 nimmt *Fritz Reuter* ein **Studium** der Rechte in Rostock auf. Nur ein unglückliches halbes Jahr erträgt er in Rostock, dann wechselt er an die Universität Jena, wo ihm die lebendige und liberale Atmosphäre besonders gefällt. Angesteckt von der politisch liberalen Stimmung in der Stadt, schließt er sich 1832 der **fortschrittlichen Burschenschaft** Germania an.

Nach dem Ausbrechen offener Unruhen und Straßenschlachten, an denen er sich nicht beteiligt, versucht er erschreckt, die Universität zu wechseln. Trotz günstigen Führungszeugnisses wird ihm jedoch in Leipzig und Halle die Immatrikulation verweigert. So bricht er auf Anordnung seines Vaters sein Studium ab und begibt sich auf den Weg zurück nach Stavenhagen. Sein Weg führt ihn dabei über Berlin. Preußen jedoch verfolgt revolutionäre Demokraten, insbesondere fortschrittliche Burschenschafter, besonders scharf. Prompt wird *Reuter* verhaftet und vom Berliner Kammergericht „wegen Teilnahme an hochverräterischen burschenschaftlichen Verbindungen in Jena und wegen Majestätsbeleidigungen" zum Tode verurteilt.

Von *Friedrich Wilhelm III.* zu 30 Jahren **Festungshaft** „begnadigt", beginnt eine Odyssee durch verschiedene Haftanstalten. Sie endet nach erfolgreicher persönlicher Intervention des Mecklenburger Großherzogs *Paul Friedrich* mit seiner Auslieferung an Mecklenburg. Im Vergleich zu den feuchten, kalten Kasematten, in die kein Sonnenstrahl fällt und wo der „Salpeter in Kristallen an den Wänden hängt", sind die Haftbedingungen in der Festung Dömitz, in die er 1839 eingeliefert wird, geradezu himmlisch. Er bezieht ein unvergittertes Zimmer, erhält regelmäßig Ausgang und beginnt ein pikantes Verhältnis mit der Tocher des Lagerkommandanten.

Fritz Reuter

1840 wird er *aus der Haft entlassen* und versucht in Heidelberg, sein Studium zu beenden. Gesundheitlich mitgenommen und gemütskrank durch die lange Haft, bricht er jedoch sein Studium 1841 endgültig ab, kehrt nach Stavenhagen zurück und beginnt in Demzin eine landwirtschaftliche Ausbildung.

Zwei Jahre nach dem Tode seines Vaters, dessen testamentarische Verfügungen zu seinen Ungunsten ausfallen und so den Plan, selbstständiger Landwirt zu werden, zerschlagen, beschließt *Reuter,* endgültig **Schriftsteller** zu werden. 1848 zieht er nach Stavenhagen zurück und arbeitet als Privatlehrer und Publizist.

Seinen liberaldemokratischen Überzeugungen aus der Studentenzeit stets treu geblieben, engagiert sich *Reuter* im Revolutionsjahr nicht nur literarisch auf Seiten des Fortschritts. Er wird **Deputierter** im Güstrower Städtetag und Schweriner Landtag.

Formal beschränkt sich sein schriftstellerisches Schaffen auf die mundartliche Beschreibung Mecklenburgs und seiner Menschen. Inhaltlich wendet er sich in seinen Satiren, Gedichten und Erzählungen jedoch scharf gegen das rückständige Junkertum. 1853 erscheint sein erstes Werk, die Gedichtsammlung „Läuschen un Rimels", im

rats erst zum Tode, dann zu 30 Jahren Festungshaft „begnadigt".

● *Info:* Stadtinformation, Schloß 1, 17153 Stavenhagen, Tel. (039954) 28350, Fax 28318, Internet: www.stavenhagen.de, E-mail: stadt.stavenhagen@t-online.de

Selbstverlag und wird sofort ein überwältigender Erfolg. Von nun an veröffentlicht er beinahe im Jahrestakt neue Werke. Seine **künstlerisch produktivste Zeit** währt rund 10 Jahre. In dieser Schaffensphase erscheinen seine bekanntesten Werke „Kein Hüsung" (1857), „Ut de Franzosentid" (1859), „Urgeschicht von Mecklenborg" (1862), „Ut mine Festungstid" (1862) und „Ut mine Stromtid" (1862).

Seit 1851 mit *Luise Kunze* verheiratet, siedelt das Ehepaar *Reuter* 1856 nach Neubrandenburg um. 1863 verleiht ihm die Universität Rostock den Titel eines Ehrendoktors der Philosophie und der Freien Künste. Beruflich anerkannt und erfolgreich und finanziell abgesichert, zieht er 1863 nach Eisenach und unternimmt mit seiner Frau eine Reise in den Orient. 1867 erhält *Reuter* den Tiedge-Preis, 1872 den bayrischen Maximiliansorden, der mit persönlicher Adelung verbunden ist.

Seine Seele ist jedoch in seiner Heimat Mecklenburg, die er wiederholt ausgiebig bereist, tief verwurzelt geblieben. Sein Schreiben ist und bleibt seiner Heimat treu verbunden, schöpft aus dem unerschöpflichen Quell der einfachen Volksseele. „Meine Gedichte", so schreibt er im Vorwort von „Läuschen un Rimels", „sind nicht wie vornehmer Leute Kinder mit kleinen Ohren und aristokratischen Händen... Nein! sie sind oder sollen sein eine Kongregation kleiner Straßenjungen, die in 'roher Gesundheit' lustig übereinanderpurzeln (...) Ihre Welt ist der offene Markt, die staubige Heerstraße des Lebens, dort treiben sie sich umher (...) verspotten den Büttel, ziehen dem Herrn Amtsmann ein schiefes Maul und vergessen die Mütze vor dem Herrn Pastor zu ziehen".

Am 12. Juli 1874 stirbt *Fritz Reuter* in seinem Haus in Eisenach. „Gestorben und begraben soll Fritz Reuter sein? Ne, dat is nich wohr; dat mag in Eisenach schehn sin un mägen de Lüd dor glowen: hier is hei nich storwen un begrawen, dat is gewis", so ein im „Großherzogl. Meckl. Kalender up dat Jahr Christ 1875" erschienener Nachruf auf den Nationaldichter der Mecklenburger. „Ne, hei lewet un lewt noch vel länger, as wi alltausamen".

(Mai-Sept. Mo./Mi./Do./Fr. 10-17 Uhr, Di. 10-18 Uhr, Sa. 10-14 Uhr, Okt.-April Mo.-Fr. 9-12 Uhr, Mo./Mi./Do. 13-16 Uhr, Di. 13-18 Uhr)

● **Unterkunft:** *Hotel Kutzbach,* Malchiner Str. 2, Tel. 21096, Fax 30838 (zentrale Lage, mecklenburgische Küche, Fisch-, Wildspezialitäten)

Teterow, Umgebung

- **Gastronomie:** *Welshof,* ca. 10 km südw. in Faulenrost, Dorfstr. 3, Tel. (039951) 2135 (Klein und gemütlich mit schöner Terrasse, Fisch, darunter Wels, aus eigenem Fang und Räucherofen)
- **Museum:** *Fritz-Reuter-Literatur-Museum,* Markt 1, Tel. 21072 (Mo.-Mi./Fr. 9-17 Uhr, Do. 9-20 Uhr, Sa./So. 10-17 Uhr)

Kittendorf
37 km SO

In dem kleinen Bauerndorf kann man ein Musterbeispiel für viele Mecklenburger Landschlösser bewundern, wie die Junker sie um die Mitte des 19. Jh. zu bauen pflegten. Das herrschaftliche Schloss **Kittendorf,** 1848-53 vom Schinkelschüler *Friedrich Hitzig* für *Hans Friedrich von Oertzen* errichtet, glänzt mit seinen Türmchen, Zinnenkronen und Mauerkränzen in perfekter englischer Tudorgotik. Heute wird das in einen von *Lenné* entworfenen Landschaftspark eingebettete Schloss als Hotel genutzt.

- **Unterkunft:** *Schlosshotel,* 17153 Kittendorf, Tel. (039955) 500, Fax 50140 (Vom Gault Millau zum „schönsten und luxuriösesten Hotel Mecklenburgs" gekürt. Anspruchsvolles, von weitläufigem Park umgebenes Ambiente, mit urigem Weinkeller, Gourmet-Restaurant, Café und großer Sonnenterrasse)

Ivenack
32 km O

„Nach Ivenack – kennt einer meiner Leser Ivenack, diese liebliche, der Ruhe geweihte Oase in dem rings von Mühe und Arbeit durchfurchten Lande, die, einer schlummernden Najade gleich, sich auf grünender Au und blumiger Wiese gelagert hat und ihr vom Laube tausendjähriger Eichen umkränztes Haupt in dem flüssigen Silber des Sees spiegelt?" *Fritz Reuter* jedenfalls war der Ort „das Liebste, was ich auf Erden kannte, (...) der Tiergarten zu Ivenack mit seinen stattlichen Hirschen, seinen tausendjährigen Eichen und einem Baumbewuchs, wie er in Deutschland kein zweites Mal gefunden werden dürfte". Als hätte „uns Herrgott" es bei der Schöpfung von „Meckelnborg" mit Bedacht so eingerichtet, wurzeln vor den Toren von *Reuters* Geburtsstadt die heimlichen Wahrzeichen Mecklenburgs.

Ein holpriger Weg führt hinaus zu dem alten **Gutsschloss** am Ivenacker See. Es ist, als läge ein milder Zauber über dem einst herrschaftlichen Gut. Seit vielen Jahrzehnten scheint die Zeit hier stehengeblieben zu sein. Nichts scheint sich geändert zu haben seit den Tagen, als Baron *Helmuth von Maltzahn* noch seine Leibeigenen zur Arbeit antrieb.

Im alten Hudewald des Junkersitzes stehen sie: die berühmten **1.000-jährigen Eichen von Ivenack**. Als im Jahr 995 der Eroberer *Otto III.* auf der „Mikelenborg" jene Urkunde unterzeichnete, die 1995 Anlass zum 1.000-jährigen Geburtstagsfest von Mecklenburg gab, spendeten sie den Hirten schon Schatten. Ehrfurchtgebietende Methusalems, so alt und so zäh, so verwurzelt und beständig, so beharrlich und unerschütterlich wie Mecklenburg und seine Menschen. Wahrlich so beeindruckende wie augenfällige Symbole für den Charakter des Landes und seiner Kinder. Die älteste und schönste Ivenacker Stieleiche hat 1200 bis 1300 Jahre auf der Rinde. Ihr Kronendurchmesser beträgt 29 m, ihre Höhe 35,5 m und der Stammumfang von 11 m.

Die Ivenacker Eichen stehen in dem großen umfriedeten Hudewald. In dem Wildgatter lebt eine große Herde Damwild. Wer die grazilen Tiere beobachten will, sollte sich zum **Alten Forsthaus** begeben. Zur Fütterungszeit versammelt sich dort die zutrauliche Herde.

Vorpommern

Vorpommern

Überblick

„Maikäfer flieg, dein Vater ist im Krieg, deine Mutter ist in Pommerland, Pommerland ist abgebrannt, Maikäfer flieg!" Jedes Kind kennt den Reim, vom nach 1945 geteilten Pommernland wissen nur noch wenige. So bekannt und vielbesucht die Küste Vorpommerns mit ihren Inseln Fischland-Darß-Zingst, Rügen, Hiddensee und Usedom ist, so unbekannt und unbeachtet ist das Hinterland der Region.

Historisch bestand das Gebiet aus Schwedisch-Vorpommern, das sich zwischen den Flussläufen der Trebel und der Oder erstreckte, und Preußisch-Vorpommern, das der Lauf der Peene vom schwedischen Teil trennte. Diese Teilung weist schon auf das geschichtliche Schicksal des Landstrichs hin.

Vorpommern ist **Grenzregion,** heute wie vor langer Zeit. Und Grenzgebiete sind umkämpfte Gebiete. Der Vers vom abgebrannten Pommernland stammt aus dem 30-jährigen Krieg, der den Landstrich besonders schwer verheerte. Doch auch der letzte große Krieg suchte seine Bewohner und seine Orte schwer heim. Die Feuerwalze der Front überrollte ganz Pommern in aller Wucht und löschte viele seiner kleinen Städte und Dörfer fast völlig aus. Die schweren, kaum vernarbten Wunden im Gesicht seiner Ortschaften sind bis heute unübersehbar.

Vorpommern ist nicht nur Deutschlands vergessenster Landstrich, sondern auch einer seiner ländlichsten. Größte Stadt ist Greifswald mit seinen 85.000 Einwohnern. Sonst findet man in dem **stillen Bauernland,** wo man noch durchaus Pferdegespannen begegnen kann, nur kleine, unspektakuläre Landstädtchen. Auch großartige Schlösser und andere Bauwerke sind dünn gesät. Dafür findet man in vielen der Dörfchen kleine Landschlösschen und Herrensitze der alten Gutsherren.

Vor allem aber findet man in Vorpommern viel Ruhe und Natur und deutlich niedrigere Preise als an der Küste. Einer der letzten unberührten Flussläufe Deutschlands ist das **Tal der Peene,** die sich von Demmin bis Anklam quer durch Vorpommern schlängelt. Auch das Tal der kleinen **Trebel** bei Grimmen ist für Naturfreunde ein Anziehungspunkt. Das größte geschlossene Waldgebiet Mecklenburg-Vorpommerns ist die riesige **Ückermünder Heide,** die mit ihrem grünen Mantel das Gebiet vom Stettiner Haff bis Pasewalk bedeckt. Bei Pasewalk erhebt sich das von den eiszeitlichen Gletschern flachgehobelte Land zu den Kuppen der **Brohmer Berge.**

Kulturelles Zentrum der Region ist die alte Hanse- und Universitätsstadt **Greifswald.** Und in dem unscheinbaren Städtchen **Anklam** hat der Flugpionier *Otto Lilienthal* das Licht der Welt erblickt. Das dortige Lilienthal-Museum wird nicht nur für Flugenthusiasten eine Reise wert sein.

Greifswald

Überblick

„Ziemlich groß. In sehr antikem Geschmack gebaut, doch große und ansehnliche Häuser. Vorzüglich ist am Markt ganz gotische Bauart. Sehr viele Zieraten, und die Giebel, die fast alle nach der Straße zu stehen, in eine Menge von Stockwerken abgeteilt". Es war der Sprachforscher, Dichter und Staatsmann *Wilhelm von Humboldt,* der solcherart knapp seinen auf seiner Pommernreise 1796 gewonnenen Eindruck von Greifswald wiedergibt.

Wie beim Nachbarn Stralsund tauchen lange vor der Ankunft die mächtigen Türme der drei Greifswalder Stadtkirchen am Horizont auf und zeugen von der einstigen Macht und dem Reichtum der alten Hansestadt.

Greifswald

1 Giebelhäuser
2 Rubenow-Denkmal
3 Sozio-Kulturelles Zentrum St.-Spiritus
4 Friedrichsche Seifensiederei
5 Traufenhäuser
6 Speicher
7 Rathaus
8 Information
9 Ratsapotheke
10 Zoolog. Sammlung
11 Pommersches Landesmuseum (ehem. Kloster)
12 Theater

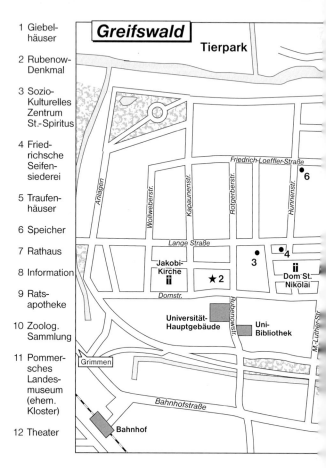

Anders als die Hanseschwester vermittelt Greifswald auf den ersten Blick das Bild einer verschlafenen Provinzstadt. Doch der Eindruck trügt. Greifswald ist **Universitätsstadt.** Die Ernst-Moritz-Arndt-Universität ist die zweitälteste Alma mater Norddeutschlands. Ähnlich wie an anderen Orten, deren Geschichte jahrhundertelang eng mit Universitäten verknüpft ist, ist auch Greifswalds Charakter und Aura davon geprägt.

Greifswald

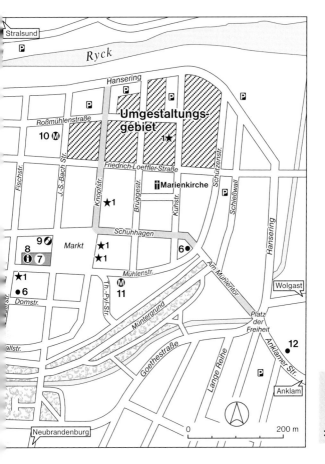

In Greifswald weht spürbar studentischer Geist. Viele junge Leute bevölkern die Plätze und Straßen, die Cafés und Kneipen. Hier vermischt sich das Alte und Historische auf das Angenehmste mit dem Neuen und Jungen. Die Altstadt mit ihren hanseatischen Kaufmannshäusern und alten Giebelspeichern ist nicht nur schöne Kulisse. Sie atmet und lebt.

Greifswald

Blick vom Markt auf den Dom

Geschichte

Die Geschichte der Stadt beginnt mit der Gründung des Klosters Hilda (später in Eldena umbenannt) nördlich der heutigen Stadt am Südufer des Ryck. Auf Einladung des Rügenfürsten *Jaromar I.* errichtet sich hier der Zisterzienserorden eine neue Wirkungsstätte, nachdem ihr Kloster Dargun 1198 im Kriege zwischen Dänemark und Brandenburg zerstört worden war. Grund für die Wahl dieses Platzes ist eine Saline, die dem Kloster regelmäßige Einkünfte sichert. Da das Kloster Marktrecht besitzt und mit dem Recht ausgestattet ist, Siedler ins Land zu holen, wächst um das Anwesen schnell eine Siedlung heran, in der sich Kaufleute, Händler und Handwerker niederlassen.

Der Stadtname taucht 1248 erstmals als „Gripheswald" in einer Urkunde auf. Vermutlich ist er auf das Wappen der pommerschen Herzöge zurückzuführen, das einen Greif zeigt. 1250 erhält Greifswald das lübische Stadtrecht verliehen. 1278 schliesst sich der aufstrebende Hafen- und Handelsplatz mit anderen Hafenstädten zum Schutzbund der Hanse zusammen. Dieser größte und mächtigste Städtebund des Mittelalters, dessen Mitglied die Stadt bis ins 17. Jahrhundert bleibt, sichert Greifswald ständig wachsenden Reichtum und Einfluss.

Dass die Hansestadt zur Universitätsstadt wird, verdankt sie ihrem Bürgermeister *Heinrich Rubenow*. Nach jahrelangem Ringen mit der päpstlichen Kurie gelang es dem promovierten Juristen, dieser die Genehmigung zur Gründung einer Universität abzuringen. Er investiert sein gesamtes Privatvermögen in ihren Aufbau und wird ihr erster Rektor. Weil *Rubenow* vehement für seine freie Stadt und gegen die Begehrlichkeiten des pommerschen Herzoghauses kämpft, wird er im Auftrag von Herzog *Erich* am 31.12.1462 ermordet. Doch Greifswald bleibt frei und wird dank der Hochschule das geistige und kulturelle Zentrum der Region. Viele große Namen wie *Ulrich von Hutten, Ernst Moritz Arndt, Ferdinand Sauerbruch* oder der Turnvater *Jahn* unterrichten in der liberalen Stadt. Auch der große Sohn der Stadt, der Landschaftsmaler *Caspar David Friedrich*, lernte seine Kunst hier.

Dass Greifswald nicht das gleiche Schicksal wie so viele andere Städte Pommerns erleidet, die in den letzten Monaten des 2. Weltkrieges in Schutt und Asche fallen, verdankt es seinem damaligen Stadtkommandanten *Petershagen*. Nach dem Anlaufen der Winteroffensive an der Weichselfront wird das von Flüchtlingen überfüllte Greifswald zur Festung erklärt, die bis zur letzten Patrone verteidigt werden soll. Trotz der Drohung des SD, ihn sofort zu erschießen, nimmt der Oberst mit einer Gruppe Gleichgesinnter Kontakt zu der heranrückenden Sowjetarmee auf. Am 30.4.1945 übergibt er die zur Sprengung vorbereitete Stadt kampflos und rettet so Greifswalds historisches und kulturelles Erbe der Nachwelt.

Sehenswert

Dank Oberst *Petershagen* und seinen unerschrockenen Mitstreitern sind große Teile des mittelalterlichen Stadtbilds erhalten geblieben. Fast wäre die historische Altstadt doch noch der Spitzhacke zum Opfer gefallen. 1978 begann man mit der umfassenden „Erneuerung der verschlissenen Bauwerke durch neue in der rationellen Großplattenbauweise, die für die Anwendung in kulturhistorisch bedeutenden Bereichen weiterentwickelt wurde". Den städtebaulichen Frevel kann man im so genannten Umgestaltungsgebiet zwischen Fleischer- und Schützen-

Greifswald

Marktplatz

straße bewundern. Die so genannte „Weiterentwicklung" ist der (mit Verlaub ziemlich jämmerliche) Versuch, mit historisierenden Giebelfassaden die Plattenhäusern zu kaschieren. Ein paar Blumenkübel dazwischen und fertig ist das aus westdeutschen Fußgängerzonen sattsam bekannte „Idyll".

Ein wahres Fest für das Auge ist dagegen der **Marktplatz,** den ein Ensemble wundervoller historischer Bauwerke aus verschiedenen Epochen umgibt. Beherrscht wird der Markt vom Rathaus. Wie das Stralsunder Rathaus wurde auch dieses um 1400 errichtete Gebäude mit seinen spitzbogigen Laubengängen als „Kophus", Kaufhaus, gebaut. Seine mächtige zweiflüglige Reliefbronzetür erinnert mit ihrem Bilderzyklus an die kampflose Übergabe 1945.

Neben dem Rathaus erblickt man die **Ratsapotheke.** Die Fassade des 1880 errichteten klassizistischen Gebäudes ist durch Pfeiler mit Fialen und Blendenmaßwerk gegliedert und mit neogotischem Dekor verziert. Besonders prachtvoll zeigen sich zwei Giebelhäuser an der Ostseite des Marktplatzes. Das linke trägt den schönsten Giebel der Stadt und einen der schönsten ganz Norddeutschlands. Sein prachtvoller, 1425 geschaffener Stufengiebel ist ein hervorragendes Beispiel für die Bauweise mittelalterlicher Wohnspeicher.

Geht man am Rathaus links in die Baderstraße, kommt man zum **ältesten Wohnspeicherhaus** der Stadt. An der aus dem 14. Jh. stammenden Giebelfassade sind die vier Speicheretagen, in denen die Waren lagerten, schön zu erkennen. Wenige Schritte weiter trifft man auf das **Zeughaus,** einen 1650 errichteten Speicher.

Die Domstraße führt zur größten der drei Greifswalder Stadtkirchen, dem **Dom St. Nikolai.** Die vom Volksmund „der Lange Nikolaus" genannte gotische Backsteinbasilika erhielt diesen Spitznamen wegen ihres mächtigen Turmes. Der fast 100 m hohe und mit einer Zwiebelhaube abgeschlossene Turm gilt als der schönste an der deutschen Ostseeküste und ist das Wahrzeichen der Stadt.

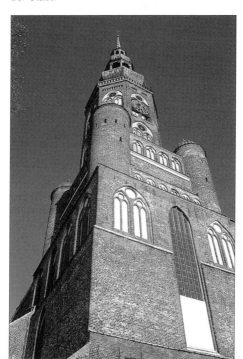

Dom
St. Nikolai

Greifswald

Dom St. Nikolai, Innenansicht

Das Innere des schlanken, hoch aufragenden Domes ist hell und lichtdurchflutet. Die Innengestaltung ist jedoch neueren Datums. Nachdem man 1710 die gotischen und barocken Fresken einfarbig übertüncht hatte, begann man 1824 unter der Leitung des Malers *J. G. Giese* und des Kunsttischlers *Ch. Friedrich* (ein Bruder des berühmten *C. D. Friedrich*) mit der grundlegenden Neugestaltung. Die gesamte Einrichtung wurde entfernt. Zentrales Element wurde ein großes goldenes Kreuz, von dem kein anderes Element ablenken sollte. Das Ergebnis wird sehr unterschiedlich bewertet. Hielt es Altmeister *Schinkel* für „größtenteils gelungen" und manch Kunstsinniger gar für „genial", halten es andere für „aka-

demisch steif" oder gar „verdorben". In der unserer Meinung nach sehr gelungenen und wirkungsvollen nüchternen Atmosphäre des Doms finden seit 1946 regelmäßig die Greifswalder Bachwochen statt.

In unmittelbarer Nähe des Doms liegt das Anwesen des ehemaligen **St.-Spiritus-Hospitals.** Es wurde im 13. Jh. von den reichen Kaufleuten der Stadt als Heim für Alte und Gebrechliche gestiftet. Die heutige Bebauung des Geländes datiert auf das 18. Jh. Wie ein winziges Dörfchen gruppieren sich die schiefen, eingeschossigen Fachwerkhäuschen um den kleinen Hof. Eine Oase der Ruhe inmitten der Stadt. In den Sommermonaten finden in dem romantischen Winkel Serenaden statt. Die hübschen Häuschen werden für kulturelle Zwecke wie Ausstellungen genutzt.

Die Domstraße führt zum **Universitätsviertel.** Direkt an der Domstraße liegt das **Universitäts-Hauptgebäude.** Der langgestreckte, 1747-50 entstandene strenge Ziegelbau ist ein Werk des Mathematikprofessors *A. Meyer.* Die meisten der historischen Räume fielen einem Umbau zum Opfer. Erhalten geblieben ist nur die alte **Bibliothek,** die nun als Aula dient.

Vor dem Hauptgebäude liegt der kleine Rubenow-Platz. In der Mitte der Grünanlage ragt das 12 m hohe **Rubenow-Denkmal** auf. Das Monument, das 1856 zum 400-jährigen Jubiläum der Universität zu Ehren ihres Begründers aufgestellt wurde, wurde als neugotischer Turm gestaltet.

Beim Rubenow-Platz befindet sich die **Jakobi-Kirche.** Sie ist die kleinste Stadtkirche und wird deshalb der „Kleine Jakob" genannt. Die mittelalterliche Ausstattung der dreischiffigen Hallenkirche ging verloren. Ihr nüchtern-schmuckloses Inneres wird von den unverputzten Backsteinpfeilern bestimmt.

Die dritte Greifswalder Kirche findet man in der Brüggestraße. Die wuchtige, gedrungene **Marienkirche** ist das vermutlich älteste Bauwerk der Stadt. Im letzten Viertel des 13. Jh. begonnen, wurde die „Dicke Marie" 1360 fertiggestellt. Das Innere der Kirche ist weitgehend schmucklos, aber nicht ohne Wirkung. Die braunroten Ziegel verdunkeln das große, fast rechteckige Schiff und tauchen es in ein mystisches Halblicht, das die Wuchtigkeit des Raumes unterstreicht. Einziges Schmuckelement ist die reich mit Intarsien verzierte Kanzel, ein Werk des Kunsttischlers *Mekelenborg* aus dem Jahre 1587. Vom Turm der Dicken Marie reicht der Blick über die Dächer der Stadt weit über die Ostsee bis zu den vorpommerschen Inseln.

Von der Marienkirche führt die Brüggstraße zur **Fußgängerzone Schuhhagen,** die Einkaufs- und Spaziermeile der Stadt.

Alter Karzer in der Uni (nur mit Führung zu besichtigen)

Karte Seite 256 **Greifswald**

Am Rande der Altstadt liegt das **Pommersche Landesmuseum,** das sich mittels der Präsentation von Kunst und Kultur aus dem pommerschen Raum die Verständigung mit dem Nachbarn Polen und das Aufzeigen der historischen Verbindungen im Ostseeraum zur Aufgabe gemacht hat. Das Museum besteht aus drei historischen Gebäudekomplexen, die durch die neue „Museumsstraße", einer gläsernen Halle, miteinander verbunden sind.

Das **Theater** in der Anklamer Straße ist seit Sommer 1994 mit dem Stralsunder Theater zum Theater Vorpommern fusioniert, das seitdem ein umfangreiches Sommertheaterprogramm anbietet. In verschiedenen Freilichtspielstätten, u. a. auch in der Klosterruine Eldena (siehe Umgebung Greifswald), und auf den Marktplätzen Greifswalds und anderer Hansestädte finden von Mitte Juni bis Mitte September z. B. Ballett- und Musicalaufführungen statt.

Info
- *Greifswald-Information,* Rathaus Am Markt, 17489 Greifswald, Tel. (03834) 521380, Fax 521382, Internet: www.greifswald.de, E-mail: greifswald-information@t-online.de (Mai-Sept. Mo.-Fr. 10-18 Uhr, Okt.-April Mo.-Fr. 10-17 Uhr)

Unterkunft
- *Hotel Kronprinz,* Lange Str. 22, Tel. 7900, Fax 790111 (4-Sterne-Haus in zentraler Altstadtlage)
- *Hotel Am Dom,* Lange Str. 44, Tel. 79750, Fax 797511 (im hist. Bürgerhaus von 1595 in der Fußgängerzone mitten in der Altstadt; im Restaurant reg. und veget. Küche)
- *Hotel Möller,* H.-Fallada-Str. 4, Tel. 502229, Fax 502324 (kleine Herberge mit Wald und Strand, Restaurant und Sonnenterrasse)
- *JH,* Pestalozzistr. 11/12, Tel. 51690, Fax 516910
- *Jugend-Hotel,* Brandteichstr.5-8, Tel. 5160, Fax 516516 (große, aus mehreren Gebäuden bestehende Anlage mit sehr preiswerten Zi. u. App mit Kochgelegenheit)
- *Camping Loissin,* in Loissin am Greifswalder Bodden, Tel. (038352) 243, Fax 725 (ganzjährig geöffnet, Lage direkt am Strand)

Gastronomie
- *Zum Alten Speicher,* Roßmühlenstr. 25, Tel. 77700 (Spezialitäten im hist. Speicher am Hafen, mit Hotel)
- *Pommernstube,* Wolgaster Str. 33, Tel. 508185 (pommersche Küche)
- *Caruso,* Domstr. 40, Tel. 799143 (kleiner Italiener hinter der Post am Markt mit hervorragender Küche in stilvoller Einrichtung. Sehr empfehlenswert! Mit kleiner Pension)

Greifswald, Umgebung

Kultur
- *Tierpark,* Credner-Anlagen (am Ryck), Tel. 502279 (Nov.-März tägl. 9-16 Uhr, April/Okt. bis 17 Uhr, Mai-Sept. bis 18 Uhr)
- *Vorpomm. Landestheater,* Anklamer Str. 106, Theaterkasse Tel. 5722224
- *Pommersches Landesmuseum,* Mühlenstr. 15, Tel. 894357 (Mai-Okt. Di.-So. 10-18 Uhr, Nov.-April Di.-So. 10-17 Uhr)
- *Sternwarte,* Domstr. 10a (Physik. Institut), Tel. 864708
- *St.-Spiritus,* Lange Str. 49, Tel. 3463 (sozio-kulturelles Zentrum mit Ausstellungen, Lesungen, Club-, Frauencafé etc.)
- *Botanischer Garten,* Münter Str. 2, Tel. 861130, (Mo.-Fr. 9-15.45 Uhr, Sa./So. Mai-Sept. 13-18 Uhr, Dez.-Febr. 13-15 Uhr, März/April/Okt./Nov. 13-16 Uhr, Gewächshäuser 12-12.30 Uhr geschl.)
- *Arboretum,* Fr.-Ludwig-Jahn-Str. 15, Tel. 861130, (Mai-Sept. tägl. 9-18 Uhr, April/Okt tägl.9-15.45 Uhr)
- *Zoolg. Sammlung,* Bachstr. 11, Tel. 864271, Anatom. Sammlung, Loefflerstr. 23c, Tel. 865308, Hist.-Geogr. Kartensammlung, Jahnstr. 16, Tel. 864529, Geolog. Landessammlung, Jahnstr. 17a, Tel. 864580 (alle Führung nach Absprache)

Umgebung

Wieck
2 km O

Das alte Fischerdorf Wieck am Nordufer des Ryck konnte sich sein ursprüngliches Gesicht als Fischerdorf weitgehend bewahren und steht deshalb unter Denkmalschutz. Malerische Fischerkaten und Kapitänshäuser gruppieren sich um den kleinen Hafen, in dem die Fischer ihren Fang sortieren.

Die Attraktion des hübschen Dörfchens ist die **hölzerne Klappbrücke,** die den Ryck überquert. Das 1887 nach holländischem Vorbild er-

Greifswald, Umgebung

Klosterruine Eldena

richtete technische Denkmal ist noch voll funktionsfähig. Über sie kann man hinüber nach Eldena. Allerdings nur, wenn man dafür ca. 2,60 € bezahlt und nicht schwerer als 1,5 Tonnen ist. Schwergewichte müssen, um zu den Klosterruinen von Eldena zu gelangen, den Umweg zurück durch Greifswald machen.

● *Unterkunft/Gastronomie:*
Reusenhaus, Dorfstraße 103, Tel. 841686 (winzig kleine, urgemütliche Gaststätte mit tollem Wirt. Spezialität des Hauses: frisch gebackene Brötchen mit Fischspezialitäten)
Ryck Hotel, Rosenstr. 17b, Tel. 83300, Fax 833032 (angenehmes Haus in ruhiger Lage, mit Sauna, Pool, Solarium, Fahrradverleih)

Eldena
2 km O

„Ora et labora" war die Maxime des Ordens der Zisterzienser, die 1199 am Südufer der Mündung des Ryck ins Dänische Wiek ein Kloster errichteten. Durch großzügige Schenkungen seitens des Fürsten *Jaromar I.* wurde das Kloster schnell sehr vermögend. Dank seines Reichtums wurde das **Kloster Eldena** zu einem prunkvollen Anwesen ausgebaut. Auch die Lebenshaltung der Äbte und Mönche rückte, durch den Mammon korrumpiert, schnell vom kargen Grundsatz „bete

Greifswald, Umgebung

und arbeite" ab. In rauschenden Gelagen – 1490 versetzte Abt *Gregorius Groper* goldene Kelche und Kreuze, ja gar seinen Hirtenstab, um eine Orgie mit „Gauklern, Possenreißern und leichtfertigen Frauen" zu finanzieren – wurde das Klostervermögen verprasst.

Nach der Reformation diente das verlassene Kloster den Greifswaldern als Steinbruch. So wurden beispielsweise die ersten Universitätsgebäude mit Ziegeln des Klosters Eldena gebaut.

Die Bilder, die der Greifswalder Maler *Caspar David Friedrich* von den malerischen Ruinen des Klosters malte, erregten am preußischen Königshof solch großes Aufsehen und Interesse, dass man die Ruinen des Klosters Eldena unter Schutz stellte und den Gartenbaumeister *Lenné* beauftragte, um sie herum einen Park zu gestalten. Wie zu *Friedrichs* Zeiten sind die berühmten Klosterruinen ein ungemein romantischer Anblick, den man sich nicht entgehen lassen sollte.

● **Gastronomie:**
Alte Schmiede, Wolgaster Landstr. 42, Tel. 840342 (futtern wie bei Muttern im rustikalen Ambiente);
Waldhaus, Hainstr., Tel. 840174 (schön gelegene Ausflugsgaststätte am NSG Elisenhain)

Griebenow
11 km W

Das Schloss **Griebenow** ist von einem 14 ha großen Landschaftspark umgeben. Bauherr war Graf *Carl Gustav von Keffenbrinck-Rehnschild.* Der in dänischen Diensten stehende Graf erhielt als Dank für seine Verdienste, die er sich unter *Carl XII.* gegen den russischen Zaren *Peter* erworben hatte, für die Errichtung des Schlosses 80 russische Kriegsgefangene. Die vollständig erhaltene, barocke Schlossanlage gilt als architektonische Meisterleistung und zählt zu den schönsten Schlössern Vorpommerns.

In dem 1706 angelegten, 14 ha großen Landschaftspark steht die **Schlosskapelle.** Der architektonisch interessante und schön restaurierte, um 1650 errichtete Fachwerkbau ist ein 15-eckiger Zentralbau, gekrönt von einem polygonalen Zeltdach, das zu einem schmalen Spitzhelm zuläuft.

Karte Seite 266 **Greifswald, Umgebung**

●*Ausstellungen zur Schlossgeschichte,* Mo.-Do. 10-16 Uhr, Sa./So. 14-16 Uhr

Karlsburg
22 km SO

An der Straße von Greifswald nach Anklam liegt das kleine Dorf Karlsburg. Bis 1771 hieß das damals zu Schweden gehörende Dorf Gnatzkow. Auf Wunsch des Gutsbesitzers *Carl Julius Graf von Bohlen* wurde es von König *Gustav III.* in Carlsburg umbenannt.

Nachdem 1732 das Dorf durch einen Brand eingeäschert wurde, ließ sich Graf *Carl* ein neues Schloss errichten. Geplant war eine imposante Barockanlage. Aus Geldmangel wurden jedoch nur der Hauptbau und der Ostflügel ausgeführt. Obwohl unvollendet, zählt das **Schloss Karlsburg** zu den bedeutendsten barocken Schlossbauten Vorpommerns.

Südlich des Schlosses, das heute von der Forschungsanstalt Katsch-Institut genutzt wird, schließt sich ein weitläufiger **Landschaftspark** an.

Grimmen
25 km W

Die kleine Stadt Grimmen an der Trebel ist mit ihrer regelmäßigen Anlage eine typische Ortsgründung aus der deutschen Kolonisationszeit. Erstmals erwähnt wird sie 1267.

Von ihrem relativen Wohlstand im Mittelalter zeugen die baulichen Sehenswürdigkeiten der Stadt. An erster Stelle steht das um 1400 erbaute **Rathaus,** ein prachtvoller Repräsentativbau mit offenem Laubengang und schönem Pfeilergiebel. Erwähnenswert ist auch die **Marienkirche.** Der frühgotische, um 1280 vollendete Sakralbau ist als dreischiffige Hallenkirche ausgeführt. Zu ihrer Ausstattung gehört neben dem alten Ratsgestühl aus dem 16. Jh. und einem frühgotischen Taufstein die mit Schnitzereien reich verzierte Kanzel (1707).

Von der mittelalterlichen Stadtbefestigung sind noch drei Stadttor-Türme, das **Greifswalder Tor,** das **Stralsunder Tor** und das **Mühlentor,** erhalten. In dem kleinen Wiekhaus am Mühlentor hat das **Heimatmuseum** seinen Sitz.

Greifswald, Umgebung

- **Info:** *Stadtinformation,* Markt 1, 18507 Grimmen, Tel. (038326) 47209, Fax 47255, Internet: www.grimmen.de, E-mail: grimmen@mvnet.de (Mo.-Do. 7.30-12 u. 12.30-16 Uhr, Fr. 7.30-13 Uhr)
- **Museum:** *Heimatmuseum,* Mühlenstr. 9a, Tel. 2261 (Di.-Do./So. 14-17 Uhr, Okt.-Mai nur Di./Do./So.)
- **Aktivitäten:** *Heimattierpark,* Von-Homeyer Str., Tel. 2220 (Mai-Sept. tägl. 9-17 Uhr, sonst bis 16 Uhr)

Bad Sülze
55 km W

Die kaum 3.000 Einwohner zählende Kleinstadt Bad Sülze im Recknitztal ist das **älteste Sol- und Moorbad** im Norden Deutschlands. Seit *Borwin III.* dem Kloster Doberan 1243 zwei Salzpfannen schenkte, ist Salz Sülzes Lebenselixier. Mit dem Niedergang der Großherzoglichen Saline durch die Aufhebung des Salznahmezwangs für die mecklenburgisch/schwerinischen Kommunen begann man 1822 mit der Eröffnung eines Badehauses, mit Moor- und Solbädern auf Kurbetrieb umzustellen. Die Saline wurde 1907 endgültig geschlossen. 1927 wurde Sülze als Kurort bestätigt und durfte sich nun Bad Sülze nennen. Von den Salinenanlagen ist nur wenig erhalten geblieben. Auf dem Gelände wurde der **Kurpark** errichtet. Neben dem Solereservoir unter dem ehem. Gradierwerk „Friedrichsbau" sind noch ein Solebrunnen und Salzarbeiterkaten erhalten geblieben. Wichtigstes bauliches Zeugnis ist das alte **Salzamt** von 1759, in dem sich seit 1953 das in Mecklenburg-Vorpommern einmalige **Salzmuseum** eingerichtet hat. Im 13 ha großen Kurpark findet von Juli bis September eine große **Dahlienschau** mit über 300 Sorten statt. Neben zwei **Holländer-Windmühlen** erwähnenswert ist noch die im 13. Jh. in der Übergangszeit von der Romanik zur Gotik errichtete Stadtkirche.

Die Attraktion Bad Sülzes ist das liebliche **Wiesental der Recknitz,** das mit seiner intakten Natur und zahlreichen selten gewordenen Pflanzen und Tieren für Naturfreunde ein besonderer Leckerbissen ist.

- **Museum:**
Salzmuseum, Saline 9, Tel. (038229) 80680, (Mai-Okt. Di.-Fr. 10-12 u. 14 -16.30 Uhr, Sa./So. 10-16 Uhr, Nov.-April Di.-Fr./So. 14-16 Uhr)

● **Unterkunft:**
Hotel-Pension Gutshaus Neuwendorf, bei Sanitz, Tel. (038209) 80270, Fax 80271

LSG Recknitztal/Vogelpark Marlow

Das untere Recknitztal zwischen Bad Sülze und Ribnitz-Damgarten ist eine der schönsten Flusstalniederungen in Mecklenburg-Vorpommern. In endlos vielen Kurven und Kehren mäandert das Flüsschen durch eine weitgehend von menschlichen Eingriffen verschonte Auenlandschaft. Das LSG ist insgesamt 7.500 ha groß und umfasst das gesamte, 1 bis 2 km breite Tal und seine Hänge.

Die Tierpopulation des Recknitztals, zu der neben vielen Fischarten auch Fischotter, Biber und Schreiadler zählen, zeigt, welch wertvolles Refugium das landschaftliche Kleinod darstellt. Jedem Naturfreund, der das Tal durchstreift, wird angesichts seiner Schönheit und artenreichen Tier- und Pflanzenwelt das Herz höher schlagen.

Lohnende Ziele für Wanderungen und Radtouren sind beispielsweise der so genannte **Eiskeller** bei Pantlitz, ein frühdeutscher Turmhügel, und die unweit davon gelegene slawische **Wallburg.** Das **NSG Grenztalmoor,** ein 15 qkm großes unwegsames Hochmoor zwischen Bad Sülze und Tribsees ist ebenso sehenswert wie der 20 ha große **Landschaftspark** mit Schloss in Semlow.

In dem beschaulichen Dorf Marlow wurde 1994 ein 10 ha großer **Vogelpark** eröffnet, der stetig weiter ausgebaut wird. Neben Pflege und Ausbau des Parks widmet sich der Verein insbesondere auch der Betreuung verletzter und pflegebedürftiger gefiederter Freunde. Imbiss, Spielplatz und Picknickmöglichkeiten machen den Vogelpark zum reizvollen Ausflugsziel für Familien.

● **Vogelpark Marlow,** Kölzower Chaussee, Tel. (038221) 265 (März-Okt. tägl. 9-17 Uhr)

Anklam

Die Otto-Lilienthal-Stadt

Die alte Hanse- und Hafenstadt Anklam liegt am Unterlauf der Peene, die 8 km weiter in das Achterwasser mündet. Mit 16.500 Einwohnern zählt sie zu den großen Gemeinden Vorpommerns. Sie liegt inmitten der großen Niederung des Peene-Urstromtals. Das Land ist platt wie eine Flunder, und der Himmel ist endlos weit. Nicht eine Erhebung begrenzt den Horizont.

Vielleicht war es dieser grenzenlose Himmel über Anklam, der eine Prophezeiung des genialen Denkers und Konstrukteurs *Leonardo da Vinci* ausgerechnet hier an diesem unscheinbaren Ort Wirklichkeit werden ließ. „Es wird seinen ersten Flug nehmen der große Vogel vom Rücken des Hügels aus. Das Universum mit Verblüffung, alle Schriften mit seinem Ruhm füllend. Und ewige Glorie dem Ort wo er geboren ward." Die ewige Glorie gebührt Anklam. Hier wurde der alte Menschheitstraum vom Fliegen Wirklichkeit. Hier ist er geboren, der Vater aller Flugapparate, der Maschinenbauingenieur *Otto Lilienthal.* „Vom Schritt zum Sprung, vom Sprung zum Flug", war die Devise des Tüftlers, der den leichten, eleganten Flug der Vögel zum Vorbild nahm. Und die gab und gibt es im urwüchsigen Peenetal bei Anklam in seltener Vielfalt.

In Anklam, einer vom Krieg gezeichneten Provinzstadt, die fast alle auf dem Weg zur Ostsee schnell durcheilen, dreht sich alles um die Vogelperspektive, um das Fliegen. Hier gibt es einen Flugplatz und den Segelfliegerclub „Otto Lilienthal". Der Mecklenburg-Brandenburgische Ballonsportverein veranstaltet Ballonmeetings, und der Modellflugzeugsport blickt auf eine lange Tradition zurück. Natürlich gibt es einen Verein der Freunde der Ultraleichtflieger und Hängegleiter. Und es gibt das Otto-Lilienthal-Museum, das mit originalgetreuen Nachbauten der Experimentier- und Flugapparate *Lilienthals* glänzt.

Geschichte

Die älteste Urkunde, in der Anklam als Stadt erwähnt wird, stammt von 1264, als Herzog *Barnim I.* die „burgenses in civitae Tanglim commorantes", die „Bürger, die in der Stadt Anklam verweilen", von jedem Zoll befreit. Diese Befreiung und andere Privilegien wie das Münzrecht lassen die günstig an der schiffbaren Peene gelegene Hafenstadt gedeihen und ihre Bürger zu Wohlstand kommen. 1283 tritt Anklam der Hanse bei. Die Stadt wird unter 57 pommerschen Städten die Nr. 5und erhält im Landtag den Rang einer „vorsitzenden Stadt". 1648 wird Anklam durch das Abkommen im Westfälischen Frieden schwedisch. 1676 wird es durch preußische Truppen belagert und beschossen. 1720 wird die Stadt preußisch, der Peenedamm bleibt aber schwedisch. Nun ist Anklam Grenzstadt. *Otto Lilienthal* (Liliendal), der am 23.5.1848 in Anklam geboren wird, ist mit großer Wahrscheinlichkeit schwedischer Abstammung. Im 2. Weltkrieg wird die Stadt durch Luftangriffe und Kriegshandlungen zu 70 % zerstört.

Sehenswert

Die fürchterlichen Zerstörungen des Krieges haben nur wenige historische Bauten überstanden. Von der mächtigen Stadtbefestigung, die die reiche Hansestadt einst schützte, zeugt noch das große **Steintor** aus dem 13. Jh. In dem zinnengekrönten, 32 m hohen Backsteinturm führen 111 Stufen hinauf und eröffnen eine schöne Vogelperspektive über die Stadt und die Peeneniederung. In den fünf Turmetagen ist das ***Museum für Regionalgeschichte*** untergebracht.

Der Besuchermagnet der Stadt ist aber das **Lilienthal-Museum** in der Ellbogenstraße nahe dem Bahnhof. Neben der vollständigsten Sammlung von Modellen verschiedener Flugapparate *Lilienthals* zeigt es anhand vieler originalgetreuer Nachbauten von Flugmaschinenkonstruktionen den langen Weg bis zum ersten flugtüchtigen Segelapparat. Das Museum ist nicht nur ein Schauplatz, sondern bietet viele Möglichkeiten, ganz praktisch den Traum vom Fliegen zu erleben. Im Freigelände stehen Trainingsgeräte und eine Modellfluganlage, und im oberen Stockwerk kann man gar selbst Lilienthal spielen. Nicht nur

Anklam

für Flugbegeisterte ein besonderes Erlebnis sind die internationalen Flugtage, die jedes Jahr im Juli/August stattfinden. Eine Woche dreht sich auf den vielen Veranstaltungen alles ums Fliegen.

Auf dem Markt erhebt sich das schlanke **Lilienthal-Denkmal,** an dessen Fuß die Aufschrift „Die Macht des Verstandes wird dich auch im Fluge tragen" zu lesen ist. Den Krieg überlebt hat auch die **Marienkirche,** eine gotische Hallenkirche mit wertvoller Ausstattung. Der ausgebrannte Turm der **Nicolaikirche** mahnt dagegen an die Schrecken des Krieges.

Anklams Wahrzeichen steht außerhalb der Stadt. An der B 109 ragt der **Große Stein,** ein mittelalterlicher Wartturm, auf.

Info
- *Anklam-Information,* Markt 5, 17389 Anklam, Tel. (03971) 835154, Fax 835155, Internet: www.anklam.de, E-mail: stadtinformationanklam@t-online.de (21. Mai-14. Sept. Mo.-Fr. 9-18 Uhr, Sa. 10-14 Uhr, 15. Sept.-20. Mai Mo.-Fr. 10-17 Uhr)

Unterkunft
- *Hotel Am Stadtwall,* Demminer Str. 5, Tel. 833136, Fax 833137 (hist. Türmchenhaus in zentr. Lage)
- *Landhotel Bömitz,* Dorfstr. 14, ca. 10 km nördl. in Bömitz, Tel. (039724) 22540, Fax 22541 (abgeschieden und idyllisch still in einem Park gelegen, mit Liegewiese, Reiterhof; im Restaurant gehobene Küche)
- *Gutshaus Stolpe,* in Stolpe, Dorfstraße 37, Tel.(039721) 5500, Fax 55099 (wunderbares Landhotel in vorbildlich restaurierter denkmalgeschützter Gutsanlage mit Park. Das exzellente Restaurant des Hauses ist zu Recht im Michelin verzeichnet.)
- *JH,* im OT Murchin, Jugendherberge 1, Tel. (03971) 210732, Fax 259411 (mit Zeltplatz)

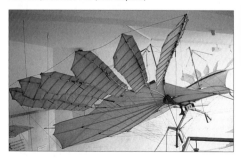

Fluggerät im Lilienthal-Museum

Anklam, Umgebung

- *Camping Lassan,* ca. 12 km in Lassan am Achterwasser, Garthof 5, Tel./Fax (038374) 80373 (Ostern-Sept., direkt am Strand)

Gastronomie
- *Stolper Fährkrug,* 10 km westl. in Stolpe, Tel. (039721) 5500 (wunderschönes altes Reethaus an der Peene, mit Sonnenterrasse und Blick auf die kleine Fähre)
- *Dabers,* Mägdestr. 1, Tel. 833050 (abwechslungsr. Küche nach saisonalem, thematischem Esskalender von Pilz über Bohne, Gans, Kürbis bis Fisch oder Steak)

Museum
- *Museum für Regionalgeschichte,* im Steintor, Tel. 245503
- *Otto-Lilienthal-Museum,* Ellbogenstr. 1, Tel. 245500
(Öffnungszeiten für beide Museen: Mai-Sept. Di.-Fr. 10-17, Sa./So. 14-17 Uhr, Okt.-April Di.-Fr. 10-16, So. 14-17 Uhr)

Umgebung

NSG Peeneniederung
Das Peeneurstromtal ist eine in Mitteleuropa einzigartige Flusslandschaft. In vielen Kurven und Kehren mäandert die Peene, die aus dem Kummerower See entspringt, durch ihr von menschlichen Eingriffen weitgehend verschont gebliebenes Tal. Besonders die Peeneniederung, die sich von Anklam bis zur Peenemündug erstreckt, ist ein wahres Kleinod. In den ausgedehnten Moor- und Sumpfgebieten finden noch viele Tier-

Paddeln auf der Peene

Die Peene zwischen Kummerower See und ihrer Mündung ist einer der letzten von menschlichen Eingriffen verschonte Fluss Deutschlands. Die unberührte, in ein riesiges **Niedermoor** eingebettete Flusslandschaft ist ein Naturparadies ohnegleichen. Das heißt, das die von zahllosen, oft seltenen und **vom Aussterben bedrohten Tierarten** wie Weißstorch, Biber, Trauerseeschwalbe, Seeadler oder Fischotter bewohnte Wasserwelt äußerst sensibel ist und nur mit größter Rücksicht befahren werden darf. Schon der kleinste unbedachte Schritt kann Leben zerstören. Jeder Fleck ist bewohnt. Sehr wichtig ist es, nicht in von Pflanzen wie Teichrosen bedeckte Randgewässer hineinzufahren. Denn hier nisten zahlreiche Vogelarten, darunter die ebenso wunderschöne wie seltene Trauerseeschwalbe, deren Nester durch unbedachtes Befahren unwiderbringlich zerstört würde. In diesem Wasserreich ist wirklich der kleinste Ort voller Leben. Erblickt man einen im Wasser dümpelnden Ast oder Stamm, so sitzt garantiert ein schillernder Eisvogel darauf oder die Große Moorjungfer, eine seltene Libellenart. In Ufernähe erblickt man zahlreiche Muschelarten, in Büschen die possierlichen, wie Henkelkörbchen aussehende Nester der Beutelmeise, im Röhricht die Rohrweihe und mit etwas Glück im alten Torfstich eine Fischotterfamilie. 156 Brutvogelarten, 24 Muschelarten, 33 Fischarten, 70 Schmetterlingsarten, mehr als 700 Pflanzenarten – die Peene ist wie eine **Arche Noah.**

Die **Paddeltour** beginnt in Jarmen. Langsam gleitet man, vorbei an zahllosen alten Torfstichen, flussabwärts. Erste Anlandemöglichkeit ist die ehemalige Fährstelle bei Gützkow. Danach macht der Fluss einen weiten Bogen und führt durch traumhaften Erlenbruchwald. Hier brütet der Eisvogel und Pflanzenarten Lebensraum, die andernorts längst verschwunden sind. Hier leben noch Fischotter und Biber, See- und Schreiadler, Kranich und Storch, Korn- und Wiesenweihe. Seltene Orchideen blühen in vielfältigen Formen und Farben.

Nur ein Feldweg führt durch das Moorgebiet von der Straße nach Ueckermünde beim Lucienhof hinaus zum winzigen **Haff-Fischerdorf Kamp.** Vom Ufer des malerischen Fischerdörfchens hat man einen guten Ausblick auf die 1874-76 errichtete größte **Eisenbahnhubbrücke,** die einst die Bahnverbindung zur Insel Usedom herstellte und 1945 zerstört wurde.

Paddeln auf der Peene

in den Wurzelballen von gestürzten Bäumen, denen man sich deshalb nur sehr vorsichtig nähern sollte. Kurz vor Pentien bietet eine Anlegestelle tolle Bademöglichkeit, und wenn man die Uferböschung hochklettert, eine herrliche Aussicht. Auch direkt bei Pentien lohnt es sich, anzulegen um zu Fuß den dortigen **Naturlehrpfad** zu begehen. Weiter flussabwärts beim kleinen Hafen von Liepen bietet ein kleiner Sandstrand Gelegenheit zu Picknick und Badepause. Im Spülsand kann man hier nach zahlreichen, teils bunten Muscheln buddeln.

Kurz nach Kilometer 85 erreicht man das idyllische Dorf Stolpe mit **Wasserrastplatz** und romantischem „Fährkrug". Spätestens ab Kilometer 87 nahe dem Weiler Neuhof spürt und riecht man die nahe Ostsee. Kurz vor Kilometer 90 sollte man anlegen, die Aussicht genießen, die Reste eines **Slawendorfes** sowie die etwa 1000 Jahre alten Bootsgräber besichtigen, in denen die Wikinger einst 30 Frauen und Kinder bestatteten. Noch einmal gleitet man durch das paradisische Flussidyll, bevor man Anklam erreicht.

● **Info/Geführte Touren:** *Aquila-Naturreisen,* Strandweg 4a, 17489 Frätow, Tel./Fax (038351) 81339, Internet: www.aquila-naturreisen.de, E-mail: geranda@aquila-naturreisen.de (Kanutouren in Kleingruppen, auf denen die Diplombiologin, Otter- und Biberforscherin und Peenekennerin *Geranda Olsthoorn* sach- und fachkundig führt. Echt klasse! Auch ein-oder mehrtägige Wanderungen, Radtouren, Rad-, Kanu-Kombis u. a.)

● **Karte:** DSV-Verlag Gewässerkarte „Die Peene", 1:25 000, 5 €

● **Kanuverleih:** *Stolper Tours,* Dorfstr. 28, 17391 Stolpe, Tel. (039721) 56880, Fax 56881; *Kanustation Anklam,* Werftstr. 6, Tel. (03971) 259410

Müggenburg
14 km SW

Inmitten der stillen Landschaft ragt ein imposantes neugotisches **Wasserschloss** auf. Von der alten Burg, die vor dem 1889-91 errichteten Schloss hier stand, stammt noch der 28 m hohe Wehrturm, der in den Neubau integriert wurde.

Spantekow
15 km SW

Das Dorf verfügt über eine besondere Sehenswürdigkeit: die gut erhaltene **Ruine einer Flachlandfestung,** wie es sie in Mecklenburg-Vorpommern sonst nur noch in Dömitz an der Elbe gibt. Die alten Kasematten sind begehbar. Inmitten des viereckigen Festungshofes steht ein vom Wasser umgebenes **Renaissanceschloss,** das einst die Hauptburg der Schweriner Herzöge war.

Ueckermünde

Janow/ Burg Landeskron
20 km SW

Bei Neuendorf B führt eine kleine Straße zum Dorf Janow. Etwas außerhalb liegen im landschaftlich sehr schönen Landesgraben die Ruinen des **Renaissanceschlosses Landeskron.** Der Wassergraben war einst die Grenze zu Mecklenburg-Strelitz. Die alte Grenzfeste wurde 1576 vom Schweriner Graf *Ulrich II.* errichtet, doch im 30-jährigen Krieg zerstört.

Bei der Ruine liegt das **Naturdenkmal Landgrabentalwiesen,** eine artenreiche Feuchtwiese.

Neetzow
26 km W

Inmitten der Ackerlandschaft am Peeneufer dehnt sich ein sehr gepflegter, 20 ha großer **Landschaftspark** aus, in dessen Mitte das Schloss **Neetzow** liegt. Das prunkvolle Schloss wurde 1848 vom Berliner Architekten *Fr. Hitzig* im Tudorstil errichtet. Das asymmetrisch angelegte, mit seinen vielen Traufen, Türmen und Zinnen verspielt wirkende Schloss wie auch der Park sind wirklich sehenswert (keine Innenbes.).

Ueckermünde

Das kleine Städtchen (12.000 Einw.) Ueckermünde liegt, umgeben vom Wald der Ueckermünder Heide, nahe der Mündung der Uecker ins Stettiner Haff. Im Abseits aller Touristenströme gelegen, finden nur wenige Besucher in die beschaulich-verschlafene Stadt.

Ihr Name leitet sich vom slawischen Stamm der Ukrer ab, der die Gegend ab dem 12. Jh. besiedelte. 1260 bekam der Handelsplatz das Stadtrecht verliehen. Die Haupterwerbsquelle war lange Zeit aber die Fischerei. Mit der Entdeckung von Raseneisenerz entstanden zu Beginn des 19. Jh. mehrere Eisengießereien. Durch die kampflose Übergabe an die Rote Armee wurde das Städtchen vor Zerstörungen bewahrt.

Auf einem Hügel am Ufer der Uecker thront das **Stadtschloss,** das im 14. und 15. Jh. oft als Tagungsstätte für Landtage diente. Der heutige Bau wurde anstelle einer um 1260 angelegten

Ueckermünde

Burg von dem Pommernherzog *Phillip I.* errichtet. In dem Renaissanceschloss ist das **Haffmuseum** untergebracht.

Gleich neben dem Schloss liegt der kleine **Fischereihafen,** von dem in der Saison Ausflugsschiffe nach Usedom verkehren. Auch Fahrten nach Polen (mit zollfreiem Einkauf) stehen auf dem Programm.

Der Bummel durch die kleine Fachwerkstadt führt zum zentralen **Marktplatz,** an dem die **Marienkirche** steht. Der 1752-66 errichtete Saalbau besitzt eine bemalte Holzdecke und einen prächtigen Kanzelaltar mit reichem Rokokodekor. Der Kirchturm ist besteigbar und bietet einen herrlichen Blick über Heide und Haff, an dem sich auch ein Badestrand befindet.

Etwa 2 km außerhalb vom Zentrum liegt ein 18 ha großer **Tierpark,** der über 100 Tierarten, darunter Affen, Krokodile und eine freilebende, 300 Brutpaare umfassenden Graureiherkolonie, besitzt. Ein kulturhistorischer Bereich mit Zugbrücke, Windmühle sowie ein Abenteuerspielplatz, Streichelzoo und gastronomische Einrichtungen machen den Besuch abwechslungsreich.

Von Ueckermünde verkehren Passagierschiffe zu Haffrundfahrten, nach Kamminke auf Usedom und zum polnischen Swinemünde auf Wollin (mit zollfreiem Einkauf).

Strand von Ueckermünde

Ueckermünde, Umgebung

Info
- *Fremdenverkehrsverein Stettiner Haff,* Ueckerstr. 96, 17373 Ueckermünde, Tel. (039771) 28284, Fax 28487, Internet: www.stettiner-haff.de/fremdenverkehrsverein, E-mail: info@ueckermuende.de (Mai-Sept. Mo.-Fr. 9-18 Uhr, Sa. 9-12 Uhr, Okt.-April Mo.-Fr. 9-16 Uhr)

Unterkunft
- *Hotel Pommernyacht,* Altes Bollwerk 1, Tel. 2150, Fax 24395, (Neubau in Schiffsform direkt am Stadthafen, im Restaurant vorpomm. Spezialitäten)
- *Schlosshotel Buggenhagen,* in Buggenhagen bei Lassan, Str. des Friedens 6, Tel. (038374) 500, Fax 5022 (ehem. Rittergut in idyllischer Lage in riesigem Park am See)
- *Hotel Pommernmühle,* Liepgartener Str. 88a, Tel. 2000, Fax 20099 (romant. Bauensemble mit intergierter 130 J. alter Windmühle, Sauna, Solarium, Fahrradverleih u. a.)
- *Hotel Haffhus,* in Bellin, Dorfstr. 35, Tel. 5370, Fax 53750 (hübsches Reetdachhaus in stiller Lage direkt am Haff mit eigenem Strand)
- *Finn-Bungalows,* in Ahlbeck OT Gegensee, Dorfstr. 26a, Tel. (039775) 20351, Fax 20014 (5 romantische finnische Blockhäuser in einsamer, stiller Lage am Waldrand, ein Paradies für Naturliebhaber)
- *JH,* in Bellin, Dorfstr., Tel. 22411, Fax 22554
- *Campingpark Oderhaff,* in Grambin, Dorfstr. 66, Tel. (039774) 20420 (Mai-Sept., im lichten Birkenwald direkt am Haff)

Gastronomie
- *Wirtshaus am Speicher,* Ueckerstr. 109, Tel. 54535 (Spezialitäten-Restaurant)

Museum
- *Haffmuseum,* im Schloss, Tel. 28442 (Di. 9-12 u. 13-17 Uhr, Mi./Do. 9-12 u. 13-16 Uhr, Fr. 9-12 u. 13-15 Uhr, Mai-Sept. auch Sa. 13-16 Uhr, So. 10-12 u. 13-16 Uhr)
- *Tierpark,* Chausseestr. 76, Tel. 22748 (Mai-Sept. tägl. 9-18 Uhr, Okt.-April tägl. 9-16 Uhr)

Reusen in Altwarp

Umgebung

Uecker-
münder
Heide

Die Internationale der Naturfreunde hat die Region beiderseits der Odermündung 1993 nicht von ungefähr zur „Landschaft des Jahres" erklärt. Die von der deutsch-polnischen Grenze durchschnittene Landschaft ist mit Sicherheit **einer der abgeschiedensten Winkel ganz Deutschlands.** Das riesige Waldgebiet der Ueckermünder Heide ist ein echtes Paradies für denjenigen, der im Urlaub Stille und unberührte Natur sucht.

Einschränkend muss jedoch gesagt werden, dass nicht alle Bereiche der Heide den Radlern und Wanderern offenstehen. In den Wäldern versteckt sich (leider) auch allerhand Militär. Dennoch gibt es in der weiten Wald- und Wiesenregion 180 km ausgeschilderte Wander- und Radwege.

Zu den seltenen Tieren, die man auf Streifzügen beobachten kann, gehören beispielsweise Hirsch, Adler und Storch. In die stille, von kleinen Bächen durchströmte Landschaft eingestreut liegen kleine, weltabgeschiedene Dörfchen. Von dem fast vergessenen Fischerdorf Altwarp verkehrt eine, zum zollfreien Einkauf rege genutzte, Fähre hinüber ins polnische Nowe Warpno.

Ein guter Ausgangspunkt für Ausflüge in die Heide ist das kleine Fischerdorf Mönkebude am Stettiner Haff. Der stille Ort besitzt einen kleinen Hafen mit Wohnmobilstellplatz und gleich daneben einen sehr schönen und feinen, nie überlaufenen Sandstrand und eine museale Fischerstube.

●*Info: FVV Mönkebude,* Am Kamp 13, 17375 Mönkebude, Tel./Fax (039774) 20323, Internet: www.moenkebude.de, E-mail: info@moenkebude.de (Mai/Juni Mo.-Fr. 8-16 Uhr, Sa./So. 10-12 u. 14-16 Uhr, Juli/Aug. Mo.-Fr. 8-18 Uhr, Sa./So. 9-17 Uhr, Sept.-April Mo.-Fr. 8-16 Uhr)
●*Museum: Fischerstube,* Am Kamp 13,Tel 20323 (Mai-Sept. Di./Do./Sa. 14-16 Uhr)
●*Unterkunft:* Wohnmobilstellplatz, im Stadtpark am Hafen, (sehr schön gelegener, kleiner Platz am Seglerhafen mit Strom-, Wasseranschluss, Sanitaäranlagen, Waschmaschine, Anmeldung in Hafenmeisterei)

Torgelow
13 km S

Die Kleinstadt Torgelow liegt mitten in der Ueckermünder Heide. Das unscheinbare Städtchen entstand um eine Eisenhütte, die *Friedrich II.* 1754 ansiedeln ließ. 14 Eisengießereien arbeiteten hier um die Jahrhundertwende. Die kleine **Heimatstube** zeigt neben anderem auch Er-

zeugnisse der Gießerei. In der ehemaligen königlich-preußischen Eisenhütte gibt die ständige **Ausstellung „Historische Gießereitechnik"** Auskunft über das alte Gewerbe.

An der Straße nach Hammer liegt das sehenswerte **Freilichtmuseum Ukranenland,** ein nach archäologischen Befunden mit Bohlen- und Flechtwandhäusern orginal rekonstruiertes slawisches Händler- und Handwerkerdorf aus dem 9. und 10. Jh. In den frühmittelalterlichen Werkstätten kann man Schmied, Töpfer, Korbmacher, Kammacher über die Schulter schauen oder (nach Anmeldung) selbst flechten, filzen, mahlen backen oder schnitzen oder auf dem historischen Spielplatz Speerwerfen oder Bogenschießen. Der Clou ist Deutschlands einziges orginal rekonstuiertes Slawenschiff „SVAROG", mit dem auf der Uecker Ausflüge gemacht werden. Im Dorf finden zwischen April und Oktober zahlreiche Feste und Märkte statt.

●**Info:** *Informationsservice,* Bahnhofstr. 2, 17358 Torgelow, Tel. (03976) 252154, Fax 202202, Internet: www.torgelow.de, E-mail: info.stadt.torgelow@t-online.de (Mai-Sept. Mo.-Fr. 8-18 Uhr, Sa. 10-15 Uhr, Okt.-April Mo.-Fr. 8-18 Uhr, Sa. 10-12 Uhr)
●**Unterkunft:** *Hotel Zum Forsthaus,* Anklamer Str. 10, Tel. 423697 (im Restaurant Wild-, Fisch-, Fleischgerichte)
●**Museum:** *Freilichtmuseum „Ukranenland",* Jatznicker Str. 31, Tel. 202397, Fax 202303, Internet: www.ukranenland.de, E-mail: ukranenland@gmx.de (tägl. 10-17 Uhr, Übernachtungsmögl. f. Gruppen)

Pasewalk
26 km S

Die 16.000 Einwohner zählende Stadt liegt in der nördlichen Uckermark am Mittellauf der Uecker. Sie ist eine der ältesten Städte Vorpommerns, wie die urkundliche Erwähnung von 1177 zeigt. Die an einem Flussübergang entstandene Kaufmannssiedlung erhielt 1250 das Magdeburger Stadtrecht. Die unauffällige Landgemeinde ist noch heute ein Verkehrsknotenpunkt. Wie viele andere Orte Vorpommerns wurde die Stadt Ende des 2. Weltkriegs fast völlig zerstört.

Nur wenige alte Bauwerke blieben erhalten. Zu ihnen gehören Teile der alten **Stadtmauer,** die

Ueckermünde, Umgebung

beiden Stadttore **Mühlentor** und **Prenzlauer Tor** sowie der **Turm „Kiek in de Mark"**, das Wahrzeichen Pasewalks. Im Prenzlauer Tor hat sich das **Stadtmuseum** eingerichtet, das u.a über den pommerschen Zeichner *Paul Holz* informiert. Neu ist das **Feuerwehrmuseum** mit allerhand hist. Spritzgerät und das **Eisenbahnmuseum,** das neben alten Dampfloks u. a. auch einen Waggon des ehem. DDR-Regierungszuges ausstellt.

- **Info:** *Stadtinformation,* Am Markt 2, 17309 Pasewalk, Tel. (03973) 213995, Fax 213972, Internet: www.pasewalk.de, E-mail stadtinfo-pasewalk@t-online.de (Mo.-Do. 8.30-12.30 Uhr u. 13-16 Uhr, Fr. 9-13 Uhr)
- **Unterkunft:** *Villa Knobelsdorff,* Ringstr. 13, Tel. 20910, Fax 209110 (hübsche alte Villa mit Restaurant, rustikalem Bierkeller und Café); *Schlossparkhotel Krugsdorf,* ca. 8 km östl. in Krugsdorf, Zerrenthiner Str. 2, Tel. (039743) 50322, Fax 50285 (schön und ruhig gelegenes altes Herrenhaus); *Schloss Rothenklempenow,* westl. bei Löcknitz, Schloßstr. 2, Tel. (039744) 50416 (weitläufige, fast völlig erhalten Gutsanlage im Fachwerkstil von 1850 in Parkanlage)
- **Museum:** *Stadtmuseum,* im Prenzlauer Tor, Tel. 433182 (Di./Mi./Do. 10-12 und 14-16 Uhr, Sa./So. 14-17 Uhr) *Feuerwehrmuseum,* Torgelower Str. 33, Tel. 441727 (Mo.-Fr. sowie 1. u. 3. Sa. 10-15 Uhr, Voranmeldung erwünscht); *Eisenbahnmuseum,* Speicherstr. 14, Tel. 216326 (wie Feuerwehrmuseum)

Strasburg/ Brohmer Berge
34 km SW

Die Uckermärker Kleinstadt Strasburg ist ein günstiger Ausgangspunkt zu Ausflügen in das **LSG Brohmer Berge,** das sich nördlich der Stadt zwischen Brohm und Jatznik erstreckt. Lehrbuchhaft lassen sich hier die Auswirkungen der eiszeitlichen Gletscher studieren. Topfeben gehobelt wurde die Niederung der Friedländer **„Großen Wiese".** In der Mitte des 12.000 ha großen Niedermoores liegt der Galenbecker See. Unvermittelt steigen die bewaldeten Moränenhöhenzüge der Brohmer Berge aus der Ebene. Die mit 148 m höchste Erhebung liegt bei Matzdorf. Das beschauliche, von Laubwald bestandene Kuppenland lädt zu ausgedehnten Spaziergängen in stiller Natur ein. Die Brohmer Berge durchwandern kann man auf dem markierten **Haff-Tollense-Weg,** der von Schönbeck nach Jaznick führt.

Ueckermünde, Umgebung

Westlich von Strasburg findet man im Dorf Groß Miltzow ein in eine Parkanlage eingebettetes schönes **Schloss.**

Südwestlich von Strasburg liegt das bekannte **Mühlendorf Woldegk.** Man fühlt sich hier fast, als wäre man in die Kulissen des berühmten Kämpfers gegen die Windmühlenflügel Don Quijote geraten. Das kleine Dorf besitzt gleich fünf (!) liebevoll restaurierte Windmühlen, in die ein Café, ein kleines Museum und eine Töpferei eingezogen sind. Eine der Mühlen ist noch voll funktionsfähig.

● **Info:** *Tourist-Information Strasburg/Fremdenverkehrsverein Brohmer Berge,* Pfarrstr. 22a, 17335 Strasburg, Tel. (039753) 22584, Fax 20046, Internet: www.strasburg.de, E-mail: touristinfo-strasburg@t-online.de (mit Heimatmuseum Di. 8-12 u. 14-18 Uhr, Mi.-Fr. 8-12 u. 14-16 Uhr, So. 14-16 Uhr)

● **Unterkunft:** *Parkhotel Schloss Rattey,* in Rattey, Tel. (03986) 255010, Fax 255050 (reizvoll und still in einen Park eingebettete klassiz. Anlage mit gutem Restaurant)
Alte Försterei Nettelgrund, in Rothemühl, Tel. (039772) 20320, Fax 26831 (idyll., absolut stille Alleinlage im Buchenwald; auf 18.000 m² Zi., Fewo, -häuser, Sauna, Teich, Fahrradverleih, Wildbeobachtung aus geheiztem Hochsitz)

● **Gastronomie:** *Oma Lentzens Kaffeestübchen,* in Wilsikow, Dorfstr. 4 (ein echter Geheimtipp! Wunderhübsches kleines Café auf dem Gutshof der Familie von Holtzendorff mit allerbesten Kuchen aus „Oma Lentzens" Eigenproduktion, leider nur am Wochenende 14-18 Uhr geöffnet)

● **Museum:** *Mühlenmuseum,* in Woldegk, K. Liebknecht-Platz 1, Tel. (03963) 211384 (Di.-Fr. 10-12 und 13-16 Uhr, Sa./So. 14-17 Uhr); *Schmalfilmmuseum,* Pfarrstraße 3, Tel. 21529 (zurzeit nur Mi. 10-14 Uhr, mit Filmvorführungen)

Speicher am Hafen

Demmin

„Bist ja doch das eine / In der ganzen Welt / Bist ja mein, ich deine, / Treu dir zugesellt; / Kannst ja doch von allen, / Die ich je gesehn, / Mir allein gefallen, / Pommernland so schön", lautet die 4. Strophe des „Pommernlieds". Es war der Demminer Pastor *G. A. Reinhard Pompe,* der die Verse schuf. Diese Verbindung der alten Hansestadt Demmin mit dem Lied der Pommern ist sehr passend, hat doch die Stadt in der Geschichte Pommerns stets eine besondere Rolle gespielt.

Geschichte

Schon die slawischen Wilzen hatten die überaus günstige Lage am Zusammenfluss von Trebel, Tollense und Peene erkannt und eine Burg errichtet. Die strategische Schlüssellage zog sehr früh die christlichen Heere an, die sich anschickten, das heidnische Slawenland zu kolonisieren. Bereits 789 wird die Slawenburg unter der Herrschaft des Wilzenkönigs *Dragovit* vom Heer *Karl des Großen* erobert und zerstört. Schon 1067 nennt *Adam von Bremen* den Ort als „civitas maxima", als „große Stadt". 1127 macht der Pommernmissionierer Bischof *Otto von Bamberg* dortselbst Station, um mit *Witzlaw I.* die Christianisierung zu besprechen. Als 1147 erneut ein christliches Heer in der Stadt einfällt, muss der Pommernherzog *Wartislaw Bernhard von Claivaux* davon unterrichten, dass seine Untertanen doch schon den rechten Glauben haben, worauf der Gotteskrieger abzieht.

Begünstigt durch die Lage am Kreuzpunkt zweier wichtiger Handelsrouten und durch die Lage an der schiffbaren Peene, prosperiert Demmin schnell. Um 1240 wird dem

Ort das Stadtrecht verliehen. 1283 tritt der florierende Handelsort, der gleichzeitig Sitz der Pommernherzöge ist, dem Hansebund bei, dessen Mitglied er bis 1607 bleibt.

Im Dreiländereck Pommern, Brandenburg und Mecklenburg gelegen, wird die Grenzstadt im 30-jährigen Krieg (1618-48) besonders schwer umkämpft und geplündert. 140 Jahre lang zahlen die Demminer an den dadurch aufgehäuften Schulden ab. Als Hafenstadt, aus der das Getreide Pommerns, der „Kornkammer des Reiches", verschifft wird, gelangt Demmin wieder zu Wohlstand.

Die endgültige Zerstörung der Stadt, die bis heute das Stadtbild massiv prägt, kommt im April 1945 über sie. Als gegen Mittag sowjetische Truppen einrücken, wird auf sie kurz geschossen. Dieser Vorfall und die alkoholschweren Feiern der Rotarmisten zum 1. Mai lösen 3-tägige verheerende Plünderungen, Massenvergewaltigungen und systematische Brandstiftungen aus. Die Demminer Bevölkerung reagiert darauf mit totaler Panik, etwa 1200 Demminer nehmen sich das Leben. Am 3. Mai sind nur noch wenige Häuser der Stadt erhalten.

Sehenswert

Der Anblick Demmins ist wahrlich nicht besonders anziehend. Die völlig zerstörte Stadt wurde mit klotzig-hässlichen Großbauten wiederaufgebaut. Ein richtiges Zentrum entstand dabei nicht. Selbst der alte Markt ist von grauen Klötzen umrahmt. Von den besseren Zeiten als Hafenstadt zeugen die mächtigen alten *Getreidespeicher* am Hafen.

Fischerkate an der Peene

Bemerkenswertestes Bauwerk ist die **St.-Bartholomäi-Kirche** im Zentrum. Die spätgotische, dreischiffige Hallenkirche aus dem 14. Jh. hat jedoch durch die Brände vieles ihrer Ausstattung verloren. Dafür besitzt sie eine außergewöhnlich gute Akustik, die man bei Konzertabenden erleben kann.

Von der alten Stadtbefestigung blieben nur ein runder **Pulverturm** und das schmuck mit Maßwerkblendengiebel verzierte **Luisentor** (15. Jh.) erhalten. Das **Kreisheimatmuseum** dokumentiert die wechselvolle Geschichte der einst bedeutenden Pommernstadt. Auf einem bewaldeten Hügel am Rande der Altstadt, den „Demminer Tannen" führt ein hübscher Spaziergang zum **Ulanendenkmal.** Das mächtige, aus großen Findlingen errichtete Denkmal wurde 1924 zu Ehren des „2. Pommerschen Ulanen-Regimentes 9" von Demmin errichtet, 1945 durch die Sowjetarmee zerstört und nach umfangreicher gemeinnütziger Arbeit 1995 neu eingeweiht. Auf dem Hügel erhebt sich ein alter Wasserturm, in dem eine kleine Astronomiestation mit Sternwarte und Planetarium sitzt.

Zum Verweilen lädt Demmin also nicht gerade ein. Seine Reize liegen in der stillen, beeindruckend schönen und intakten Natur, die sie umgibt. Eine besondere Erwähnung verdienen dabei die Läufe der Flüsse, die von allen Seiten auf Demmin zustreben und sich hier vereinigen. Die **NSG Trebeltal, NSG Tollensetal, NSG Peene-**

tal und **NSG Augrabental** sowie das bei Loitz in die Peene mündende **NSG Schwingetal** laden zum Wandern und Radeln entlang der malerisch durch die Landschaft mäandernden Wasser ein.

Wie sauber und intakt die kleinen Flüsse noch sind, zeigen ihre Fischbestände. Sagenhafte 36 verschiedene Wildfischarten vom Stint über die Rotfeder bis zum Lachs finden in dem klaren Wasser noch Platz zum Leben und Überleben.

Info
- *Stadtinformation,* Am Bahnhof, 17109 Demmin, Tel./Fax (03998) 225077 (Mo. 9-12 und 13-16 Uhr, Di.-Do. 9-12 und 13-15.30 Uhr, Fr. 9-12 Uhr), Internet: www.demmin.de, E-mail: demmin@t-online.de
- *Fremdenverkehrsverein Demmin „Stadt und Land",* Markt 1, Tel. 256331, Fax 256333 (Di.-Fr. 8-12 und 13-17.45 Uhr, Do. 13-15 Uhr)

Unterkunft
- *Hotel am Stadtpark,* Kirchhofstr., Tel. 362368, Fax 362369 (Neubau in zentraler Lage)
- *Hotel Schloss Vanselow,* ca. 9 km südöstl. von Demmin in Vanselow, Tel. 28090, Fax 280925 (zu Gast im spätklassizistischen Schloss an der Tollense mit Park bei seiner Hochwohlgeboren *Mortimer von Maltzahn*)
- *Pension Bienenhof,* im OT Lindenfelde, Tel./Fax 222907 (beim Imker, mit Pool, Liegewiese, Abenteuerspielplatz, Fahrradverleih)
- *Camping Gravelotte,* ca. 14 km südw. in Meesiger, Tel./Fax (039994) 10732 (Mai-Sep., Wiesenplatz am See, Wasserwanderrastplatz)

Gastronomie
- *Demminer Mühle,* An der Mühle 3, Tel. 431395 (hauseigene Spezialitäten in historischer Holländer-Windmühle, mit Terrasse)

Museum
- *Kreisheimatmuseum,* Am Hanseufer/Speicher, Tel. 222152 (tägl. 10-17 Uhr)

Das LSG Tollensetal
Mit 2.200 ha ist es das größte Landschaftsschutzgebiet in Norddeutschland. Besonders zwischen Altentreptow und Demmin bietet sich dem Besucher eine einzigartige Fauna und Flora. Der Flusslauf der Tollense wurde bis heute in seinem natürlichen Verlauf belassen. Die Wiesen und Weiden, Wald- und Strauchkomplexe, Moore, Seggenriede, Torflöcher und Trockensteinmauern bieten noch Lebensraum für viele bedrohte Pflanzen und Tierarten wie Kranich, Reiher, Eisvogel oder Beutelmeise. Die Flora ist überaus artenreich. Vorkommen an Orchideen, Trollblumen, Sumpfdotterblumen, Himmelsschlüsseln und anderen geschützten Arten sind nicht selten.

Im LSG liegt der ca. 40 ha große, von vielen einladenden Wanderwegen durchzogene **Naturerlebnispark Mühlenhagen,** dessen Herz das Waldgut ist. In zahlreichen Gehegen, Koppeln und Volieren sind – meist einheimische Tierarten – zu sehen. Weitere Attraktionen sind eine Waldschule, ein Erlebnisberich Wald, verschiedene Gartenanlagen wie Heidegarten, Kräuterwiese, Duftgarten, Streuobst- oder Nussbaumwiese, eine Freilichtbühne, ein Abenteurspielplatz, ein Grillplatz, ein Streichelzoo und anderes mehr. Besonders reizvoll ist das Gelände um den Goldbach mit seiner Fischtreppe und von hohen alten Bäumen umsäumte Teichen.

● *Naturerlebnispark Mühlenhagen,* Dorfstr. 23, 17089 Mühlenhagen, Tel. (03961) 210600, Fax 210604, Führungen Tel. 210062 od. 2105591, Internet: www.nep-muehlenhagen.de (April-Sept. tägl. 8-18, Okt.-März tägl. 8-16 Uhr)

Anhang

Weiterreise nach Polen

Polnische Botschaften
- **Botschaft der Republik Polen,** Unter den Linden 72, 10117 Berlin, Tel. (030) 2202451; Fax 2290358
- **Botschaft der Republik Polen,** Hietzinger Hauptstr. 42 c, 1130 Wien, Tel. (01) 870150, Fax 87015222
- **Botschaft der Republik Polen,** Elfenstraße 20a, 3000 Bern 16, Tel. (031) 3520452, Fax. 3523416

Botschaften in Polen
- **Deutschland:** 00-932 Warschau, ul. Dabrowiecká 30, Tel. (022) 6173011, Fax 6173582
- **Österreich:** 00-748 Warschau, ul. Gagarina 34, Tel. (022) 3410081, Fax 3410085
- **Schweiz:** 00-540 Warschau, Aleje Ujazdowskie 27, Tel. (022) 6280481, Fax 6210548

Wichtige Adressen
- **Polnisches Fremdenverkehrsamt,** Marburger Str. 1, 10789 Berlin, Tel. (030) 210092-0, Fax 21009214, Internet: polen-info.de, E-mail: info@polen-info.de
- **PZM** (ADAC-Partnerclub), 00-950 Warschau, ul. Solec 85, Tel. (022) 6259539

Grenzübergänge

Zurzeit existieren von Mecklenburg-Vorpommern aus folgende Grenzübergänge nach Polen:
- **Ahlbeck – Swinoujscie** (Achtung: Für Pkw gesperrt, nur für Fußgänger und Fahrräder! Wer das alte Swinemünde besuchen will, kann an der Grenze den Pendelbus oder ein Taxi nehmen.)
- **Rosow – Rosowek** (nur Personenverkehr)
- **Linken – Lubieszyn** (B 104)
- **Pomellen – Kolbaskowo** (BAB 11)

Besonders an der Grenzübergangsstelle Pomellen ist mit teilweise langen Wartezeiten zu rechnen. Pkw können die Lkw-Schlange passieren. Die jeweiligen Wartezeiten werden vom Verkehrsfunk bekanntgegeben. Weitere Übergangsstellen sind geplant oder im Bau. Den aktuellen Stand erfahren Sie von Ihrem Automobilclub oder vom Polnischen Informationsamt (siehe oben).

Einreise

Für die Einreise nach Polen bei bis zu drei Monaten Aufenthalt ist nur noch der **Reisepass** erforderlich. Für den grenznahen Verkehr (nur Bewohner grenznaher Gebiete) genügt auch der Personalausweis.

Tiere

Wer Tiere bei sich führt, muss an der Grenze eine **Tollwut-Impfbescheinigung** (mindestens 21 Tage, höchstens 12 Monate alt) und ein **amtstierärztliches Gesundheitszeugnis** für seinen Liebling vorlegen. Beide Bescheinigungen müssen im internationalen Impfpass eingetragen sein.

Weiterreise nach Polen

Devisen
Die Ein- und Ausfuhr von *Zloty* ist grundsätzlich verboten. Alle anderen frei konvertierbaren Währungen unterliegen keinerlei Bestimmungen, müssen an der Grenze aber deklariert werden. Wenn Sie im Lande tauschen, bewahren sie die *Umtauschquittung* bis zur Ausreise auf! Der Zloty-Kurs schwankt (Okt. 00 1 € = 3.96 Zloty, 100 € = 396.2 Zloty). *Eurocheques* werden häufig, aber nicht immer und überall eingelöst.

Zoll
Zollfrei sind Dinge des pers. Bedarfs bei Lebens- und Genussmitteln bis zu einer best. Höchstmenge /z. B. 250 Zigaretten, 5 L Bier, 1 kg Schokolade) und Sportgeräte wie Kanu, Surfbrett etc. sowie Geschenke bis zum Wert von 100 $. Die Ausfuhr von Waren aus Polen nach Deutschland unterliegen den EU-Bestimmungen (200 Zigaretten, 1 l Spirituosen). Für die Ausfuhr von Pilzen ist eine poln. Ausfuhrgenehmigung erforderlich. Nicht ausgeführt werden dürfen Kunstgegenstände, Bücher, Antiquitäten u.a., die vor dem 9. Mai 1945 hergestellt wurden.

Mit dem Auto
Für die Einreise mit dem Auto sind *Führerschein, Fahrzeugschein* und eine *internationale Grüne Versicherungskarte* erforderlich. Nicht erforderlich, aber vom ADAC dringend empfohlen, wird der Abschluss einer *Kurzkasko- und Insassenunfallversicherung.*

Tanken
Tanken ist in Polen ist deutlich billiger als in Deutschland. Die Preise bewegen sich etwa zw. 0,80-0,90 € pro Liter Super. Alle Tankstellen bieten bleifreies Benzin (PB durchgestrichen) und Diesel (ON) an.

Verkehrsbestimmungen
Abweichend von unserer Straßenverkehrsordnung sind folgende Bestimmungen:
- *Höchstgeschwindigkeit:* innerorts 60 km/h, außerhalb von Ortschaften 90 km/h (Gespanne 70 km/h). Auf der Autobahn 110 km/h PKW/Motorrad, Gespanne 80 km/h.
- Vom 1. Oktober bis 1. März muss auch tagsüber das *Abblendlicht* eingeschaltet werden, Motorräder ganz-jährig.
- Die *Promillegrenze* liegt bei 0,2 %.
- Telefonieren per *Handy* ist während der Fahrt verboten.
- Strafen in *bar* dürfen *nur bis 100 Zloty* verlangt werden. Bei höheren Strafen erhält man ein so genanntes „Kredit-Mandat".

Notruf
Es gelten folgende einheitlichen Rufnummern:

- *Pannendienst* 981
- *Polizei* 997
- *Unfallrettung* 999
- *Feuerwehr* 998

Reiseliteratur und Karten

Reiseführer

Ostseeküste Mecklenburg-Vorpommerns, Reise Know-How-Verlag. – Die ideale Ergänzung zu diesem Buch für diejenigen, die ganz Mecklenburg-Vorpommern bereisen wollen. Detaillierte Beschreibung der 1470 km langen Küstenlinie und ihrer Inseln vom Klützer Winkel bis Usedom.

Wasserwandern Mecklenburg - Brandenburg, Reise-Know-How-Verlag.
– Ein detailliertes Handbuch für Reisende zu Wasser. Anhand von 20 ausführlich beschriebenen, jeweils mit genauen Karten, Übernachtungstipps und Wissenwertem entlang der Strecke ergänzten Routen weist es den Weg durch die schönsten Gebiete der Mecklenburger Seenplatte und der angrenzenden Brandenburger Gewässer. Die einzelnen Routen lassen sich individuell kombinieren.

Lesebücher

Fritz Reuter, seine gesammelten Werke, daraus ***„Ut mine Festungstid"*** und ***„Ut mine Stromtid".*** – Beide Romane zeichnen ein biographisch gefärbtes, vielschichtiges Bild Mecklenburgs und seiner Menschen Mitte des 19. Jahrhunderts.

Geschichte/ Kultur/ Landeskunde

Handbuch der Deutschen Kunstdenkmäler, Mecklenburg-Vorpommern, Dtsch. Kunstverlag. – Umfassender, kompetenter Fachführer mit vielen Skizzen und Grundrissen historischer Bauwerke.

Mecklenburg- Vorpommern. Kunst-Reiseführer, DuMont-Verlag

Museumsführer M.-V., Demmler-Verlag, – Umfassender illustrierter Führer zu den musealen Einrichtungen von der Staatl. Kunstsammlung bis zur Heimatstube; mit Kurzbeschreibung der jew. Bestände.

Reiseliteratur und Karten

National- und Naturparkführer M.-V.,
Demmler Verlag, – Illustrierte, fachkundige Beschreibung der 10 Großschutzgebiete des Landes.

Schlösser, Herrenhäuser und Kirchen in Mecklenburg-Vorpommern,
Verlag L.u.H., Hamburg

Gärten und Parks in Mecklenburg-Vorpommern. Ein Ausflugsführer durch Kunst und Natur,
Verlag Christians, Hamburg

Die Mecklenburger. Geschichtliche Elemente des niederdeutschen Charakters,
Verlag Wachholtz, Neumünster

Die Rückkehr der Familien. Alte und neue Gutsbesitzer in Mecklenburg-Vorpommern,
Ed. Temmen, Bremen

Mecklenburg und Vorpommern, Koehler & Amelung, (1000 Jahre Geschichte eines „jungen" Landes)

Die unernste Geschichte Mecklenburg-Vorpommerns, Weymann Bauer Verlag, (eine kurzweilige, amüsante, bisweilen sogar skurrile Landesgeschichte)

Sprache **Kleines plattdeutsches Wörterbuch für den mecklenburgisch-vorpommerschen Sprachraum,** Verlag Wachholtz, Neumünster

Sprichwörter und Redensarten aus Mecklenburg, Husum Druck, Husum

Natur **Naturpark Nossentiner / Schwinzer Heide,** Demmler (informativer Führer durch eine alte mecklenburgische Kulturlandschaft)

Reiseliteratur und Karten

Radeln   *Rad-Wanderführer Mecklenburg-Vorpommern,* Kompass-Radwandern.

Karten   *Von Berlin zur Ostsee,* world mapping project, Maßstab 1:250.000. Das klassifizierte Straßennetz sowie Gradnetz und Ortsindex ermöglichen die bestmöglichste Orientierung. Außerdem ist die Karte durch UTM-Raster am Blattrand für GPS geeignet.

Müritz-Nationalpark, Müritz-Elde-Wasserstraße, Mecklenburg/die großen Seen, Feldberger Seenlandschaft, Ueckermünder Heide/Oderhaff, Schweriner Seenlandschaft
Nordland Verlag – Wander-Freizeitkarten, umseitig Erläuterungen zu Gelogogie, Geschichte, Flora & Fauna, Sehenswürdigjeiten etc.

ADFC-Radtourenkarte Ostseeküste-Mecklenburg, Rügen-Vorpommern, Mecklenburger Seenplatte, Mecklenburgischer Seen-Radweg und *Schwerin/Ostseeküste*
1:150.000, BVA, – Mit je nach Qualität aus Radlersicht farblich unterschiedlichen Routenmarkierungen.

Radfernwege in Mecklenburg-Vorpommern, Band 1+2, BVA (Ringhefter)

Wasserwander-Atlas Mecklenburger Gewässer, 1:100.000, Tourist Verlag/Kümmerly&Frey, – Sehr gute Kartensammlung mit vielen Hinweisen zu wassertechn. Besonderheiten, Schleusen, Camping, Sehenswürdigkeiten etc. Jedem Bootswanderer zu empfehlen.

Topographische Karten Landesvermessungsamt M.-V., Lübecker Str. 289, 19059 Schwerin, Tel. (0385) 74440, Fax 7444398, Internet: www.lverma-mv.de

Küche   *Der Norden tischt auf,* Mecklenburg-Vorpommern, Ars Vivendi, Restaurantführer mit Orginalrezepten

Burgen, Schlösser und Herrenhäuser

Spezialitäten aus Mecklenburg und Vorpommern, Kompass-Karten Verlag

Eine kulinarische Entdeckungsreise durch Mecklenburg- Vorpommern, Umschau Buchverlag

Wandern — *Wanderkarte Mecklenburgische Seenplatte mit Feldberg und Tollensesee,* Kompass-Karten Verlag, 1:50.000

Angeln — *Angeln in Mecklenburg- Vorpommern,* Jahr-Vlg., Hbg.

Burgen, Schlösser und Herrenhäuser in Mecklenburg-Vorpommern

(einschließlich Küstenregion, außer Rügen und Usedom)

- ●*Alt Schwerin*
Gebiet Waren
Herrenhaus (1733) / Museumsdorf
- ●*Alt-Rehse*
Gebiet Waren
Barock-Schloss (1897)
- ●*Ankershagen*
Gebiet Waren
Renaissance-Schloss (19. Jh.)
- ●*Auerrose*
Gebiet Anklam
Neobarock-Schloss (1849)
- ●*Bad Doberan*
Bad Doberan
klassizistische Residenz, Prinzenpalais (1806/09)
- ●*Basedow*
Gebiet Malchin
Renaissance-, Gotik-, Barock-Schloss (16.-19. Jh.)
- ●*Basthorst*
Schwerin
Herrenhaus (um 1910)
- ●*Bellin*
Gebiet Güstrow
Neobarock-Schloss (1910/12)
- ●*Bernstorf*
Gebiet Grevesmühlen
Herrenhaus (1879/82)
- ●*Beseritz*
Gebiet Neubrandenb.
Herrenhaus (1881)
- ●*Blücherhof*
Gebiet Waren
Neobarock-Schloss (1904)
- ●*Boddin*
Gebiet Teterow
Herrenhaus (19. Jh.)

Burgen, Schlösser und Herrenhäuser

- **Bömitz**
Gebiet Anklam
Herrenhaus (um 1800)
- **Borkow**
Gebiet Parchim
Herrenhaus (um 1900)
- **Bredenfelde**
Gebiet Malchin
Schloss-Ruine (1855)
- **Breesen**
Gebiet Neubrandenburg
Herrenhaus (1753)
- **Broock**
Gebiet Demmin neogotische
Schlossruine (um 1840)
- **Bülow**
Gebiet Parchim
Herrenhaus (1742/44)
- **Burg Stargard**
Gebiet Neubrandenburg
Höhenburg (13. Jh.)
- **Bützow**
Gebiet Güstrow
Renaissance-Schloss (16. Jh.)
- **Cambs**
Gebiet Parchim
Herrenhaus (18. Jh.)
- **Charlottental**
Gebiet Güstrow
neogotisches Schloss (1843)
- **Cölpin**
Gebiet Neubrandenburg
Barock-Schloss (1778/85)
- **Cosa**
Gebiet Neubrandenburg
Herrenhaus (um 1870)
- **Cramon**
Gebiet Grevesmühlen
Herrenhaus (19. Jh.)
- **Dalwitz**
Gebiet Tetrow
Herrenhaus (1855)
- **Dammereetz**
Gebiet Hagenow
Herrenhaus (um 1760)
- **Damshagen**
Gebiet Grevesmühlen
Herrenhaus (20. Jh.)
- **Dargun**
Gebiet Malchin
Renaissance-Schlossruine (1552),
Gotik-Klosterruine (1172)

- **Dömitz**
Gebiet Ludwigslust
Niederungsfestung (1554/65)
- **Dreilützow**
Gebiet Hagenow
Herrenhaus (um 1730)
- **Faulenrost**
Gebiet Malchin
Herrenhaus (1760/64)
- **Friedrichsmoor**
Gebiet Ludwigslust
Fachwerk-Jagdschloss (um 1780)
- **Friedrichsthal**
Schwerin
Barock-Jagdschloss (1798)
- **Gadebusch**
Gebiet Grevesmühlen
Renaissance-Schloss (1571)
- **Galenbeck**
Gebiet Neubrandenburg
Burgruine (13. Jh.),
Herrenhaus (18. Jh.)
- **Gersdorf**
Gebiet Bad Doberan
Herrenhaus (um 1870)
- **Göhren-Lebbin**
Gebiet Waren
Schloss Blücher (1914/15)
- **Goldenbow**
Gebiet Hagenow
Herrenhaus (1696)
- **Grambow**
Gebiet Grevesmühlen
Herrenhaus (um1840)
- **Griebenow**
Gebiet Grimmen
Barock-Schloss (1709)
- **Groß Luckow**
Gebiet Malchin
Herrenhaus (1842)
- **Groß Miltzow**
Gebiet Neubrandenburg
Barock-Schloss (1840)
- **Groß Miltzow**
Gebiet Neubrandenburg
Herrenhaus (um1840)
- **Groß Plasten**
Gebiet Waren
Neobarock-Schloss (19. Jh.)
- **Groß Wüstenfelde**
Gebiet Teterow
Herrenhaus (um 1700)

Burgen, Schlösser und Herrenhäuser

● *Gültz*
Gebiet Altentreptow
Schloss (1868/72)

● *Güstrow*
Güstrow
Renaissance-Schloss (1558/65)

● *Gützkow*
Gebiet Altentreptow
Barock-Schloss (1770/77)

● *Hasenwinkel*
Gebiet Sternberg
Neobarock-Schloss (1908/12)

● *Hohen Luckow*
Gebiet Bad Doberan
Barock-Schloss (1707/08)

● *Hohenzieritz*
Gebiet Neustrelitz
Barock-Schloss (1790)

● *Hoppenrade*
Gebiet Güstrow
Herrenhaus (1853)

● *Ivenack*
Gebiet Malchin
Barock-Schloss (18. Jh.)

● *Johannstorf*
Gebiet Gadebusch
Herrenhaus (um 1750)

● *Kaarz*
Gebiet Sternberg
klassizistisches Schloss (1873)

● *Kalkhorst*
Gebiet Gadebusch
Neogotik-Schloss (um 1870)

● *Karlsburg*
Gebiet Greifswald
Barock-Schloss (1732/39)

● *Karow*
Gebiet Sternberg
klassiz. Altes Schloss (um 1788),
Neues Schloss (1906/07)

● *Karsdorf/Burg Schlitz*
Gebiet Teterow
Klassizistisches Schloss (1823)

● *Kartlow*
Gebiet Demmin
Neogotisches/
Neorenaissance-Schloss
(1811/81)

● *Katelbogen*
Gebiet Güstrow
Neorenaissance-Schloss (19. Jh.),
Herrenhaus (18. Jh.)

● *Kittendorf*
Gebiet Malchin
Tudorgotik-Schloss (1848/53)

● *Klein Plasten*
Gebiet Waren
Herrenhaus (18. Jh.)

● *Klein Trebbow*
Gebiet Grevesmühlen
Herrenhaus (1865)

● *Klempenow*
Gebiet Altentreptow
Burg (16. Jh.)

● *Klevenow*
Gebiet Grimmen
neogotisches Schloss (1848)

● *Klink*
Gebiet Waren
Neorenaissance-Schloss
(1897/98)

● *Klütz*
Gebiet Grevesmühlen
Barock-Schloss (1726/32)

● *Krassow*
Gebiet Grevesmühlen
Herrenhaus (19. Jh.)

● *Kuchelmiß*
Gebiet Güstrow
Fachwerk-Herrenhaus (18. Jh.)

● *Kurzen Trechow*
Gebiet Güstrow
Herrenhaus (16. Jh.)

● *Landeskron*
Gebiet Anklam
Burgruine (1576/79)

● *Leezen*
Gebiet Parchim
Herrenhaus (19. Jh.)

● *Lehsen*
Gebiet Hagenow
klassizistisches Schloss (1822)

● *Leppin*
Gebiet Strasburg
neogotisches Schloss (um 1850)

● *Libnow*
Gebiet Anklam
Herrenhaus (1850)

● *Löcknitz*
Gebiet Pasewalk
Burgruine (14. Jh.)

● *Ludwigsburg*
Gebiet Greifswald
Renaissance-Schloss (16. Jh.)

Burgen, Schlösser und Herrenhäuser

- **Ludwigslust**
Gebiet Ludwigslust
Barock-Schloss (1772/76)
- **Matgendorf**
Gebiet Teterow
Neogotik-Schloss (1852/56)
- **Mirow**
Gebiet Neustrelitz
Barock-Schloss (1749/60)
- **Müggenburg**
Gebiet Anklam
neogotisches Schloss
(1889-91)
- **Murchitz**
Gebiet Anklam
Herrenhaus (um 1900)
- **Neetzow**
Gebiet Anklam
Schloss in Tudorgotik (1848/51)
- **Nehringen**
Gebiet Grimmen
Herrenhaus (1806),
Burgfried
- **Neustadt-Glewe**
Gebiet Ludwigslust
Burg (14./15. Jh.),
Frühbarock-Schloss
(1619/1720)
- **Peckatel**
Gebiet Neustrelitz
Herrenhaus (19. Jh.)
- **Penkun**
Gebiet Pasewalk
Renaissance-Schloss (um 1600)
- **Penzlin**
Gebiet Waren
Burg mit Hexenkeller (16. Jh.)
- **Plötz**
Gebiet Demmin
neogot. Schlossruine (1832/88)
- **Plüschow**
Gebiet Wismar
Barock-Schloss (1763)
- **Pötenitz**
Gebiet Grevesmühlen
Herrenhaus (um 1900)
- **Prebberede**
Gebiet Teterow
Barock-Schloss (1772/78)
- **Prillwitz**
Gebiet Neustrelitz
Barock-Schloss (um 1887/89)
- **Pritzier**
Gebiet Hagenow
klassizistisches Schloss (1820/25)
- **Puchow**
Gebiet Waren
Herrenhaus (1906)
- **Pustow**
Gebiet Demmin
Herrenhaus (um 1865)
- **Putzar**
Gebiet Anklam
Renaissance-Schlossruine (1575)
- **Quassel**
Gebiet Hagenow
neogotisches Schloss (um 1860)
- **Quilow**
Gebiet Anklam
Wasserschlossruine (16. Jh.)
- **Recknitz**
Gebiet Güstrow
Frühbarock-Schlossruine
(1657/80)
- **Redefin**
Gebiet Hagenow
klassizistisches Gestütsensemble
(1820)
- **Retzow**
Gebiet Neustrelitz
klassizistisches Schloss (um 1810)
- **Rumpshagen**
Gebiet Waren
Barock-Schloss (1730/32)
- **Rustow**
Gebiet Demmin
klassizistisches Schloss
(um 1810)
- **Schlitz**
Gebiet Teterow
klassizistisches Schloss (1811)
- **Schönhausen**
Gebiet Pasewalk
klassizistisches Schloss (1843)
- **Schönhausen**
Gebiet Strasburg
Herrenhaus (1843)
- **Schorssow**
Gebiet Malchin
Herrenhaus (um 1815)
- **Schwerin**
Schwerin
Neorenaissance-Schloss
(1845/57)

Burgen, Schlösser und Herrenhäuser

- **Severin**
Gebiet Grevesmühlen
Herrenhaus (um 1885)
- **Spantekow**
Gebiet Anklam
Niederungsfestung mit
Renaissance-Schloss
(1558/67)
- **Sponholz**
Gebiet Neubrandenburg
Herrenhaus (1742/45)
- **Staven**
Gebiet Neubrandenburg
Herrenhaus (um 1780)
- **Stavenhagen**
Gebiet Malchin
Barock-Schloss (18. Jh.)
- **Stretense**
Gebiet Anklam
Herrenhaus (1886)
- **Tellow**
Gebiet Teterow
Herrenhaus (um 1800),
Thünen-Hof-Museum
- **Torgelow**
Gebiet Waren
Neobarock-Schloss (1906)
- **Tressow**
Gebiet Grevesmühlen
Herrenhaus (um 1850)
- **Turow**
Gebiet Grimmen
Renaissance-Schloss (16.Jh.)
- **Tützpatz**
Gebiet Altentreptow
Barock-Schloss (um 1779)
- **Ueckermünde**
Ueckermünde
Renaissance-Schloss (1540)
- **Ulrichshusen**
Gebiet Waren
Wasserburg-Ruine (16. Jh.)
- **Vanselow**
Gebiet Demmin
spätklassizistisches Schloss (1870)
- **Varchentin**
Gebiet Waren
Tudorgotik-Schloss (um 1847)
- **Vietgest**
Gebiet Güstrow
Barock-Schloss (1792/94)
- **Vogelsang**
Gebiet Ueckermünde
neogotisches Schloss
(1845-47)
- **Vollrathsruhe**
Gebiet Waren
Herrenhaus (1918)
- **Wedendorf**
Gebiet Grevesmühlen
Herrenhaus (1697)
- **Weisdin**
Gebiet Neustrelitz
Barock-Schloss (1749)
- **Wendorf**
Gebiet Sternberg
Herrenhaus (1907)
- **Wiligrad**
Gebiet Grevesmühlen
Neorenaissance-Jagdschloss
(1898)
- **Wolfshagen**
Gebiet Strasburg
Burgruine (13. Jh.),
Barock-Schloss (um 1730)
- **Wrangelsburg**
Gebiet Greifswald
Barock-Schloss (1880)
- **Ziehten**
Gebiet Anklam
Herrenhaus (1922)
- **Zühr**
Gebiet Hagenow
Fachwerk-Herrenhaus (um 1740)

Alle Reiseführer auf einen Blick

Reisehandbücher
Urlaubshandbücher
Reisesachbücher
Rad & Bike

Afrika, Bike-Abenteuer
Afrika, Durch
Agadir, Marrakesch
  und Südmarokko
Ägypten
Alaska ♫ Canada
Algerische Sahara
Amrum
Amsterdam
Andalusien
Äqua-Tour
Argentinien, Uruguay
  und Paraguay
Äthiopien
Auf nach Asien!

Bahrain
Bali und Lombok
Bali, die Trauminsel
Bali: Ein Paradies ...
Bangkok
Barbados
Barcelona
Berlin
Borkum
Botswana
Bretagne
Budapest
Bulgarien

Cabo Verde
Canada West, Alaska
Canadas Ost, USA NO
Chile, Osterinseln
China Manual
Chinas Norden
Chinas Osten
Costa Blanca
Costa Brava
Costa de la Luz
Costa del Sol
Costa Dorada
Costa Rica
Cuba

Dalmatien
Dänemarks Nordseeküste
Dominikanische Republik
Dubai, Emirat

Ecuador, Galapagos
El Hierro
England – Süden
Erste Hilfe unterwegs
Europa BikeBuch

Fahrrad-Weltführer
Fehmarn
Florida
Föhr
Fuerteventura

Gardasee
Golf v. Neapel, Kampanien
Gomera
Gran Canaria
Großbritannien
Guatemala

Hamburg
Hawaii
Hollands Nordseeinseln
Honduras
Hongkong, Macau

Ibiza, Formentera
Indien – Norden
Indien – Süden
Irland
Island
Israel, palästinens.
  Gebiete, Ostsinai
Istrien, Velebit

Jemen
Jordanien
Juist

Kairo, Luxor, Assuan
Kalifornien, USA SW
Kambodscha
Kamerun
Kanada ♫ Canada
Kapverdische Inseln
Kenia
Korfu, Ionische Inseln
Krakau, Warschau
Kreta
Kreuzfahrtführer

Ladakh, Zanskar
Langeoog
Lanzarote
La Palma
Laos
Lateinamerika BikeBuch
Libanon
Libyen
Ligurien
Litauen
Loire, Das Tal der
London

Madagaskar
Madeira
Madrid
Malaysia, Singapur,
  Brunei
Mallorca
Mallorca, Reif für
Mallorca, Wandern
Malta
Marokko
Mecklenb./Brandenb.:
  Wasserwandern

Reise Know-How

Mecklenburg-Vorpomm. Binnenland
Mexiko
Mongolei
Motorradreisen
München
Myanmar

Namibia
Nepal
Neuseeland BikeBuch
New Orleans
New York City
Norderney
Nordfriesische Inseln
Nordseeküste Niedersachsens
Nordseeküste Schleswig-Holstein
Nordseeinseln, Dt.
Nordspanien
Nordtirol
Normandie

Oman
Ostfriesische Inseln
Ostseeküste MVP
Ostseeküste SLH
Outdoor-Praxis

Panama
Panamericana, Rad-Abenteuer
Paris
Peru, Bolivien
Phuket
Polens Norden
Prag
Provence
Pyrenäen

Qatar

Rajasthan
Rhodos
Rom
Rügen, Hiddensee

Sächsische Schweiz
Salzburger Land
San Francisco
Sansibar
Sardinien
Schottland
Schwarzwald – Nord
Schwarzwald – Süd
Schweiz, Liechtenstein
Senegal, Gambia
Simbabwe
Singapur
Sizilien
Skandinavien – Norden
Slowenien, Triest
Spiekeroog
Sporaden, Nördliche
Sri Lanka
St. Lucia, St. Vincent, Grenada
Südafrika
Südnorwegen, Lofoten
Sylt
Syrien

Taiwan
Tansania, Sansibar
Teneriffa
Thailand
Thailand – Tauch- und Strandführer
Thailands Süden
Thüringer Wald
Tokyo
Toscana
Trinidad und Tobago
Tschechien
Tunesien
Tunesiens Küste

Umbrien
USA/Canada
USA/Canada BikeBuch
USA, Gastschüler
USA, Nordosten
USA – der Westen
USA – der Süden
USA – Südwesten, Natur u. Wandern
USA SW, Kalifornien, Baja California
Usedom

Venedig
Venezuela
Vereinigte Arab.Emirate
Vietnam

Westafrika – Sahel
Westafrika – Küste
Wien
Wo es keinen Arzt gibt

Edition RKH

Burma – im Land der Pagoden
Finca auf Mallorca
Durchgedreht – 7 Jahre im Sattel
Geschichten aus d. anderen Mallorca
Goldene Insel
Mallorquinische Reise, Eine
Please wait to be seated!
Salzkarawane, Die
Schönen Urlaub
Südwärts durch Lateinamerika

Praxis, KulturSchock

Praxis

- All Inclusive?
- Als Frau allein unterwegs
- Canyoning
- Daoismus erleben
- Dschungelwandern
- Essbare Früchte Asiens
- Fernreisen
- Fernreisen, Fahrzeug
- Fliegen ohne Angst
- Flug Know-How
- Fun u. Sport im Schnee
- GPS f. Auto, Motorrad, Wohnmobil
- GPS Outdoor-Navigation
- Heilige Stätten Indiens
- Hinduismus erleben
- Höhlen erkunden
- Inline-Skaten Bodensee
- Inline Skating
- Islam erleben
- Kanu-Handbuch
- Kreuzfahrt-Handbuch
- Küstensegeln
- Maya-Kultur erleben
- Orientierung mit Kompass und GPS
- Paragliding-Handbuch
- Pferdetrekking
- Reisefotografie
- Reisefotografie digital
- Reisen und Schreiben
- Respektvoll reisen
- Richtig Kartenlesen
- Safari-Handbuch Afrika
- Schutz vor Gewalt und Kriminalität
- Schwanger reisen
- Selbstdiagnose u. Behandlung unterwegs
- Sicherheit/Bärengebiete
- Sicherheit/Meer
- Sonne, Wind und Reisewetter
- Survival-Handbuch, Naturkatastrophen
- Tauchen in kalten Gewässern
- Tauchen in warmen Gewässern
- Transsib – von Moskau nach Peking
- Trekking-Handbuch
- Tropenreisen
- Vulkane besteigen
- Was kriecht u. krabbelt in den Tropen
- Wein Guide Dtschl.
- Wildnis-Ausrüstung
- Wildnis-Backpacking
- Wildnis-Küche
- Winterwandern
- Wohnmobil/Indien und Nepal
- Wracktauchen weltweit

KulturSchock

- Afghanistan
- Ägypten
- Brasilien
- China
- Golf-Emirate, Oman
- Indien
- Iran
- Islam
- Japan
- KulturSchock
- Marokko
- Mexiko
- Pakistan
- Russland
- Spanien
- Thailand
- Türkei
- Vietnam

Wo man unsere Reiseliteratur bekommt:

Jede Buchhandlung in der BRD, der Schweiz, Österreichs und den Benelux-Staaten kann unsere Bücher beziehen. Wer trotzdem keine findet, kann alle Bücher über unseren Intenet-Shop unter **www.reise-know-how.de** oder **www.reisebuch.de** bestellen.

Anzeige

Mit REISE KNOW-HOW gut orientiert an die deutsche Ostseeküste

Wer sich an der deutschen Ostseeküste – gern auch auf eigene Faust – zurechtfinden und orientieren möchte, kann sich mit den Landkarten von REISE KNOW-HOW auf Entdeckungsreise begeben.

Wundervolle Wanderungen und die schönsten Strände ausfindig machen, auch fernab jeglicher Touristenrouten. Die Karten aus dem Hause REISE KNOW-HOW leiten Sie sicher an Ihr Ziel.

Landkarten:
In Zusammenarbeit mit dem world mapping project gibt Reise Know-How detaillierte, GPS-taugliche Landkarten mit Höhenschichten und Register heraus:

Deutsche Ostseeküste 1:250.000
Rügen, Hiddensee 1:90.000
Zingst, Fischland, Darß 1:250.000

world mapping project
REISE KNOW-HOW Verlag, Bielefeld

Hilfe

HILFE!

Dieses Urlaubshandbuch ist gespickt mit unzähligen Adressen, Preisen, Tipps und Infos. Nur vor Ort kann überprüft werden, was noch stimmt, was sich verändert hat, ob Preise gestiegen oder gefallen sind, ob ein Hotel, ein Restaurant immer noch empfehlenswert ist oder nicht mehr, ob ein Ziel noch oder jetzt erreichbar ist, ob es eine lohnende Alternative gibt usw.

Unsere Autoren sind zwar stetig unterwegs und versuchen, alle zwei Jahre eine komplette Aktualisierung zu erstellen, aber auf die Mithilfe von Reisenden können sie nicht verzichten.

Darum: Schreiben Sie uns, was sich geändert hat, was besser sein könnte, was gestrichen bzw. ergänzt werden soll. Nur so bleibt dieses Buch immer aktuell und zuverlässig. Wenn sich die Infos direkt auf das Buch beziehen, würde die Seitenangabe uns die Arbeit sehr erleichtern. Gut verwertbare Informationen belohnt der Verlag mit einem Sprechführer Ihrer Wahl aus der über 150 Bände umfassenden Reihe „Kauderwelsch" (siehe unten).

Bitte schreiben Sie an: REISE KNOW-HOW Verlag Peter Rump GmbH, Osnabrücker Str. 79, D-33649 Bielefeld, e-mail: info@reise-know-how.de
Danke!

Kauderwelsch-Sprechführer –
sprechen und verstehen rund um den Globus

Afrikaans ● Albanisch ● Amerikanisch - *American Slang, More American Slang* ● Amharisch ● Arabisch - Hocharabisch, für Ägypten, Algerien, Golfstaaten, Irak, Jemen, Marokko, Palästina-Syrien, Sudan, Tunesien ● Armenisch ● *Bairisch* ● Baskisch ● Bengali ● *Berlinerisch* ● Brasilianisch ● Bulgarisch ● Balinesisch ● Burmesisch ● Cebuano ● Chinesisch ● Dänisch ● *Deutsch - Allemand, Duits, German, Nemjetzkii, Tedesco* ● *Elsässisch* ● Englisch - *British Slang, Australian Slang, Canadian Slang, Neuseeland Slang,* für Australien ● Esperanto ● Estnisch ● Finnisch ● Französisch - für Frankreich, für Restaurant & Supermarkt, für den Senegal, für Tunesien, *Französisch Slang, Franko-Kanadisch* ● Galicisch ● Georgisch ● Griechisch ● Guarani ● Hausa ● Hebräisch ● Hieroglyphisch ● Hindi ● Indonesisch ● Irisch-Gälisch ● Isländisch ● Italienisch - *Italienisch-Slang,* für Opernfans, kulinarisch ● Japanisch ● Javanisch ● Jiddisch ● Kantonesisch ● Kasachisch ● Katalanisch ● Khmer ● Kisuaheli ● *Kinyarwanda* ● *Kölsch* ● Koreanisch ● Kroatisch ● Kurdisch ● Laotisch ● Lettisch ● Lëtzebuergesch ● Lingala ● Litauisch ● Madagassisch ● Makedonisch ● Malaiisch ● Mallorquinisch ● Maltesisch ● Mandinka ● Mongolisch ● Nepali ● Niederländisch ● Norwegisch ● Paschto ● Patois ● Persisch ● Pidgin-English ● *Plattdüütsch* ● Polnisch ● Portugiesisch ● Quechua ● *Ruhrdeutsch* ● Rumänisch ● Russisch ● *Sächsisch* ● *Schwäbisch* ● Schwedisch ● *Schwiizertüütsch* ● *Scots* ● Serbisch ● Singhalesisch ● Sizilianisch ● Slowakisch ● Slowenisch ● Spanisch - *Spanisch Slang,* für Lateinamerika, für Argentinien, für Chile, für Costa Rica, für Cuba, für die Dominikanische Republik, für Ecuador, für Guatemala, für Honduras, für Mexiko, für Nicaragua, für Panama, für Peru, für Venezuela, kulinarisch ● Tagalog ● Tamil ● Tatarisch ● Thai ● Tibetisch ● Tschechisch ● Türkisch ● Ukrainisch ● Ungarisch ● Urdu ● Usbekisch ● Vietnamesisch ● Weißrussisch ● *Wienerisch* ● Wolof

Anzeige

Erste Hilfe unterwegs

Der praktische Ratgeber für den Ernstfall unterwegs

- **Grundlagen der Ersten und Zweiten Hilfe** speziell für Reisende, Outdoorsportler und Expeditionen
- Tipps zur **Vorbereitung** auf die Reise und **Prävention** von Unfällen
- **Modernstes Vorgehenssystem** „U–S–A" für alle Notfallsituationen
- **Übersichtliche Diagnoseschemata** zum schnellen Erkennen der Schädigung oder Krankheit
- Praktisches **Notfallprotokoll zum Herausnehmen** für unterwegs
- Vorgehensweise für **alle häufigen und bedrohlichen Schädigungen und Krankheiten** von Angina Pectoris über Erfrierungen, Wärmeprobleme und Höhenkrankheit bis Zyanose

- Herstellung von **improvisierten** Verbandmittel, Schienen, Tragen etc.
- **Einprägsame Beispiele** aus der Reise- und Expeditionspraxis
- Detaillierte Packliste für das **Erste-Hilfe-Set**
- Herausnehmbarer **„Notfall-Leitfaden" für den Rucksack** mit allen wichtigen Vorgehensschemata, Diagnosesystemen und Notfalladressen weltweit
- Alle Informationen in allgemeinverständlicher Form und unterstützt durch **farbige Grafiken und Fotos**
- **Ausführliches Glossar** medizinischer Fachbegriffe
- Orientierungssystem mit **Griffmarken und umfangreichem Register**

Armin Wirth: **Erste Hilfe unterwegs,** 336 Seiten, 250 farbige Fotos, Abbildungen und Schemata, stabile Fadenheftung

Anzeige

Wasser und Sand

Urlaubshandbücher für Wasserwanderer, Strandfans, Inselstürmer, Ostseeliebhaber und Leute, die einfach nur ausspannen wollen. Hunderte von Adressen, detaillierte Tipps, verlässliche, praktische Angaben: Urlaubshandbücher von REISE KNOW-HOW

Ostseeküste Mecklenburg-Vorpommerns
360 Seiten, 16 Karten und Pläne, durchgehend illustriert,

Insel Usedom
312 Seiten, 18 Karten und Pläne, durchgehend illustriert,

Rügen und Hiddensee
336 Seiten, 16 Karten und Pläne, durchgehend illustriert,

Wasserwandern in Mecklenburg und Brandenburg
20 Routen, 312 Seiten, 22 Karten und Pläne, durchgehend illustriert,

Ostseeküste Schleswig-Holstein
336 Seiten, 17 Karten und Pläne, durchgehend illustriert,

REISE KNOW-HOW Verlag,
Bielefeld

Register

Alkohol 57
Alt Sammit 228
Alt Schwerin 157
Alt-Rehse 205-206
Altentreptow 209
Angeln 27
Ankershagen 154
Anklam 272
Anreise 13
Auto 15

Bad Stuer 165
Bad Sülze 270
Baden 25
Bahn 13
Barlach, Ernst 214, 222
Basedow 238
Bellin 228
Bergring-Museum 233
Besiedlung 62
Boek 163
Boitin 224
Boitzenburg 192
Boizenburg 89
Bräuche 53
Brohmer Berge, 284
Burg Schlitz 237, 240
Burg Stargard 204
Burgen 302
Bützow 224

Campingplätze 23
Caravans 24

Dabel 127
Damerower Werder 157
Dargun 236
Demmin 286
Demmler, Georg Adolph 102
Deutsche Alleenstraße 38
Ditzen, Rudolf 185
Dobbertin 168

Dobbin 228
Dömitz 84
Dorf Mecklenburg 109

Eiszeit 54
Elbetal, Naturpark 86
Elbfähren 13
Eldena 267
Eversdorfer Forst 110

Fahrgastschiff-Fahrt 33
Fahrrad 17
Fallada, Hans 185
Feldberg 185
Ferienwohnungen 22
Findlinge 54
Fremdenverkehrsämter 12
Fürstenberg 191

Gadebusch 111
Gastgeberverzeichnisse 20
Geschichte 59
Goldberg 166
Greifswald 255
Grevesmühlen 110
Griebenow 268
Grimmen 269
Groß Görnow 129
Groß Raden 128
Güstrow 213
Gutshäuser 42

Hausboot 27
Heilige Hallen 190
Herrenhäuser 42, 302
Hohenzieritz 179

Informationsstellen 12
Ivenack 250

Jagdschloss
  Friedrichsmoor 76

Anhang

Register

Janow 278
Jugendherbergen 22
Junker 42

Kamp 276
Karlsburg 269
Kartenverzeichnis 312
Karten 294
Kittendorf 250
Klink 152
Kloster Eldena 267
Krakow am See 227
Kunstgut Schorrentin 239
Königin Luise von Preußen 178
Küche 60
Künstler-Domäne Neu Gaarz 169

Landeskron 278
Lehm- und Backsteinstraße 83
Lelkendorf 236
Lenzen 129
Lilienthal, Otto 272
Linstow 230
Lübz 81
Ludorf 162
Ludwigslust 70
Luise von Preußen 179
Lützow 111
Lychen 191

Malchin 243
Malchow 158
Marienhof 228
Marlow 271
Mecklenburgische Schweiz 211
Mecklenburgische Seenplatte 133
Menschen 53
Mildenitztal 167
Mirow 183

Möllin 118
Moränen 54
Motorboot 26
Müggenburg 277
Müritz 151
Müritz-Elde-Wasserstraße 78
Müritz-Nationalpark 136, 176
Müritz-NLP-Ticket 145
Museum für Eisenbahngeschichte 233

Nationalpark, Müritz 50, 136, 176
Nationalparks 49
Naturpark Elbetal 86
Naturpark Feldberger Seenlandschaft 50
Naturpark Kummerower See 50
Naturpark Mecklenburgisches Elbetal 49
Naturpark Nossentiner/Schwinzer Heide 50, 165, 170
Naturschonung 44
Naturschutzgebiete 49
Naturschutz 44
Neetzow 278
Neubrandenburg 193
Neukloster 131
Neustadt-Glewe 75
Neustrelitz 171
Nossentiner/Schwinzer Heide, Naturpark 170
NSG Lewitz 76
NSG Nebeltal 229
NSG Marienfließ 83

Obere Havel 28
Ökologie 47

Paddeln 26, 276

Register

Parchim 77
Pasewalk 283
Peenenniederung 275
Peene 276
Penzlin 180
Plau am See 164
Polen 292
Prillwitz 205
Privatzimmer 21

Raben Steinfeld 108
Rechlin 163
Recknitztal 271
Redefin 82
Reiseliteratur 294
Remplin 242
Rethra, 202
Reuter, Fritz 244, 246
Reuterstadt Stavenhagen 244
Röbel 160
Rödliner See 179

Schaalsee, Naturpark 122
Schifffahrt 33
Schliemann, Heinrich 154
Schloss Kittendorf 250
Schloss Klink 152
Schlösser 42, 302
Schorrentin 239
Schutzgebiete 49
Schwerin 90
Schweriner Land 67
Seenplatte, Mecklenburgische 133
Segeln 26
Serrahn 177, 229
Serrahn-Wanzka 179
Slawen 62, 112, 202
Spantekow 277
Speisen 60
Stargard 201
Stavenhagen 244
Sternberg 121

Strasburg 284
Straßen 16
Surfen 26

Tellow 235
Templin 191
Teterow 231
Tollensesee 200
Torgelow 282
Tourist-Information 12

Ueckermünde 278
Ueckermünder Heide 281
Ukranenland, Freilichtmuseum 283
Ülepüle 83
Ulrichshusen 153
Unterkunft 20

Vietlübbe 119
Vorgeschichte 59
Vorpommern 254

Wanzkaer See 179
Waren (Müritz) 146
Warin 130
Wasserqualität 25
Wassersport 25
Wasserwandern 26, 28
Weiße Flotte 33
Wesenberg 181
Westmecklenburg 67
Wieck 266
Wiligrad 108
Wisent 156
Wohnmobile 24
Woldegk 285
Wolhynier 230
Wredenhagen 160

Zarrentin 119
Ziegelei Benzin 83
Zimmervermittlung 12
Zug 13

Kartenverzeichnis

Anklam, Umgebung 275
Deutsche Alleenstraße 40
Greifswald 256
Greifswald, Umgebung 266
Güstrow 214
Güstrow, Umgebung 225
Ludwigslust, Umgebung 76
Müritz-Nationalpark 138
Neubrandenburg 194
Neubrandenburg, Umgebung 201
Neustrelitz 172
Neustrelitz, Umgebung 177
Schwerin 92
Schwerin, Umgebung 108
Sternberg, Umgebung 127
Teterow, Umgebung 235
Ueckermünde, Umgebung 281
Waren (Müritz) 147
Waren, Umgebung 151

Die Autoren

Die Brüder **Peter** und **Rainer Höh,** 1956 bzw. 1955 auf der Schwäbischen Alb geboren, arbeiten beide seit langem als Reisejournalisten und Buchautoren.

Im REISE KNOW-HOW Verlag sind die folgenden Titel erschienen: „Sardinien", „Insel Usedom", „Wasserwandern in Mecklenburg/Brandenburg", „Ostseeküste Mecklenburg", „Rügen, Hiddensee", „Thüringer Wald", und „Outdoor-Praxis".

Außerdem gibt es in der Praxis-Reihe des Verlags folgende Titel: „GPS für Auto, Motorad und Wohnmobil", „GPS Outdoor-Navigation", „Kanu-Handbuch", „Orientierung mit Kompass und GPS", „Winterwandern", „Wildnis-Ausrüstung" und "Wildnis Küche".